브랜드만족
1위
박문각

2025

KB196933

9·7급 교정·보호직 및 승진 시험대비

박문각
공무원
요 약 집

이준
마법교정학
요약 필독서

이준 편저

동영상 강의 www.pmg.co.kr

마법처럼 술술 읽히는 마법교정학

합격까지 함께하는 교정학 필독서

10년간 출제된 영역 중심으로 이론 압축정리

박문각

이 책의 **머리말**

마법교정학에 끊임없는 관심과 사랑을 베풀어 주신 수험생님께 감사합니다.

해가 갈수록 변화되는 문제 유형과 지엽적인 지문 출제로 다양한 학습이 요구되는 시점에 맞춰, 방대한 교정학 기본서의 양을 압축하여 반복하여 회독할 수 있도록 필독서를 출간하게 되었습니다.

요약 필독서는 단순 요약이 아닌 10년간 출제되었던 영역을 중심으로 기본서와 법령집 학습이 이뤄진 수험생들께서 빠르게 회독할 수 있도록 기본서 압축 형태의 교재로 구성하였으며, 교정직 공무원에 입문하려는 수험생을 위해 부담 없이 교정학 과목에 접근할 수 있도록 구성하였습니다.

아울러, 교정 승진자께서도 빠른 회독이 될 수 있도록 법령을 문장 형태로 구성하여 누구나 쉽게 읽을 수 있도록 편재하였습니다.

끝으로, 마법교정학 요약 필독서를 통해 수험생 들에게 합격의 지름길이 될 수 있기를 간절한 마음으로 기도하며, 본서가 수험생 여러분에게 최적의 길잡이가 되기를 기원합니다.

언제나 응원과 격려를 해주시는 이언담 박사님, 그리고, 항상 곁에서 함께 해주는 윤희선, 이기욱 님께 감사 인사를 전합니다.

2024년 12월

이준 드림

이 책의 차례

CONTENTS

이 책의 차례

이준 마법교정학

요약 필독서

합격까지 박문각

제 **01** 편

서론

PART 01

서론

제1장 교정의 이해

제1절 개요

1 교정의 의의

일반적으로 교정이란 비뚤어지거나 잘못된 것을 바르게 고치는 것을 말하는데, 교정학에서 교정이라고 하면 죄를 범한 수형자를 교정시설에 격리하여 그 범죄에 대한 응보를 가함과 동시에 개개인의 특성에 맞는 직업훈련, 학과교육, 교회 등을 통하여 교정교화하여 건전한 사회인으로 복귀할 수 있도록 다양한 사회적 훈련을 시키는 일련의 행위를 의미한다.

2 교정학의 특징 : 종합과학성

1. 개요

교정은 처벌의 목적인 억제 · 교화개선 · 무력화 · 응보 등은 시대 · 장소 · 제도 · 시설 · 절차 등에 따라 상이한 복잡성을 띠고 있다.

계통적으로 연구하는 학문일 뿐만 아니라 사회학, 심리학, 정신의학 등 관련 학문의 종합적 응용이 요청되는 분야이다. [2014. 7급]

2. 역사학적 관점

과거의 교정정책과 관행을 이해하고, 시간의 흐름에 따른 교정의 발전을 설명하고자 하는 노력이다.

3. 사회학적 관점

사회의 조직과 과정, 개인과 집단 간의 상호작용을 연구하는 사회학자들이 일탈에 대한 관심을 가지고 교도소에 대한 연구에 공헌하였다. 사회학자들은 보호관찰, 전환, 교도소 등 교정의 제반분야를 다루고 있다.

4. 심리학적 관점

(1) 교정(Corrections)이란 사회에 반하여 범행을 한 사람은 무엇인가 잘못되었고, 그것은 치료되고 교정되어야 한다는 관념을 기초로 심리학에서 유래된 용어이다.

(2) **비판과 옹호**

① 마틴슨의 'Nothing Works' : 대부분의 교화개선적 노력이 재범률을 크게 개선하지는 못하여 교정교화는 무의미하다는 점을 강조한 표현이다. [2018. 5급 승진]

② 최근의 연구에 의하면 마틴슨의 주장을 반박하며 교정교화는 충분히 의미있는 역할을 하고 있다는 주장이다.

5. 규범학적 관점

일반적으로 교정은 형법에 의한 처벌의 요건과 효과에 따른 자유형의 집행에 관한 절차적 규정을 주로 하고 있기 때문에 헌법, 형법, 형사소송법, 형집행법 등의 형사사법체계는 교정학의 중요한 연구대상이기도 하다.

제2절 교정학의 발전

1 형벌의 목적에 관한 이론

1. 응보형주의

(1) 형벌은 어떠한 특별한 목적을 달성하기 위하여 범죄자에게 과하는 것이 아니라, 발생된 범죄에 대하여 보복한다는 의미에서 과하는 것이라고 보는 입장이다.

(2) 이론적 근거는 자유의사를 바탕으로 하며, 대표적 학자로는 칸트, 헤겔, 빈딩, 슈탈, 비르크마이어 등이 있다.

2. 목적형주의

(1) 형벌의 목적을 형벌의 집행 그 자체에서 구하지 않고, 범죄인에게 구하려는 사상에서 비롯한다.

(2) 형벌은 사회를 방위하기 위하여 장래의 범죄를 예방하려는 목적을 가졌기 때문에 형벌 그 자체와 목적을 상대적으로 이해한다는 뜻에서 이를 '상대성이론'이라고도 한다.

(3) 형벌에 의한 사회질서의 유지는 범죄인을 개선시켜 선량한 국민으로 재사회화시킴으로써 그 완벽을 도모할 수 있다.

(4) 이론적 근거는 의사결정론을 바탕으로 하며, 대표적 학자로는 리스트 등이 있다.

3. 교육형주의

(1) 형벌을 교육이라고 보는 사상에서 비롯되었으며, 목적형주의를 순화하여 범죄진압에 가장 합리적이며 효과적인 방법이다.

(2) 리프만에 의해 최초로 주장되었고 란짜, 살다니아 등에 의해 발전하였다.

4. 신응보형주의

(1) 1970년대 중반 이후 미국에서 교육형주의에 입각하여 범죄자를 대상으로 하는 여러 교육프로그램들이 재범이나 누범의 방지에 실패하였다는 주장에서 비롯되었다.

(2) 수형자들을 강제적인 교육프로그램에 참여시키는 것을 반대하면서 수형자의 개선보다는 인간적인 조건 아래서의 구금을 강조한다.

(3) 알렌, 모리스, 윌슨, 포겔, 마틴슨 등 응보형주의적 바탕 위에 구금 위주의 행형을 지향한다고 하여 흔히 '신응보형주의'라고 부른다.

2 교정학의 발달 과정 [2014. 7급]

구분	내용
감옥학	① 시기: 19세기 후반(1870년~1890년대) ② 독일: 수용시설 내의 질서와 강제적 권위주의에 의한 감옥의 관리(안전과 질서)에 중점 ③ 일본: 질서와 강제적 권위주의, 개별처우에 의한 개선은 감옥관리 범위 내에서 인정
행형학	① 시기: 제1차 세계대전 이후 ② 마사키 아키라(正木亮)는 「행형의 제 문제」에서 노동·수양·능력발휘를 행형의 삼위일체로 주장하고, 교육형주의를 기초로 한 수형자처우 중심의 행형학을 확립 ③ 감옥학이 질서를 강조한 반면, 행형학은 교육형주의에 바탕을 둔 교육에 중점
교정교육학 (교정처우론)	① 시기: 제1차 세계대전 이후 ② 결정론적 시각, 독일에서 시작, 영국과 미국의 교화행형(rehabilitation)이념으로 발전 ③ 재범·범죄위험성을 감소 내지 제거 목적, 교정교화·사회복귀·교화개선 등으로 해석 ④ 개별처우의 강조로 제2차대전 이전까지 큰 호응, 시설내 구금을 전제로 한 한계 봉착
교정보호론 (신응보론)	① 시기: 1970년대 후반 ② 배경: 교정교육학의 특별예방효과에 대한 회의, 비용의 증가, 인권침해 비판 제기 ③ 범죄자에 대한 강제적 치료보다는 정의에 입각한 처벌과 범죄인의 법률적 보호강조 ④ 제지 및 억제이론 등 응보주의적 접근, 처벌을 강화하면서 인권보장 ⑤ 선별적 무능력화와 삼진법: 그린우드(P. Greenwood)는 반복적인 소수의 범죄자들을 사회로부터 장기간 격리시켜 무력화할 필요성 강조

알렌(F. Allen)은 처음엔 의료모델을 주장하다가 여러 가지 문제로 인해 교정보호론(신응보론), 정의모델을 주장하였다.

3 교정발전의 5단계 [2019. 7급]

1. 고대: **복수적 단계**(사형벌)

원시시대부터 고대국가 형성기까지를 말하며 복수관념에 의한 탈리오법칙, 즉 범죄행위에 대한 처벌로서 눈에는 눈, 이에는 이로 보복한다는 의미의 동해보복사상이다.

2. 중세: **위하적 단계**(공형벌, 일반예방)

(1) 고대부터 18세기까지를 말하며, 14~15세기의 이단자 탄압의 시기에는 특히 교회법의 위반자를 처벌하면서도 동시에 일반사회 범죄인들의 피난처로 교회가 이용되기도 하였다.

(2) 16세기경에는 왕권강화와 강력한 공(公)형벌(일반예방에 입각한 심리강제와 위하)개념에 따른 준엄하고 잔인한 공개적 처벌을 포함한 형벌제도와 순회판사제도가 있었던 시기로, 「카롤리나 형법전」이 대표적인 법전이라 할 수 있다.

3. 근대: **교육적 개선단계**(자유형 중심, 죄형법정주의, 구금제도의 발전, 누진처우제도)

(1) 유럽의 문예부흥기와 산업혁명기인 18세기 말엽부터 19세기 중반에 걸쳐 박애주의사상에 입각한 형벌관의 변화가 있었다.

(2) 위하적 잔혹형에서 박애적 관용형으로, 죄형처단주의에서 죄형법정주의에 의한 균형 있는 처벌로, 생명형과 신체형 위주에서 자유형으로의 변화를 가져왔다.

(3) 자유박탈의 목적이 응보적 · 위하적 · 해악적 중심에서 교정적 · 개선적 · 교화적 목적으로 변화하였다.

(4) 네덜란드 암스테르담(Amsterdam, 1595) 노역장에서는 교육적 개선형이 최초로 실시되었는데 부랑인, 불량소년, 위해자 등에 대해 근로에 의한 교화개선을 도모하였다.

4. 현대 : 과학적 처우단계(형벌의 개별화, 특별예방, 과학적 분류심사)

(1) 19세기 말부터 20세기 초 형벌의 개별화가 주장되면서 진취적이고 실증적인 범죄의 분석과 범죄자에 대한 처우로써 사회를 범죄로부터 구제 내지 방어하려는 방향이 제시되면서 발달하였다.

(2) 수형자에 대한 과학적 처우를 위해서는 훈련된 교도관으로 하여금 수용자의 구금분류와 처우를 담당하게 하고, 수용자의 적성발견과 개별적 처우를 통해 건전한 사회인으로의 재사회화를 도모하는 것에 초점을 두었다.

5. 사회적 권리보장단계(인권보호, 지역사회교정의 확대)

(1) 제2차 세계대전 이후 치료모델의 실패로 범죄자가 복귀해야 할 사회와의 재통합을 전제로 한 사회내 처우가 주목을 받으면서 보호관찰, 가석방, 중간처우 등의 사회내 처우 프로그램들이 인기를 얻게 된 시기이다.

(2) 1960년대 후반 세계 각국에서 인권운동이 전개되면서 소수민족 차별대우 철폐, 여성인권운동, 학생들의 교육제도 개선요구 등 종래의 질서에 대한 일대 저항을 불러 일으켰고, 수형자들도 자신들의 권리를 주장하고 나서면서 그동안 수형자를 처우의 객체로 보고 무조건 처우에 강제적으로 참여시켜 왔던 것에 대한 새로운 비판에 직면하게 되었다.

(3) 1971년 9월에 발생한 뉴욕주 애티카(Attica) 주립교도소의 폭동사건을 계기로 수형자의 침해된 권리구제를 위한 자유로운 소송제기가 인정되었으며, 헌법상 보장된 권리들이 수형자들에게도 폭넓게 받아들여져 미국의 교정제도는 다각적인 측면에서 수형자의 사회적 권리보장을 위한 교정제도 개선에 박차를 가하게 되었다.

제2장 범죄에 대한 인식과 처벌의 정당성

제1절 자유의사론과 결정론

1 자유의사론

1. 의의

비결정론이라고도 하며 범죄를 자유의사를 가진 개인의 자유로운 선택의 결과로 보고 범죄의 원인에 대한 책임소재를 분명히 하여 그에 따라 처벌을 하는 이른바 인간의 선택의 자유와 그 선택에 따른 책임을 강조하는 고전주의적 시각이다.

2. 범죄통제전략

범죄자가 자신의 범죄행위에 대해서 책임이 있다고 간주되기 때문에 그에 상응한 처벌이 가장 적절한 전략이라고 본다.

2 결정론

1. 의의

범죄를 개인의 선택이 아닌 통제 불가능한 사회적·생물학적 요인에 의해서 결정되는 것으로 보기 때문에 범죄자에 대해 책임을 묻고 비난하거나 처벌하는 것은 비도덕적인 것으로서 이들은 사회적 병약자로 간주되며 처벌보다 치료나 처우의 대상으로 본다. 요법처우의 비처벌적 이념이 강조된다.

2. 분류

(1) **생물학적 결정론**: 소질에서 범죄의 원인을 찾는 것으로 이는 가장 극단적인 결정론임에도 불구하고 우연의 요소를 전혀 배제하지는 않는다. 즉 공격적 경향이 있는 사람이 이러한 폭력을 유도하는 상황에 처했을 때 폭력은 거의 자동적 결과가 되고 만다는 것이다.

(2) **심리학적 결정론**: 프로이드(Freud)의 정신분석을 통한 인성이론은 초기 아동기의 경험이 현재 범죄행위의 중요한 요인이 된다는 견해이다.

(3) **사회학적 결정론**: 서덜랜드(Sutherland)의 차별적 접촉이론과 같은 사회학습이론은 범죄를 학습할 수 있는 환경에 놓이게 된 자의 학습에 의한 결과로 보는 견해이다.

3 상황적 결정론

1. 의의

범죄는 상황적 압력과 여건 및 범행의 기회 등 전적으로 행위자 이외의 요인에 의해 이루어진다는 이론으로, 청소년들이 범죄적 상황으로 표류하기 때문에 비행을 한다는 맛차의 표류(drift) 이론을 들 수 있다.

2. 범죄통제전략

(1) **상황의 통제**: 범죄유발적 상황의 예방으로 자동차 도난방지장치, 주택의 방범보안장치, 가로등의 조도조정, 범죄다발지역의 순찰강화 등을 들 수 있다.

(2) **상황의 회피**: 사람들을 범죄적 환경에 처하지 않게 하는 것으로 위험지역에서의 통행 제한이나 금지 등 대부분 긴급상황에만 제한적으로 활용되고 있다.

3. 비판

상황통제가 범죄자에 대한 처벌이나 처우를 대체할 수 없고, 범죄자의 특별한 범행성에 대한 설명이 불가능하여 범죄자와 일반시민과의 구별이 어려워지며 결과적으로 기존의 범죄자에 대한 교화개선적 노력은 그 의미가 축소된 것으로 볼 수 있다.

제2절 처벌의 정당성

1 응보와 공리주의

응보적 · 공리적 정당성의 이해

구분	응보적 정당성	공리적 정당성
방향	과거지향적(사후 대응)	미래지향적(미래의 범죄예방에 초점)
평가근거	도덕적 근거 (과거행위의 결과에 대한 도덕적 평가)	경험적 근거 (미래의 범죄예방을 위한 경험적 평가)
목적	과거 법률위반에 의해 벌어진 당연한 처벌의 원칙에 기초	복수대상이 아닌 사람들이 죄를 범하지 않도록 제지하는 것
예	범죄에 대한 처벌은 마땅한 것	범죄발생이 줄어들 것을 염두에 둠
상호관계	절대적 구분을 어렵게 하고 상호보완적	

2 공리주의적 목적에 의한 처벌이론

1. 제지(deterrence) [2021. 7급]

(1) 제지이론은 인간은 합리적으로 즐거움과 고통, 이익과 비용을 계산할 줄 아는 이성적 존재이기 때문에 범죄의 비용이 높을수록 범죄수준은 낮아질 것이라는 가정, 즉 처벌을 강화하면 두려움과 공포로 인하여 사람들의 범죄동기가 억제되고 범죄는 줄어들 것이라는 가정에 기초한 이론이다.

(2) 제지이론은 일반제지(일반예방)와 특별제지(특별예방)로 설명하고, 제지(억제)의 효과는 처벌의 확실성, 엄중성, 신속성의 3가지 차원에서 결정되므로 재소자에 대한 엄정한 처벌이 강조된다.

(3) 범죄억제요소 [2021. 7급]

① **처벌의 확실성(certainty)**: 범죄의 결과로 처벌을 경험할 가능성을 의미하며 처벌받을 확률이 높을수록, 즉 처벌이 확실할수록 법률위반의 정도는 줄어들 것이라고 가정된다(→ 수사기관의 검거율과 관련이 있다).

② 처벌의 엄중성(severity): 벌금의 액수나 형기 등 형벌의 정도 또는 강도를 강하고 엄하게 집행할수록 법률위반의 정도는 낮아진다는 가정이다.

③ 처벌의 신속성(swiftness): 범죄행위와 처벌 경험의 시간적 간격을 말하는 것으로 범행 후 빨리 처벌될수록 범죄가 더 많이 제지될 것이라고 가정된다.

형벌의 제지효과를 둔화시키는 요인: 수용자 인권의 신장이나 적법절차의 강화와 같은 사법부의 개입, 처우이념의 강조, 부정기형 실시, 보호관찰이나 전환제도의 운용, 인간적·인본주의적 교정 강조 등

2. **교화개선**(rehabilitation)

교정의 목적 중에서 범죄자를 건설적이고 법을 준수하는 방향으로 전환(diversion)시키기 위해 구금하는 것을 교정의 교화개선적 목적이라고 할 수 있다. 지역사회의 안전에 초점을 맞추는 제지나 무능력화와는 달리 교화개선은 범죄자에 초점을 맞춘 것으로 재소자들에게 기술과 지식을 습득하게 하여 사회복귀를 도모하는 것이다. [2016. 5급 승진] [2021. 7급]

3. **무능력화**(incapacitation)

(1) 무능력화란 소수의 위험한 범죄인들이 사회의 다수 범죄를 범한다는 현대 고전주의 범죄학의 입장에서 제기된 것으로, 범죄방지 및 피해자 보호를 위해서는 범죄성이 강한 자들을 추방·구금 또는 사형에 처함으로써 이들 범죄자가 사회에 존재하면서 행할 가능성이 있는 범죄를 원천적으로 행하지 못하도록 범죄능력을 무력화시키자는 주장을 말한다. [2021. 7급]

(2) **무능력화 전략**: 집합적 무능력화와 선별적 무능력화

① 집합적 무능력화(collective incapacitation)

㉠ 집합적 무능력화는 유죄 확정된 모든 강력범죄자에 대해 장기형의 선고를 권장하는 것을 말한다. [2021. 7급] 총 2회 기출

㉡ 부정기형 제도하에서는 보호관찰부 가석방의 지침이나 요건을 강화하는 등 가석방을 지연시킴으로써 가능해지며, 정기형 제도하에서는 장기형을 강제하는 법률의 제정에 의하거나 선시제도를 이용하여 선행에 대한 가산점을 줄임으로써 가능하다.

② 선별적 무능력화(selective incapacitation) [2010. 7급] 총 7회 기출

㉠ 경력범죄자의 연구에서 비롯된 것으로 재범가능성에 대한 개인별 예측에 의해 범죄성이 강한 개별 범죄자를 선별적으로 구금하거나 형량을 강화하는 것이다. [2021. 7급] 총 2회 기출

㉡ 1970년대 후반부터 고전주의적 교정이념이 부활되는 경향을 보이면서 미국을 중심으로 대두된 형사정책의 주요대안 중 하나로 실증주의와 교육형론에 근거를 둔 교정주의를 비판하면서 등장하였다.

㉢ 비교적 소수의 중누범자 또는 직업범죄자가 대부분의 강력범죄를 저지른다는 사실을 바탕으로 이들에 대한 장기간의 수용을 요구하는 목소리가 높아지면서 관심이 고조되고 있다. 즉 이들 중 누범자들을 장기간 구금한다면 상당한 범죄감소 효과를 거둘 수 있다는 것이다.

㉣ 그린우드(Green Wood): 소수의 중누범자 등이 다수의 범죄를 범한다는 사실에 착안하여 이들 소수의 특수범죄 집단에게 무능력화를 적용한다면 효과적인 범죄감소전략이 될 수 있다는 선별적 무능력화의 필요성을 주장하였다.

㉤ 교도소는 소수의 중누범자 또는 직업범죄자 등을 선별수용하게 되어 과밀수용문제도 해소할 수 있다고 한다.

ⓗ 선별적 무능력화는 과학적 방법에 의해 재범의 위험성이 높은 것으로 판단되는 개인을 구금하는 전략으로 집합적 무능력화에 비하여 교정예산의 절감에 도움이 된다. [2013. 7급]

ⓢ 범죄자의 특성에 기초하여 행해지고, 범죄자의 개선을 의도하지 않는 점에 특색이 있다. [2016. 5급 승진]

ⓞ 선별적 무능력화는 법률적으로는 처벌의 기준이 현재의 범행이 아닌 과거의 경력 등에 의존한다는 점, 윤리적으로는 양형의 기준이 사회인구학적·범죄학적 특성에 과도하게 의존함으로써 특정계층에 불리하게 적용되는 점, 기술적으로 잘못된 예측, 그중에서도 소위 허위긍정(재범을 예상하여 구금하였으나 실제로는 재범하지 않을 경우)의 문제가 심각하게 제기되어 서구에서는 집합적 무능화의 방향으로 선회하고 있다. [2013. 7급] 총 2회 기출

선별적 무능력화

장점	① 상습적 누범자들의 격리를 통해 범죄를 감소시킨다. ② 교정시설의 과밀화를 해소하는 효과를 거둘 수 있다. ③ 경미한 범죄자의 사회내 처우를 활성화하는 데 유리하다.
단점	① 상습적 누범자의 판단기준을 현재나 미래에 두지 않고, 과거의 범죄전력에 둔다. ② 중누범자들이 구금되더라도 그 자리는 다른 범죄자들이 대신 차지하게 되어 범죄감소 효과를 사실상 기대하기 어렵다. [2013. 7급] ③ 사형을 제외하고는 아무리 중누범자라 할지라도 영원히 사회로부터 격리시켜 무능력화할 수 없으므로 일시적 효과에 지나지 않는다.

무능력화의 차이

구분	집합적 무능력화	선별적 무능력화
대상	유죄 확정된 모든 강력범죄자	소수 중누범자
내용	① 가석방의 지침이나 요건을 강화하여 가석방 지연 ② 정기형하에서 장기형을 강제하는 법률 제정(강제양형제도) ③ 선시제도에서 가산점을 줄여 석방시기 지연	① 재범의 위험성이 높은 개인을 구금 ② 위험성 높은 범죄자의 장기수용정책으로 부정기형제도와 궤를 같이함
공통	① 범죄의 예방이 그 목적 ② 범죄에 대한 강력한 대응 ③ 범죄자를 장기간 구금시켜 범죄 행위능력을 제거 ④ 교화개선보다는 사회방위에 목적	

4. 원상회복주의

(1) 과거 응징적·강제적·사후 대응적 사법제도에 대한 반성으로 범죄자와 피해자, 지역사회가 비공식적 절차를 통한 문제해결을 통해 상호 동의감과 만족도를 극대화할 수 있다는 가정에 기초한다.

(2) 보상주의가 물질적·경제적 측면을 강조한다면 회복주의는 여기에 심리적·정신적 보상까지 고려한다고 볼 수 있다.

제3절 수형자 처우모델(교정처우모델)

처벌을 위한 교정	교화개선을 위한 교정	사법정의를 위한 교정
구금모델	① 의료 = 치료 = 갱생모델 ② 개선 = 적응 = 경제모델 ③ 재통합모델 = 재사회화모델	공정 = 사법 = 정의모델

1 처벌을 위한 교정: 구금모델

1. 주요 내용

(1) **시기**: 응보형 사상이 지배하던 근세 초기부터 제2차 세계대전 이전까지

(2) 고전학파의 형벌관에 기초한 것으로 일종의 관리모형에 해당한다.

(3) 교정시설의 보안, 훈육, 질서유지를 위한 행동규제를 강조한다.

(4) 수용자는 사회보호를 위해 응보·제지·무능력화를 위하여 구금된다는 가정에 기초하고 있으며, 자유의사론에 입각한 정기형을 강조한다.

2. 비판

(1) 범죄에 대한 억압만으로는 범죄문제가 해결되지 않는다.

(2) 교도관은 수형자의 행동변용을 시도하지 않게 되므로 사회복귀적인 처우모델로서는 부적합하다.

(3) 처벌모형은 더욱 비인간적이고 불공정한 형사사법제도를 만들게 된다.

(4) 범죄를 유발할 수 있는 제반 사회적 문제를 무시하고 있다는 비판을 받고 있다.

2 교화개선을 위한 교정

1. 의료모델(medical model. 치료모델, 갱생모델)

(1) 제2차 세계대전 이후 1960년대까지의 주요한 모델로, 결정론적 시각에서 범죄자를 사회화나 인성에 결함이 있는 환자로 취급하면서 범죄의 원인은 치료의 대상이고 완치될 수 있다고 보아 치료모델이라고도 한다. [2022. 9급]

(2) 범죄자는 자신의 의지에 따라 의사를 결정하고 선택할 능력이 없으므로 처벌로는 범죄자의 문제를 해결할 수 없고 교정을 통해 치료되어야 한다고 보았다. [2022. 9급] 총 3회 기출

(3) 수형자는 개선 또는 치료되어야 할 환자이므로 치료되지 않은 수형자는 정해진 형기에 석방될 수 없고, 개선된 수형자는 형기전이라도 석방이 가능한 부정기형제도의 이론적 기초가 되었다. [2010. 7급]

(4) 범죄자에 대한 지식과 진단능력에 기초하여 형사사법제도에서 폭넓은 의사결정권(재량권)을 가질 것을 주장하며, 범죄자의 치료를 위해 다양한 정신건강시설의 폭넓은 활용을 권장하고 있다.

(5) 알렌(F. Allen)은 "인간의 행위는 선례적 원인의 산물이며, 이러한 선례적 원인을 밝혀냄으로써 인간의 행위를 통제할 수 있다."는 의료모델을 주장하였다.

(6) **유사모델**: 갱생모델(두피. Duffee), 의료모델(바톨라스. Bartollas), 수용자중심 행동변용모델(홀. Hall)을 들 수 있다.

(7) **비판**: 수용자는 치료(교정)의 객체로 전락하여 자유의사를 무시한 강제처우를 함으로써 인권침해를 야기할 수 있다는 우려가 제기되었다. [2018. 9급]

2. 개선모델(adjustment model, 적응모델, 경제모델, 처우모델)

(1) 1960~1970년대에 의료모델을 비판하면서 등장한 이론으로 결정론적 시각에서 19세기 후반 진보주의자(실증주의자)들과 교육형사상에 기초하고 있다. [2024. 9급] 총 2회 기출

(2) 의료모형과 같이 범죄자는 비범죄자와 다른 병자이며 처우를 필요로 하고 치료될 수 있다고 믿고 있지만, 범죄자도 자신에 대해서 책임질 수 있고 법을 준수하는 의사결정을 할 수 있다. 다만 그들의 과거의 문제를 들추지 않아야 한다고 주장한다. [2013. 7급 승진]

(3) 종교교회, 심리적 카운슬링, 직업훈련 등을 통하여 수형자의 사회복귀를 꾀하는 등 범죄인의 개선·교화를 통한 범죄방지에 주된 목적을 둔 교정처우모델로, 수형자자치제에 대한 보충적 운영을 강조하였다(즉 수형자자치제를 보조수단으로 인식하고 있다). [보충적 운영: 개선모델, 확대운영: 공정모델]

(4) 결함있는 범죄인은 처우대상이지 처벌대상이 아니므로, 가혹한 형벌을 지양하고 개선과 교화를 강조한다. [2018. 9급]

(5) 사회 환경과 개인적 환경과의 상호작용이 반사회적 행위를 이해하는 데 중요한 요소이기 때문에 범죄자의 사회로부터의 격리는 문제행위를 더욱 악화시킬 따름이다.

(6) 치료나 처우기간은 초기에 정할 수 없는 성질이므로 결정론에 입각한 부정기형제도의 기초가 되었다(즉 처우에 필요한 충분한 기간의 확보차원에서 부정기형제도에 긍정적이다).

(7) 사회적 결정론자들은 사회경제적 조건을 범죄의 원인으로 보기 때문에 시장성 있는 기술 교육과 취업기회의 제공 등으로 범죄자를 복귀시키는 경제모델(economic model)을 지지한다. [2015. 7급]

(8) 범죄자들이 사회에 보다 잘 적응하도록 도와주는 데 주요 관심을 두기 때문에 시설수용의 지나친 이용에는 반대하고 있다.

(9) 처우기법으로 현실요법, 교류분석, 집단지도상호작용, 환경요법, 요법처우공동체, 그리고 행동수정 등이 있다. [2024. 9급]

(10) **유사모델**: 개선모델(두피. Duffee), 적응모델(바톨라스. Bartollas), 복종에 의한 행동변용모델(홀. Hall)

3. 재통합모형(reintegration model, 재사회화모델)

(1) 1970년 이후 갱생모델을 보완하는 모형으로 발전하였고, 공정모델의 등장으로 후퇴하다가 다시 부각된 모델로, 결정론에 의거하여 범죄인과 사회환경의 영향을 동시에 중시하는 최근의 교정이념이다.

(2) 수형자의 개선뿐만 아니라 그가 돌아가야 할 환경의 변화 또한 중요하다고 보고, 범죄문제의 근본적 해결을 위해서는 수형자 스스로의 행동 변화는 물론 범죄를 유발했던 지역사회도 변화되어야 한다는 입장이다. [2014. 7급]

(3) 범죄자와 지역사회의 유대 및 지역사회에 기초한 처우를 중요시하고, 핵심적인 주요 강력범죄자를 제외하고는 지역사회교정이 바람직하며, 시설수용이 불가피한 일부 강력범죄자에게도 가능한 한 다양한 사회복귀프로그램이 제공되어야 한다. [2021. 7급] 총 2회 기출

(4) 수형자의 주체성과 자율성을 인정하면서 수형자의 동의와 참여하에 처우프로그램을 결정하고 시행하게 되며, 수형자를 처우의 객체가 아니라 처우의 주체로 보므로 처우행형과 수형자의 법적 지위확립은 조화를 이루게 된다. [2014. 7급] 총 2회 기출

(5) 수형자의 처우프로그램은 교도관과 수형자의 공동토의에 의해 결정되므로 처우프로그램에 수형자를 강제로 참여시키는 것은 허용되지 않는다. [2014. 7급]

(6) 범죄자의 사회재통합을 위해서는 지역사회와의 접촉과 유대 관계가 중요한 전제이므로 지역사회에 기초한 교정을 강조한다. [2024. 9급] 총 6회 기출

(7) 핵심적인 주요 강력범죄자를 제외하고는 지역사회교정이 바람직하며, 시설수용이 불가피한 일부 강력범죄자에게도 가능한 한 다양한 사회복귀프로그램이 제공되어야 한다.

교화개선을 위한 교정모델의 비교

구분	범죄의 원인	대 책
의료모형 (생물학적 결정론)	범죄행위는 선례적 원인의 산물	형사사법제도에서 폭넓은 의사결정권, 치료를 위해 정신건강시설의 폭넓은 활용 권장
적응모형 (경제모형 : 사회학적 결정론)	범죄자는 병자이지만 책임있는 의사결정을 할 수 있는 존재	시설수용의 지나친 이용에 반대
재통합모형	범죄문제는 문제가 시작된 그 사회에서 해결되어야 한다는 관점	지역사회와의 의미 있는 접촉과 유대 (지역사회교정의 강조)

3 사법정의를 위한 교정 : 정의모델(사법모델, 응보모델, 법치모델, 공정모델)

1. 의의

(1) 극단적인 개선모델이나 의료모델이 초래하는 수형자의 인권침해를 비판하면서, 처우의 중점을 공정성 확보에 두고 형사정책의 가장 기본적 목적인 사법정의의 실현을 목표로 하였다.

(2) 형벌의 목적을 응보에 있다고 보는 응보주의의 강화모형 내지 응보측면을 강조하는 모델이라고 할 수 있다.

(3) 수형자를 처우의 객체로 보던 기존의 관점들을 부정하고 처우의 주체적 지위로 끌어올려놓고 수형자의 자발적 참여와 동의를 전제로 한다.

(4) 자유의사론의 시각에서 정당한 처벌을 통하여 사법정의의 확보와 그에 따른 인권보호의 차원에 초점을 맞추고 있다.

(5) 적법절차를 강조하고 부정기형의 도입을 비판하였으며 법을 준수하는 방식으로 수형자를 처우해야 한다는 주장으로, 사회내 처우를 강조하는 전환정책과는 거리가 있다.

(6) 수형자자치제의 확대와 인권보장 등은 교정이념으로서의 정의모델과 관계가 깊다.

(7) 형사사법기관의 재량권 남용은 시민에 대한 국가권력의 남용이라고 보아 공정성으로서 정의를 중시한다. [2024. 9급 기출] 총 2회 기출

(8) 공정하고 합리적이며 인본적이고 합헌적인 교정제도를 통해 수형자를 처우하여야 한다고 보았다. 이는 수형자를 의도적으로 개선하려고 하기보다는 수형자의 자기의지에 의해 적응하도록 돕는 것을 의미한다. [2010. 7급]

2. 출현 배경

(1) 갱생에 대한 회의론과 구금모델로의 회귀경향이 맞물려 등장하였다. 즉 개선모델과 의료모델의 인권침해적 요소(재량권 남용, 차별적 처우 등)에 대한 반성과 더불어 행형의 특별예방효과와 개방적 교정처우제도의 효과에 대한 의심에서 비롯되었다. [2018. 9급]

(2) **교화개선모델에 대한 비판**: 교화개선모델은 교정시설에서의 잔혹성을 숨기기 위한 것에 불과하며, 수형자들은 처우되고 있기 때문에 적법절차를 요하지 않으며, 많은 교정사고의 원인이 바로 교화개선을 전제로 하는 부정기형의 산물이기 때문에, 부정기형은 형기를 장기화하여 수형자를 불안에 싸이게 하였고, 수형자의 사회복귀는 그다지 효과적인 결과를 성취하지 못하였다. [2018. 7급]

3. 정의모델의 주장

(1) **사법정의 강조**: 포겔(Fogel)은 롤스(Rawls, 형사사법의 최우선은 정의를 실현하는 것이라고 주장)의 영향을 받아 사법정의가 교화개선보다 바람직하고 성취가능한 형사사법 목표이며, 이는 공정하고 합리적이며 인본적이고 합헌적 절차에 의해서 이루어질 수 있다고 주장하였다. [2018. 7급]

(2) **자유의지와 책임**: 수형자가 원하는 프로그램을 자발적으로 선택할 수 있게 하고 법이 허용하는 모든 권리를 제공하며, 불공정한 결정에 대해서는 청원할 수 있도록 하고 교정시설 내에서 어느 정도 수형자자치제에 참여할 수 있는 기회를 제공함으로써 수형자를 책임 있는 존재로서 취급하여야 한다.

(3) **적법절차 중시**: 처벌하되 인간적인 방법으로 적법절차에 따라 처우할 것을 강조한다.

(4) **형벌의 비례성**: 범죄자에게 가해지는 처벌은 범죄로 인하여 사회에 가해진 해악이나 범죄의 경중에 상응한 것이어야 한다. [2018. 7급]

(5) 사법기관이나 교정기관의 재량권 남용을 반대하였으며, 수형자가 원하는 프로그램을 자발적으로 선택할 수 있게 하였다. [2016. 5급 승진] 총 3회 기출

4. 정의모델의 주요정책

(1) **강경책**

① 마약과의 전쟁 선포

② 부정기형 폐지(부정기형의 지양, 상대적 부정기형으로 제한) [2016. 5급 승진] 총 6회 기출

③ 자유의사론에 입각한 정기형의 복귀

④ 가석방위원회 폐지(가석방의 지양) [2012. 9급]

⑤ 삼진아웃제(three strike out system)도입

⑥ 강제양형제도의 도입과 법관의 재량 폭을 축소하는 양형지침 제시(법관의 재량권 제한)

⑦ 응보 측면의 강조 [2012. 9급]

(2) **수용인원 조절 전략**

① 과학적 범죄예측을 통한 선별적 무능화 방안 제시[→ 실패 → 집합적 무능력화 전략으로 전환 → 과밀수용문제 발생 → 사회내 처우 도입(중간처벌제도 확대, 재통합모델 부활)]

② 선시제도 채택(가산점 부여는 법률적 기준하에서 하도록 선시제도의 법적 요건 강화)

(3) **인권보호**(적법절차)

① 수형자에 대한 법적 원조 규정 마련과 민원조사관제 채택
② 범죄자에 의한 피해자 배상
③ 교정시설 처우의 공개와 교정시설의 소규모화
④ 수형자자치제 확대와 처우의 자발적 참여
⑤ 미결구금일수의 형기산입
⑥ 국가재량의 축소

교정처우 관련 모델

개선모델	19C 교육형사상을 기초로 범죄자의 개선·교화를 통한 범죄방지에 주된 목적을 둔 교정처우모델
치료모델	범죄자를 인격이나 사회화에 결함이 있는 사람으로 보아 환자에 대한 치료방식을 처우에 도입하려는 방식
사법 또는 공정모델	1970년대 이후 범죄자의 인권침해라는 문제점을 고려하여 범죄자의 법적 권리의 보장이라는 차원에서 처우의 문제에 접근하려는 유형
새로운 사회복귀모델	형의 집행은 사회복귀에 필요한 한도 내에서 지도·원조를 내용으로 하는 처우의 이념과 방식에 따라야 한다는 주장

제4절 범죄인 처우의 새로운 동향: 회복적 사법

1 회복적 사법(피해에 대한 새로운 접근)

1. 의의

(1) 과거 응징적·강제적·사후대응적 사법제도에 대한 반성에서 출발하여 범죄자들로 하여금 보다 생산적이고 책임감 있는 시민이 되도록 능력개발이 이루어져야 한다는 목표를 지향하는 적극적인 형사패러다임의 강조사상으로 일반적인 형사사법보다는 소년사법에서 중시되고 있다. [2012. 9급]

(2) **핵심가치**: 회복적 사법의 핵심가치는 피해자, 가해자 욕구뿐만 아니라 지역사회 욕구까지 반영하는 것이며 범죄가 발생하는 여건·환경에 관심을 둔다. 범죄로 인한 손해의 복구를 위해 중재, 협상, 화합의 방법을 강조하며 피해자 권리운동의 발전과 관련이 깊다. [2012. 9급]

(3) 범죄자의 처벌이 목적이 아니라 범죄피해자의 피해회복을 통하여 사회적 화합을 성취하는 것이므로, 이를 통해 가해자에게도 사회복귀의 기회와 가능성을 높여줄 수 있다. [2023. 7급] 총 4회 기출

2. 절차

(1) 회복적 사법은 가해자에 대한 공식적 처벌보다는 피해자를 지원하고 지역사회를 재건하는 데 역점을 두면서 가해자에겐 자신의 행위에 대해 책임감을 갖게 하는 제도로, 주로 비공식적 절차에 의해 범죄 피해에 대한 문제를 해결하고자 한다. [2015. 7급]

(2) 회복적 사법은 중재자의 도움으로 범죄로 인한 피해자와 가해자, 그 밖의 관련자 및 지역공동체가 함께 범죄로 인한 문제를 치유하고 해결하는 데에 적극적으로 참여하는 절차를 의미한다. [2020. 9급] [2023. 보호 7급]

(3) 회복적 사법의 시각에서 보면 범죄행동은 법을 위반한 것일 뿐만 아니라 피해자와 지역사회에 해를 끼친 것이다. [2015. 7급] [2023. 보호 7급]

Plus 재통합적 수치심부여이론 [2021. 보호 7급]

1. 브레이스웨이트(J. Braithwaite)는 낙인이론, 하위문화이론, 기회이론, 통제이론, 차별적 접촉이론, 사회학습이론을 통합하였다.
2. 사회가 범죄를 감소시키기 위해서는 좀 더 효과성 있게 수치심부여를 하여야 한다고 주장하고, 이를 재통합과 거부로 나누었다. 재통합적 수치심부여는 범죄자를 사회와 결속시키기 위한 고도의 낙인을 주는 것이고, 거부적 수치심부여는 범죄자에게 명백한 낙인을 찍어 높은 수치심을 주는 것으로 전자는 범죄율이 보다 낮은 반면, 후자는 범죄율이 더 높은 결과가 초래된다고 하였다.
3. 이 관점은 지역사회에서 범죄자에게 수치심을 주는 태도 및 방법의 차이를 잘 설명하면서 회복적 사법을 지지한다.
4. 회복적 사법이 재통합적 수치심이론을 그 근본 배경이론으로 삼는 이유는, 이 이론이 범죄자 하나에 초점을 두고 범죄자를 비난하는 것이 아니라, 객관적인 범죄행동에 관심을 갖고 가족, 친구, 지역사회 시민들 전체가 자발적 참여와 문제해결에 관심을 두어 실천방안을 제시하기 때문이다.
5. 결국 피해자와 지역사회가 원하는 것이 무엇인지 논의하고 가해자에게 그 메시지를 명확하게 전달하여 가해자로 하여금 재통합적 수치심을 느끼게 하고, 가해자가 피해자의 욕구를 받아들임으로써 궁극적으로는 지역사회의 회복적 사법을 통해 재범을 예방하는 것이다.

3. 회복주의 사법의 유형 [2015. 7급]

피해자와 가해자의 화해모델	① 1970년대 캐나다 온타리오, 보호관찰에 토대를 둔 유죄판결 후 형선고의 대안으로 시작 ② 피해자와 가해자 대부분 절차와 결과에 만족
가족 집단협의	① 1989년 뉴질랜드 소년사법에서 살인 등을 제외한 일정 범죄에 한하여 시행하는 화해프로그램으로 가해자, 공동책임의 가족구성원 및 기타 후원자들 참여 ② 협의과정 이후 피해자의 범죄자에 대한 분노가 약화되는 성과 [2020. 9급]
순환모델	① 학교나 직장, 형사사법 법제 등 다양한 환경에서 사용할 수 있는 판결서클(sentencing circles)은 피해자와 가해자, 그들의 후원자, 주요 공동체 구성원들에게 발언권을 주고 합의 도출 ② 범죄자보다 공동체 구성원들이 자신들의 개인적인 이득과 발전에 도움이 되었다고 평가
시민 패널	① 미국과 캐나다의 경미사건 처리를 위한 민간위원회나 패널 활용 ② 비폭력적 범죄인 노상방뇨나 낙서, 음주, 성매매와 같이 지역사회의 삶의 질을 떨어뜨리는 피해자 없는 범죄를 다루고, 버몬트주 민간위원회의 경우 배상적 보호관찰(reparative probation)의 일환으로 운영

4. 회복적 사법의 문제점(비판)

(1) 강력사건에 회복적 사법이 제공되면 피해자가 보복을 두려워할 수도 있다.

(2) 피해자와 가해자 사이에 이미 존재하는 권한불균형을 반복하거나 영속화시킬 잠재성이 있다.

(3) 피해자의 참여가 단순히 가해자의 교화개선을 위한 도구로 이용될 수 있다.

(4) 회복적 사법이 공익보다는 사적 잘못(private wrong)에 지나치게 초점을 맞춘다. [2023. 9급]

(5) 피해자와 가해자를 회복과정에 참여시킴으로써 처분이 불균형을 초래할 수 있다.

제3장 우리나라 교정의 역사

제1절 고대 행형 및 조선시대 행형

1 고려시대의 행형

1. 개관

(1) 응보주의의 형벌에서 종교적인 인애사상이 가미되고 정형주의를 확립시켰으며, 11대 문종 때에는 고유법과 중국법을 조화한 고려의 형법체계를 완성하였다(죄형법정주의).

(2) 고려 초기 우리 역사상 최초의 독립된 형무기관으로 태조가 설치한 전옥서가 그것이다.

(3) 형집행 중 상(喪)을 당한 경우이거나 임부인 경우 일시석방제도를 운영하였는데, 이는 오늘날 특별귀휴와 유사하다(보방제도).

(4) 사형의 경우에는 삼복제로 중앙에 품의하여 최종적으로 왕의 재가를 받아야만 집행할 수 있었고, 사형에 해당하는 범죄에는 3명 이상의 관원이 함께 재판에 관여하게 하였다.

2. 형벌의 종류

(1) 태형(笞刑), 장형(杖刑), 도형(徒刑), 유형(流刑), 사형(死刑) 등 5종으로, 형벌제도를 정비하고 체계화하여 입법으로 정례화하였다(조선시대에서 상술).

(2) 속전제도(속동제도)가 있어서 일정한 범위에서 속전을 내고 형을 대체할 수 있었다.

(3) 부가형으로 삽루형, 경면형, 노비몰입 등이 있다.

기본형	태형(笞刑)	① 5형 중 가장 가벼운 형벌로 10대에서 50대까지 5등급으로 나누었다. ② 태의 규격과 태형을 대체할 수 있는 속전의 한계가 규정되어 있었다.
	장형(杖刑)	① 태형보다 중죄일 때 과하는 형벌로써 장 60대에서 100대까지 5등급으로 나누어 범죄의 경중에 따라 척장과 둔장으로 구분하여 집행하였다. ② 장형도 속동(贖銅)으로 체벌을 대신할 수 있도록 할 수 있었으며, 단과(單科)로 집행되는 경우도 있으나 도·유형에 처해진 자들에게 병과했던 사실이 고려사지(高麗史志)에 나타나고 있다.
	도형(徒刑)	① 고려형법에서부터 도입되었다. ② 자유형의 일종으로서 도형 기간 동안 어느 일정한 장소에 구금되어 있고, 형기별로 속동과 장(杖)으로 대체할 수 있도록 되어 있었다.
	유형(流刑)	① 고려형벌 중에서 사형 다음으로 중한 형벌이다. ② 오늘날의 무기형에 해당하며 일정한 형기가 없이 왕의 은사가 없으면 유형지에서 일생을 마쳐야 하는 종신형에 속한다.
	사형(死刑)	① 고려형법에 명시된 사형은 집행방법에 따라 교형(絞刑)과 참형(斬刑) 두 가지로 나누어져 있다. ② 죄의 내용이 상대적으로 가벼운 경우 교형으로 다스렸고, 역모·대역죄·존속살인 등 중한 죄는 참형에 처하였다. ③ 고려사의 기록에 의하면 참형을 집행하고 저자(시장터)에 효수(梟首)하기도 하였는데 이는 주로 일반인에게 위화감을 주어 사회질서 유지를 위한 일반예방의 효과를 거두려는 조치였다.

부가형	삽루형(鈒鏤刑)	특별한 범죄에 대하여 범죄인의 얼굴에 칼로 새겨 흉터를 남기는 형벌 [2020. 5급 승진]
	경면형(黥面刑)	자자형(刺字刑)이라 하여 범죄인의 얼굴에 묵침(墨針)으로 글자를 새겨 넣는 형벌
	기타	모반·대역죄 등 국사범에 대하여 노비몰입(奴婢沒入), 재산몰수 등

(4) **구금시설**

① 전옥서(典獄署): 태조가 설치한 독립된 행형기관으로서, 전옥서는 옥수(獄囚)만을 전담하는 유일한 중앙관서로 개경에만 설치되었다.

② 부설옥: 노비안검법으로 급격히 늘어난 노비를 구금하기 위해 가옥(假獄)을 설치하고, 지방에는 시옥(市獄)을 두는 등 부설옥이 있었다.

2 조선시대의 행형

조선시대의 행형관장기관

중앙	형조(刑曹)	조선 초기에 설치된 육조(六曹)의 하나로, 국가의 사법업무와 노예에 관한 사무총괄		
		4사(司)	상이사(詳覆司)	중죄에 대한 복수업무의 주관 부서
			고율사(考律司)	율령에 관한 사항 관장
			장금사(掌禁司)	감옥과 범죄수사 업무처리
			장예사(掌隷司)	노예의 호적과 소송, 포로에 관한 업무 담당
		전옥서(典獄署)		죄수의 구금 담당
	사헌부	감찰기관		
	의금부	왕명에 의한 특수범죄 담당		
	한성부	수도의 행정, 전국의 토지·가옥·묘지소송 담당		
지방	관찰사	행형에 관하여 군·현을 감독, 도 내의 행정·사법·군사 총괄		
	수령	행정업무의 일부로써 행형 관장, 형방의 소관		

3 형벌의 종류(기본 5형)

1. 태형(笞刑)

(1) 가장 가벼운 형벌로서 작은 가시나무 회초리로 죄인의 볼기를 10대에서 50대까지 때렸으며, 5등급으로 구분되었다. [2020. 5급 승진] 총 2회 기출

(2) 태형의 집행은 죄수를 형대(刑臺)에 묶은 다음 하의를 내리고 둔부를 노출시켜 대수를 세어가면서 집행하는데 부녀자는 옷을 벗기지 않으나 간음한 여자에 대해서는 옷을 벗기고 집행하였다.

(3) 나이가 70세 이상인 자, 15세 미만인 자, 폐질환자, 임신한 여자 등은 태형을 집행치 않고 대신 속전을 받았다. [2016. 7급]

(4) 태형은 조선말 장형이 폐지(1895년)된 뒤에도 오랫동안 존속되다가 1920년에 가서야 완전히 폐지되었다.

2. 장형(杖刑)

(1) 태형보다 중한 형벌로서 큰 가시나무 회초리로 60대에서 100대까지 때렸으며, 5등급으로 구분되었다. 장의 법정규격과 집행방법이 대명률직해에 규정되어 있다. [2016. 7급] [2019. 5급 승진]

(2) 형률에 있어서 장형은 별도로 집행하는 경우도 있지만 도・유형에 대하여 이를 병과하는 것이 보통이었다. [2024. 9급] 총 2회 기출

(3) 행형에 있어서 남형(濫刑)의 폐해가 가장 많았던 것이 장형이었는데, 그것은 집행관의 자의가 개입하기 쉽기 때문이었다. [2016. 7급]

(4) 장형의 집행방법은 대체로 태형과 같고 매의 규격만 달리할 뿐이었으며, 갑오개혁 이듬해인 1895년에 행형제도를 개혁하면서 폐지되었다. [2018. 7급]

3. 도형(徒刑)

(1) **자유형**: 관아에 구금하여 소금을 굽거나 쇠를 달구는 노역을 부과하는 형벌로 오늘날의 자유형(유기징역형)에 해당하며, 단기 1년에서 장기 3년까지 5종으로 구분하였고, 반드시 장형이 병과되었다. [2020. 5급 승진] 총 5회 기출 [2024. 9급]

(2) **충군(充軍)**: 도형(도역) 대신 군역에 복무시키는 충군이라는 제도가 있었는데 이는 일종의 대체형벌로, 주로 군인이나 군사관련 범죄에 대하여 적용하였다. [2015. 9급]

4. 유형(流刑)

(1) 중죄를 범한 자에 대하여 먼 지방으로 귀양 보내어 죽을 때까지 고향으로 돌아오지 못하게 하는 형벌로 장형이 병과되었다. [2015. 9급] 총 2회 기출

(2) 도형과 함께 자유형(무기금고형)에 속하였지만 도형과는 달리 기간이 정하여지지 않았고 왕명에 의해서만 석방될 수 있었다. [2018. 7급] 총 2회 기출

(3) 주로 정치범이 유형으로 처벌되었고, 유배죄인에 대한 계호 및 처우 등의 책임은 그 지방의 수령에게 있다. [2018. 7급]

(4) 유형수 중 정치범에게는 식량 등의 생활필수품을 관에서 공급하였고 유배지에 처와 첩은 따라가며, 직계존속은 본인의 희망에 따라 동행을 허가해 주었다. [2020. 5급 승진] 총 2회 기출

(5) **갑오개혁**(1895): 유형은 갑오개혁 이듬해 형벌개혁에 따라 정치범(국사범)에 한해서 적용하는 등 자유형 중심의 근대 행형체계로 전환시키는 계기가 되었다. [2024. 9급]

(6) **종류**(신분에 따른 구분)

① **중도부처(中途付處)**: 관원(일반관원)에 대하여 과하는 형으로 일정한 지역을 지정하여 그곳에서만 거주하도록 하는 것으로 유생에 대해서도 적용되었다. [2019. 5급 승진]

② **안치(安置)**: 유형 중에서도 행동의 제한을 가장 많이 받는 형벌로서 유형지에서도 다시 일정한 지역 내로 유거하게 하는 것이다. 주로 왕족이나 고관현직자에 적용되었다. [2019. 5급 승진] 총 3회 기출

Plus 안치의 종류

1. **본향안치**: 죄인을 그의 고향에 안치시키는 것으로 죄인에게 은전을 베푸는 것에 해당한다(→ 안치의 종류 중 가장 인도적).
2. **위리안치**: 유배죄인의 가옥 주위에 가시나무 울타리를 쳐서 외출을 못하게 한 것으로 연금에 해당하며, 가족과의 거주가 허용되지 않았다(→ 가족과의 거주가 허용되지 아니한 점에서 통상의 유형에 비해 가혹한 형벌).
3. **절도안치**: 외딴 섬에 격리시키는 것으로 심히 가혹했기 때문에 많은 제한을 두었다.

③ 천사(遷徙): 일반 상민을 대상으로 죄인을 1,000리 밖으로 강제 이주시키는 형벌로 조선 초 북변개척을 위한 이민정책의 일환으로 범죄자와 그의 가족을 강제 이주시키거나 연변지역으로 이주시키는 것을 제도화한 것이다. [2019. 5급 승진]

Plus 천사(遷徙)=천도(遷徙)

- 조선 초기 북변개척과 함께 이민정책이 추진되었다.
- 일단 이주 후에는 일반양민과 동등한 생활을 유지할 수 있도록 하였다.
- 신분에 있어서의 변화는 없이 양인의 신분을 그대로 유지토록 한 것이 특징이다.
- 일반유형의 효력이 죄인 당사자에 한하는 데 비하여 전가천도(전가사변)는 전 가족에게 영향을 미치는 것(전 가족을 이주시킴)으로 가혹한 것이었다.

5. 사형(死刑)

(1) 사형제도를 신중하게 하기 위해 초복·재복·삼복의 심리단계를 두고 최종적으로 왕의 재결이 있어야만 사형을 집행하게 하는 삼복제(三覆制)를 시행하였는데, 형조의 4사(司)중의 하나인 상이사(詳覆司, 상복사)에서 전담하였다.

(2) **사형의 집행**

교형(絞刑)	신체를 온전한 상태로 두고 목을 졸라 생명을 박탈하는 것으로 오늘날의 교수형에 해당한다.
참형(斬刑)	죄인의 목을 칼로 쳐서 죽이는 것으로 가장 많이 행하던 사형의 방법이다.
능지처참(陵遲處斬)	대역죄나 유교적 윤리에 근본적으로 반하는 범죄에 적용하는 것으로 신체를 여러 부분으로 절단하는 사형 중에서도 가장 극형에 해당되는 것이다.
부관참시(剖棺斬屍)	이미 죽은 자의 무덤을 파헤쳐 시체를 꺼내 참형에 처하는 것이다.
사사(賜死)	왕명으로 독약을 마시고 죽게 하는 것으로 왕족이나 현직자로서 역모에 관련되었을 때 주로 행하여졌다.

4 부가형 등

1. 부가형(附加刑)

조선의 형벌에는 기본형인 5형 이외에도 자자(刺字), 노비몰입, 재산몰수, 피해배상 등 여러 종류의 부가형이 있었다.

자자형 (刺字刑)	① 신체의 일부에 글씨를 새겨 넣는 형벌로 주로 도적으로서 장·도·유형에 처해진 자에게 부과하였는데, 죄질이 심한 경우 얼굴에 글을 새기는 경면(黥面)도 시행되었다. [2015. 9급] [2019. 5급 승진] ② 자자형은 평생 전과로 낙인을 찍는 가혹성으로 영조 16년(1740년)에 자자도구를 소각하고 전국에 엄명을 내려 완전히 폐지하였다. [2019. 5급 승진]
노비몰입 (奴婢沒入)	범죄인이나 그 가족을 노비에 편입시키는 것인데, 절도전과자로서 다시 범죄를 하거나 대역, 모반 등 10악에 해당하는 죄인, 강상죄인(綱常罪人: 삼강오륜의 도덕을 해친 죄인)에게 적용되었다.
재산몰수	역모 등 일정한 범죄에 대해 5형 등 형사적 처벌 이외에도 부과하였다.
피해배상	가해자의 재산을 강제로 징발하여 피해자에게 피해에 비례하여 배상하였다.
윤형(閏刑)	신분을 박탈하는 형벌로서 관리의 신분에 과하는 형과 도사(道士)나 승려(僧侶)의 신분에 과하는 것이 있다(권리박탈적 명예형).
금고(禁錮)	일정기간 동안 관리가 되는 자격을 정지 또는 박탈하는 명예형의 일종이다.

2. 법외의 형

사(私)형벌의 종류

관습적으로 관(官)에서 행하던 형벌	주뢰(周牢)	양 다리를 결박하여 주리를 트는 것
	압슬(壓膝)	무릎 위를 압력으로 고문하는 것
	낙형(烙刑)	불에 달군 쇠로 낙인
	난장(亂杖)	여러 명이 장으로 난타
권문세도가에서 행하던 사(私)형벌 (대부분 노비를 대상으로 함)	의비(劓鼻)	코를 벰
	월형(刖刑)	아킬레스건을 제거(힘줄을 끊어 버림)
	비공입회수(鼻孔入灰水)	코에 잿물을 주입
	팽형(烹刑)	삶아 죽임
	고족(刳足)	발을 쪼갬

3. 속전제도

(1) 조선에는 모반, 대역, 불효 등 특별히 정한 범죄를 제외하고는 형 대신 금전으로 납부할 수 있는 속전(贖錢)제도가 있었다. [2022. 7급]

(2) 속전은 오늘날의 벌금과도 유사하지만 벌금이 형의 선고 자체가 재산형인데 비해 속전은 신체형을 선고받은 후 본형을 재산형으로 대신한다는 점에서 구별된다.

5 구금시설

1. 직수아문(인신구속 제한)

(1) 조선시대 인신을 직접 구속할 수 있는 권한이 부여된 기관을 직수아문(直守衙門)이라고 하여 형조·병조·한성부·승정원·장예원·종적사·관찰사·수령·비변사, 포도청과 관찰사, 수령 등으로 한정하였다.

(2) 그 외의 관사에서 구금할 죄인이 있을 때는 모두 형조에 이송하여 수금(囚禁)하게 하였다. 이는 관청의 권력남용으로부터 백성을 보호하려는 취지에서 정한 법령이었다. 직수아문에는 옥(獄)이 부설(附設)되어 있었고, 지방에도 도옥(道獄)·부옥(府獄)·군옥(郡獄) 등이 있었다. [2024. 9급]

2. 전옥서

(1) **전옥서**: 고려의 제도를 계승하여 건국 초부터 형조에 소속되어 옥수(獄囚)를 맡아하던 관서로서 옥시설로는 대표적인 기관이다.

(2) **감옥서**: 전옥서는 갑오개혁 이후 경무청 감옥서로 변경되었다가 1907년 감옥사무가 법부(法部)로 이관된 후 경성감옥으로 개칭되었다. 전옥서는 고려 이래 같은 관서 명으로 가장 오래 동안 존속해 온 행형시설로서 520여 년간 존속하였다.

6 휼형(恤刑)제도

1. 의의

(1) 휼형이란 범죄인에 대한 수사·신문·재판·형집행 과정을 엄중하고 공정하게 진행하되, 처리를 신중하게 하고 죄인을 진실로 불쌍히 여겨 성심껏 보살피며 용서하는 방향으로 고려해주는 일체의 행위를 말하며, 삼국시대에서 비롯되어 고려를 거쳐 조선시대에도 폭넓게 시행되었다. [2013. 7급]

(2) 조선의 형사법에는 죄수를 보호하는 휼수(恤囚)의 규정을 두어 구금된 자라 할지라도 법적 보호를 받을 수 있도록 하였다.

2. 종류

(1) **보방제도(保放制度)**: 구금중인 죄인의 건강이 좋지 않거나 구금 중 친상을 당한 때엔 죄인을 옥에서 석방하여 불구속상태로 재판을 받게 하거나 상을 치르고 난 후 다시 구금하는 것으로 오늘날의 구속집행정지, 형집행정지, 귀휴제도와 유사한 제도이다. [2024. 9급] 총 2회 기출

(2) **감강종경(減降從輕)**: 사형에 해당하는 죄는 유형으로, 유형은 도형으로, 도형은 장형으로 강등하여 처리하는 오늘날의 감형제도에 해당한다(사형 ➡ 유형, 유형 ➡ 도형, 도형 ➡ 장형). [2024. 9급] 총 2회 기출

제2절 근대적 행형

1 조선후기

1. 근대적 행형개혁(갑오개혁)

(1) 1894년 갑오개혁으로 고종은 홍범 14조를 통해 자주독립국과 내정개혁의 실시를 선포하였다.

갑오개혁의 형사제도 개혁

1. 민・형사법의 제정과 불법 감금, 불법 형벌의 금지
2. 형조의 폐지와 법무아문(法務衙門) 신설 및 민・관의 재판권 귀속
3. 연좌제 및 고형금지(拷刑禁止)
4. 감옥 사무를 내무아문(內務衙門)으로 이관, 감옥규칙의 제정
5. 재판소 구성법: 1895년 3월 5일 법률 제1호로 제정(사법권 독립)

(2) 감옥사무의 변화

재판소구성법 제정에 따른 감옥사무의 변화

1. 신체형・생명형 위주에서 자유형 체계로 전환: '징역처단례(1895)'제정, 5형(태・장・도・유・사) 중 장형폐지, 도형은 징역으로 바꾸고, 유형은 정치범(국사범)에 한해서 적용하는 등 자유형 중심의 근대 행형체계로 전환시키는 계기 [2024. 9급]
   태형은 1920년에 폐지
2. 감옥사무의 일원화: 형조소속의 전옥서를 경무청 감옥서로 변경, 직수아문(형조・의금부・한성부・포도청 등)에 부설되어 있었던 옥을 모두 폐지하고, 감옥사무를 감옥서로 일원화
3. 미결수와 기결수 구분: 미결수와 기결수를 구분하여 분리 수용하게 하고, 징역형을 받은 자는 감옥서에서 노역에 종사
4. 감옥규칙과 징역표 제정: 감옥 운영의 기준이 되는 감옥규칙과 징역수형자의 누진처우를 규정하는 징역표 등을 제정

[감옥규칙](1894, 고종31년) [2024. 7급] 총 2회 기출
1. 감옥사무 지침으로, 근대적 형집행법의 효시 [2017. 7급]
2. 5형 중심의 형벌체계를 자유형 중심으로 전환
3. 주요내용: 미결수와 기결수 구분수용, 판・검사의 감옥순시를 명시, 재감자 준수사항 제정

[징역표](1894) [2018. 7급]
1. 징역수형자에 대한 기초적 분류 및 누진처우규정, 개과천선 목적
2. 수형자4분류: 특수기능소지자・보통자・부녀자・노유자의 네 가지 유형으로 분류
3. 누진처우: 1~5등급으로 나누어 일정기간이 지나면 상위등급으로 진급시켜 점차 계호를 완화하는 등의 단계적 처우 실시
4. 조선의 전통적 행형에서 근대적 행형으로 전환하는 과도기적 특징

[감옥세칙](1898): 감옥규칙의 시행령, 처우규정
1. 지급물품 급여기준, 위생과 청결, 운동시간, 질병예방과 치료, 접견, 상여(賞與)자에 대한 우대, 징벌 등 규정
2. 작업은 체력에 따라 부과하여 공전 지급, 그중 10분의 8은 감옥비용에 충당하고 10분의 2는 만기 석방 시에 지급

2. 광무시대의 행형(1897~1907)

(1) 갑오개혁에 따른 행형개혁을 정착화시킨 시대로, 갑오개혁이 전통적인 5형 제도를 자유형 중심의 행형으로 전환시키는 계기를 만들었지만 실제적으로 근대 자유형이 확립된 시기는 광무시대부터이다.

(2) **보방규칙과 가석방제도**: 죄수의 일시석방제도인 보방(保放)규칙(1905), 종신형 수형자를 포함하여 모든 수형자를 대상으로 조건 없는 가석방제도(1908)를 실시하였다.

3. 융희시대의 행형(1907~1910)

(1) 감옥사무는 일제에 의해 박탈당하여 통감부 사법청에서 관장하게 되었다.

(2) **법무관할**: 1907년 12월 13일 '법부관제'와 함께 '감옥관제'가 제정되어 감옥사무는 내부관할에서 법부관할로 이관되면서 경무청관제에서 독립하여 감옥관계의 조직과 법령이 대폭적으로 개편되었다.

(3) **경성감옥서 등 설치**: '경성감옥서를 설치하는 건'(1907)을 반포, 이듬해 전국 8개 감옥의 명칭과 위치를 정하여 공포하였고, '감옥분감의 설치령'이 제정되어 8개소의 분감이 전국에 설치되었다.

2 일제강점기와 미군정기

1. 일제강점기

(1) **간수교습소규정**: 간수교습소규정(1917)에 의거 교도관학교 설치 · 운영 근거를 마련하였다. [2022. 7급]

(2) **형무소 개칭**: 1923년 감옥을 형무소로 개칭하였다. [2018. 7급] 총 5회 기출

전옥서(고려시대) - 감옥(갑오개혁) - 형무소(일제강점) - 교도소(1961)

(3) **소년형무소**: 1924년 김천지소를 김천소년형무소로 개편하였고, 1936년 인천소년형무소 설치를 통한 소년행형을 실시하였다.

(4) **응보적 · 위하적 행형정책**: 감옥법을 비롯한 일본의 행형법규를 의용하여 외형상 근대적인 모습을 보여주었지만, 실제로는 응보적이고 위하적인 행형정책으로 일관하였다.

(5) **조선감옥령**: 조선감옥령을 제정하여 이에 근거하여 총독의 명령으로 행형에 관한 별도의 규정을 둘 수 있게 하였다. [2024. 7급]

2. 미군정기

(1) **조선감옥령 의용**: 일제의 조선총독부 행형조직을 그대로 인수하여 운영하였기 때문에 일제의 잔재를 완전히 불식시키지는 못하였다.

(2) **선시제, 석방청원제**: 미국교정의 이념에 근거를 둔 수형자의 인권을 보호하고 처우를 개선하려는 노력으로 선시제도, 수용자 석방청원제, 형구사용의 제한과 징벌제도의 개선이 이루어졌다.

제4장 교정과 보호행정의 조직

제1절 교정관련 주요 위원회 정리

위원회	위원수	위원장	관장사무	범위	위임법령	비고	부재 시	회의
가석방 심사 위원회	위원장 포함 5명 이상 9명 이하 (임기 2년 1회만 연장가능)	법무부 차관	가석방에 대한 적격심사	심사·결정	형집행법 (세부사항 법무부령)	법무부장관 소속으로 둠	위원장이 미리 지정한 위원	재적위원 과반수 출석, 출석위원 과반수 찬성
징벌 위원회	위원장 포함 5명 이상 7명 이하 (외부인사는 3명 이상 소장위촉) 외부인사 1명 이상 참석해야 개의할 수 있음	소장의 바로 다음 순위자	• 징벌대상 행위의 사실 여부 • 징벌의 종류 및 내용 • 징벌집행 유예기간과 기피신청	심의·의결	형집행법	교정시설에 둠	위원장이 미리 지정한 위원	재적위원 과반수 출석, 출석위원 과반수 찬성
지방급식 관리 위원회	위원장 포함 5~7명	소장	–	자문	–	교정시설에 둠	–	재적위원 과반수 출석, 출석위원 과반수 찬성
중앙급식 관리 위원회	위원장 1명 포함 7명 이상 9명 이하의 위원	교정 본부장	• 부식의 식군과 수량 • 급식에 관한 기준 영양량의 결정	자문	수용자 급식관리 위원회 운영지침	법무부에 둠	–	재적위원 과반수 출석, 출석위원 과반수 찬성
귀휴 심사 위원회	위원장 포함 6명 이상 8명 이하 (외부인사는 2명 이상 소장위촉)	소장 (부재시 부소장 직무대행)	수용관계, 범죄관계, 환경관계 등을 심사	허가 심사	법무부령	교정시설에 둠	① 부소장 직무대행 ② 부소장 사고 시 ➡ 위원장이 미리 지정한 위원	재적위원 과반수 출석, 출석위원 과반수 찬성
분류 처우 위원회	위원장 포함 5명 이상 7명 이하 • 매월 10일 개최 • 재적위원 3분의 2 이상 출석하는 경우 개최	소장	• 처우등급 • 가석방 적격심사 대상자 선정 • 소득점수 등의 평가 및 평정	심의·의결	형집행법 (세부사항 법무부령)	교정시설에 둠	위원장이 미리 지정한 위원	재적위원2/3 이상 출석, 출석위원 과반수 찬성

위원회	위원수	위원장	관장사무	범위	위임법령	비고	부재 시	회의
교정자문 위원회	10명 이상 15명 이하 • 위원 중 4명 이상 여성 • 임기 2년 연임가능	위원 중에서 호선	• 교정시설 운영 자문 • 수용자 처우 자문 • 특별한 보호가 필요한 수용자 보호, 성차별 및 성폭력 예방 정책 자문	자문	형집행법 (세부사항 법무부령)	지방교정청에 둠	① 부위원장직이 그 직무대행 ② 부위원장 부재 시 ➡ 위원장이 미리 지정한 위원	재적위원 과반수 출석, 출석위원 과반수 찬성
교도관 회의	소장 · 부소장 및 각 과장과 소장이 지명하는 6급 이상의 교도관 • 매주 1회 이상 회의 • 총무과 직원 서기	소장	• 교정행정 중요 시책의 집행 방법 • 각 과의 주요 업무 처리	자문	법무부령	소장 소속	–	–
취업지원 협의회	회장 1명 포함 3명 이상 5명 이하 내부의원과 외부의원 10명 이상	소장 (부회장 2명, 1명 내부위원 소장지명, 1명 외부의원호선)	사회복귀지원 업무, 취업, 창업교육, 자료제공 및 기술지원, 각종 검사 및 상담등	지원 · 협의	형집행법 시행령 (세부사항 법무부령)	교정시설	소장이 지정한 부회장이 그 직무를 대행	재적위원 과반수 출석, 출석위원 과반수 찬성
보호관찰 심사 위원회	위원장 포함 5명 이상 9명 이하	고등검찰청 검사장 또는 소속 검사 중 법무부장관이 임명한 자	• 가석방 · 임시퇴원과 그 취소 및 퇴원 등 • 보호관찰의 임시해제 · 보호관찰의 정지와 그 취소 • 가석방 중인 사람의 부정기형의 종료	심사 · 결정	「보호관찰 등에 관한 법률」	법무부 장관 소속으로 둠	위원장이 미리 지정한 위원	재적위원 과반수 출석, 출석위원 과반수 찬성
보안관찰 위원회	위원장 1명 포함 1인과 6인의 위원으로 구성(임기2년)	법무부차관	보안관찰처분 또는 그 기각결정 면제 또는 그 취소 결정 보안관찰처분의 취소 또는 기간의 갱신 결정	심의 · 의결	보안관찰법	법무부에 둠	미리 그가 지정한 위원	위원장포함 재적위원 과반수 출석, 출석위원 과반수 찬성
치료감호 심의 위원회	판사 · 검사, 법무부 소속 고위공무원 또는 변호사 자격이 있는 6명 이내의 위원과 전문의 자격이 있는 위원 3명 이내	법무부차관	치료의 위탁 • 가종료 • 종료 여부	심사 · 결정	「치료감호 등에 관한 법률」	법무부에 둠	위원장이 미리 지정한 위원	위원장포함 재적위원 과반수 출석, 출석위원 과반수 찬성

제2절 교도관의 직무(교도관 직무규칙: 법무부령)

근거: 이 법에 규정된 사항 외에 교도관의 직무에 관하여는 따로 법률로 정한다(형집행법 제10조).

1 총칙

1. 통칙

(1) **목적**: 이 규칙은 「형의 집행 및 수용자의 처우에 관한 법률」의 시행을 위하여 교도관의 직무에 관한 사항을 정함을 목적으로 한다(직무규칙 제1조).

(2) **정의**: 이 규칙에서 사용하는 용어의 뜻은 다음과 같다(직무규칙 제2조).

구분	정의
교도관	교도관: 다음 각 목의 어느 하나에 해당하는 업무를 담당하는 공무원 가. 수용자의 구금 및 형의 집행 나. 수용자의 지도, 처우 및 계호(戒護) 다. 수용자의 보건 및 위생 라. 수형자의 교도작업 및 직업능력개발훈련 마. 수형자의 교육·교화프로그램 및 사회복귀 지원 바. 수형자의 분류심사 및 가석방 사. 교도소·구치소 및 그 지소(교정시설)의 경계 및 운영·관리 아. 그 밖의 교정행정에 관한 사항
교정직교도관	「공무원임용령」 별표 1에 따른 교정직렬공무원 **일반직공무원**: 직군(행정) – 직렬(교정) – 직류(교정)
직업훈련교도관	전문경력관 임용절차에 따라 임용된 사람으로서 「국민평생직업능력 개발법」 제33조에 따른 직업능력개발훈련교사
보건위생직교도관	의무직, 약무직, 간호직, 의료기술직, 식품위생직 의무직렬, 약무직렬 등
기술직교도관	공업·농업·시설·전산·방송통신·운전직렬공무원
관리운영직교도관	관리운영직군공무원
상관	다른 교도관을 지휘·감독할 수 있는 직위나 직급에 있는 교도관
당직간부	교정시설의 장(소장)이 지명하는 교정직교도관으로서 보안과의 보안업무 전반에 걸쳐 보안과장을 보좌하고, 휴일 또는 야간(당일 오후 6시부터 다음날 오전 9시까지를 말한다.)에 소장을 대리하는 사람: 교정관 또는 교감 [2021. 7급]

2. 근무의 일반원칙

근무의 구분	교도관의 근무는 그 내용에 따라 보안근무와 사무근무로 구분하고, 보안근무는 근무방법에 따라 주간근무와 주·야간 교대근무로 구분한다. 보안근무는 수용자의 계호를 주된 직무로 하고, 사무근무는 수용자의 계호 외의 사무처리를 주된 직무로 한다(직무규칙 제5조).
직무의 우선순위	수용자의 도주, 폭행, 소요, 자살 등 구금목적을 해치는 행위에 관한 방지 조치는 다른 모든 직무에 우선한다(직무규칙 제6조). [2020. 7급] 총 4회 기출
직무의 처리	교도관은 직무를 신속·정확·공정하게 처리하고, 그 결과를 지체 없이 상관에게 문서 또는 구두로 보고하여야 한다. 다만, 상관으로부터 특별히 명령받은 직무로서 그 직무처리에 많은 시일이 걸리는 경우에는 그 중간 처리상황을 보고하여야 한다(직무규칙 제7조). [2019. 7급 승진] 총 2회 기출
근무장소 이탈금지	교도관은 상관의 허가 없이 또는 정당한 사유 없이 근무장소를 이탈하거나 근무장소 외의 장소에 출입하지 못한다(직무규칙 제8조).
교도관의 공동근무	소장은 2명 이상의 교도관을 공동으로 근무하게 하는 경우에는 책임자를 지정하고 직무를 분담시켜 책임한계를 분명히 하여야 한다(직무규칙 제9조). [2018. 6급 승진]
교도관의 지휘·감독	교도관은 직무수행을 위하여 특히 필요하다고 인정되는 경우에는 그 직무수행에 참여하는 하위직급의 다른 직군 교도관을 지휘·감독할 수 있다(직무규칙 제10조). [2019. 7급 승진] 총 2회 기출
교도관에 대한 교육 등	소장은 교도관에 대하여 공지사항을 알리고, 포승을 사용하는 방법, 폭동진압훈련, 교정장비의 사용·조작훈련 등 직무수행에 필요한 교육·훈련을 실시하여야 한다(직무규칙 제11조).
수용자에 대한 호칭	수용자를 부를 때에는 수용자 번호를 사용한다. 다만, 수용자의 심리적 안정이나 교화를 위하여 필요한 경우에는 수용자 번호와 성명을 함께 부르거나 성명만을 부를 수 있다(직무규칙 제12조). [2020. 7급] 총 3회 기출
수용기록부 등의 관리 등	① 교도관은 수용자의 신상에 변동사항이 있는 경우에는 지체 없이 수용기록부(부속서류를 포함한다), 수용자명부 및 형기종료부 등 관계 서류를 바르게 고쳐 관리·보존하여야 한다(직무규칙 제13조 제1항). ② 교도관은 제1항에 따른 수용자의 신상 관계 서류를 공무상으로 사용하기 위하여 열람·복사 등을 하려면 상관의 허가를 받아야 한다(직무규칙 제13조 제2항). [2018. 6급 승진] ③ 수용자의 신상에 관한 전산자료의 관리·보존, 열람·출력 등에 관하여는 제1항과 제2항을 준용한다(직무규칙 제13조 제3항).
고유식별정보의 처리	소장은 교정시설의 외부에 있는 사람에게 수용자에 관한 수용 및 출소 증명서를 발급하는 사무를 수행하기 위하여 불가피한 경우 「개인정보 보호법 시행령」 제19조에 따른 주민등록번호, 여권번호, 운전면허의 면허번호 또는 외국인등록번호가 포함된 자료를 처리할 수 있다(직무규칙 제13조의2).

수용자의 손도장 증명	① 수용자가 작성한 문서로서 해당 수용자의 날인이 필요한 것은 오른손 엄지손가락으로 손도장을 찍게 한다. 다만, 수용자가 오른손 엄지손가락으로 손도장을 찍을 수 없는 경우에는 다른 손가락으로 손도장을 찍게 하고, 그 손도장 옆에 어느 손가락인지를 기록하게 한다(직무규칙 제14조 제1항). [2020. 7급] ② 위의 경우에는 문서 작성 시 참여한 교도관이 서명 또는 날인하여 해당 수용자의 손도장임을 증명하여야 한다(직무규칙 제14조 제2항).
비상소집 응소	교도관은 천재지변이나 그 밖의 중대한 사태가 발생하여 비상소집 명령을 받은 경우에는 지체 없이 소집에 응하여 상관의 지시를 받아야 한다(직무규칙 제15조).
소방기구 점검 등	소장은 교도관으로 하여금 매월 1회 이상 소화기 등 소방기구를 점검하게 하고 그 사용법의 교육과 소방훈련을 하게 하여야 한다(직무규칙 제16조).

2 교정직교도관의 직무

1. 직무통칙

수용자의 의류 등의 관리	교정직교도관은 수용자가 지급받은 의류, 침구, 그 밖의 생활용품(의류등)을 낭비하지 아니하도록 지도하여야 한다. 교정직교도관은 수용자의 의류등이 오염되거나 파손된 경우에는 상관에게 보고하고, 상관의 지시를 받아 교환 · 수리 · 세탁 · 소독 등 적절한 조치를 하여야 한다(직무규칙 제31조). [2023. 9급 경채]
인원점검 등	① 소장은 당직간부의 지휘 아래 교정직교도관으로 하여금 전체 수용자를 대상으로 하는 인원점검을 매일 2회 이상 충분한 사이를 두고 하게 하여야 한다. 이에 따라 인원점검을 한 당직간부는 그 결과를 소장에게 보고하여야 한다(직무규칙 제35조 제1항). [2023. 9급 경채] ② 교정직교도관은 자신이 담당하는 수용자를 대상으로 작업을 시작하기 전과 마친 후, 인원변동 시 등에 수시로 인원점검을 하여야 한다(직무규칙 제35조 제3항). ③ 교정직교도관은 수용자가 작업 · 운동 등 동작 중인 경우에는 항상 시선으로 인원에 이상이 있는지를 파악하여야 한다(직무규칙 제35조 제4항).
야간 거실문의 개폐	당직간부허가: 교정직교도관은 일과종료(작업 · 교육 등 일과를 마치고 수용자를 거실로 들여보낸 다음 거실문을 잠그는 것을 말한다.) 후부터 그 다음날 일과시작(작업 · 교육 등 일과를 위하여 수용자를 거실에서 나오게 하기 위하여 거실문을 여는 것을 말한다.) 전까지는 당직간부의 허가를 받아 거실문을 여닫거나 수용자를 거실 밖으로 나오게 할 수 있다. 다만, 자살, 자해, 응급환자 발생 등 사태가 급박하여 당직간부의 허가를 받을 시간적 여유가 없는 경우에는 그러하지 아니하다(직무규칙 제36조 제1항).
수용자의 호송	① 교정직교도관이 수용자를 교정시설 밖으로 호송하는 경우에는 미리 호송계획서를 작성하여 상관에게 보고하여야 한다(직무규칙 제40조 제1항). ② 교정직교도관은 수용자의 호송 중 도주 등의 사고가 발생하지 아니하도록 수용자의 동정을 철저히 파악하여야 한다(직무규칙 제40조 제2항).
접견 참여 등	교정직교도관이 「형의 집행 및 수용자의 처우에 관한 법률 시행령」(시행령) 제62조 제1항(접견내용의 청취 · 기록을 위한 교도관의 접견참여)에 따라 수용자의 접견에 참여하는 경우에는 수용자와 그 상대방의 행동 · 대화내용을 자세히 관찰하여야 한다(직무규칙 제41조 제1항). [2020. 7급]

정문근무	① **정문근무자**: 정문에 근무하는 교정직교도관(정문근무자)은 정문 출입자와 반출·반입 물품을 검사·단속하여야 한다(직무규칙 제42조 제1항). ② **신체와 휴대품검사**: 정문근무자는 위의 검사·단속을 할 때 특히 필요하다고 인정하는 경우에는 출입자의 신체와 휴대품을 검사할 수 있다. 이 경우 검사는 필요한 최소한도의 범위에서 하여야 하며, 출입자 중 여성에 대한 검사는 여성교도관이 하여야 한다(직무규칙 제42조 제2항). ③ 정문근무자는 위(제1항 또는 제2항)의 검사 도중 이상하거나 의심스러운 점을 발견한 경우에는 출입 등을 중지함과 동시에 상관에게 이를 보고하여 상관의 지시를 받아 적절한 조치를 하여야 한다(직무규칙 제42조 제3항). ④ **당직간부허가**: 정문근무자는 수용자의 취침 시간부터 기상 시간까지는 당직간부의 허가 없이 정문을 여닫을 수 없다(직무규칙 제42조 제4항). [2023. 9급 경채] 총 2회 기출

2. 당직 간부의 직무

당직간부의 편성	① 당직간부는 교대근무의 각 부별로 2명 이상으로 편성하며, 이 경우 정(正)당직간부 1명과 부(副)당직간부 1명 이상으로 한다(직무규칙 제49조 제1항). [2023. 9급 경채] ② 당직간부는 교정관 또는 교감으로 임명한다. 다만, 교정시설의 사정에 따라 결원의 범위에서 교위 중 적임자를 선정하여 당직간부에 임명할 수 있다(직무규칙 제49조 제2항). [2023. 9급 경채] ③ 정당직간부 및 부당직간부의 업무분담에 관하여는 소장이 정한다(직무규칙 제49조 제3항).
비상소집망 점검	당직간부는 매주 1회 이상 교도관의 비상소집망을 확인하여 정확하게 유지하도록 하여야 한다(직무규칙 제55조). [2018. 7급 승진]
수용·석방사무의 감독	① 당직간부는 교정시설에 수용되거나 교정시설에서 석방되는 사람의 신상을 직접 확인하는 등 수용 및 석방에 관한 사무를 감독하여야 한다(직무규칙 제56조 제1항). ② 출정감독자는 법원에서 무죄판결 등 구속영장이 실효되는 판결이 선고되어 즉시 석방되는 사람의 신상을 직접 확인하는 등 석방에 관한 사무를 감독하여야 한다(직무규칙 제56조 제2항). [2018. 7급 승진]

3. 보건위생교도관의 직무

의약품의 관리	① **용도별 구분**: 약무직교도관은 의약품을 교도관용, 경비교도용, 수용자용 등으로 용도를 구분하여 보관하여야 한다(직무규칙 제80조 제1항). ② **예산과 자비구매약품 구분**: 제1항의 수용자용 의료약품은 예산으로 구입한 것과 수용자 또는 수용자 가족 등이 구입한 것으로 구분하여 보관하여야 한다(직무규칙 제80조 제2항). ③ **유독물관리**: 유독물은 잠금장치가 된 견고한 용기에 넣어 출입문 잠금장치가 이중으로 되어 있는 장소에 보관·관리하여야 한다. 다만, 보관장소의 부족 등 부득이한 경우에는 이중 잠금장치가 된 견고한 용기에 넣어 보관·관리할 수 있다(직무규칙 제80조 제3항). ④ **약품점검**: 약무직교도관은 천재지변이나 그 밖의 중대한 사태에 대비하여 필요한 약품을 확보하고, 매월 1회 이상 그 수량·보관상태 등을 점검하고 그 결과를 상관에게 보고하여야 한다(직무규칙 제80조 제4항). [2023. 9급 경채]
사망진단서 작성	의무관은 수용자가 교정시설에서 사망한 경우에는 검시(檢屍)를 하고 사망진단서를 작성하여야 한다(직무규칙 제82조). [2023. 9급 경채]
위생검사	① 의무관은 매일 1회 이상 의료수용동의 청결, 온도, 환기, 그 밖의 사항을 확인하여야 한다(직무규칙 제84조 제1항). [2023. 9급 경채] ② 의무관은 교정시설의 모든 설비와 수용자가 사용하는 물품 또는 급식 등에 관하여 매주 1회 이상 전반적으로 그 위생에 관계된 사항을 확인하여야 하고, 그 결과 특히 중요한 사항은 소장에게 보고하여야 한다(직무규칙 제84조 제2항).

PART 01

제5장 교정시설과 구금제도

제1절 교정시설

1 교정시설의 의의

1. 협의

(1) 자유형을 집행하는 시설을 의미한다. 자유형은 현대형벌의 중심을 이루고 있으며 자유형의 집행은 시설내 처우의 핵심이 되고 있다.

(2) 현행 형법은 징역, 금고, 구류의 3종의 자유형을 인정하고 있다.

2. 광의

(1) 물적 시설을 구비함과 동시에 인적 구성요건을 갖추고 미결수용자(구속영장의 집행 중인 형사피고인 · 피의자) 및 수형자를 수용처우하는 국가시설이다.

(2) 국가 또는 공공단체 등의 행정주체에 의하여 공적 목적에 병용되는 인적 및 물적 설비의 총합체를 말한다.

3. 교정시설의 발전

1555년	영국의 브라이드 웰 교정원	① 빈민, 부랑자, 절도범 등을 수용하여 장기간 교정과 직업훈련을 실시(형벌집행이 아닌 노동이 목적) ② 가장 오래된 교정시설 = 최초의 교정시설 = (형벌집행보다는)빈민구제와 노동부과가 주된 수단으로 이용된 가장 오래된 교정시설
1595년	네덜란드의 암스테르담 징치장	① 기도와 노동을 통한 교육이 기본방침(걸인이나 부랑인을 수용하여 노동을 통한 교화시도) ② 1597年 – 암스테르담 징치장 內 여자조사장 ➡ 성별분류의 시초 [2019. 9급] ③ 1603年 – 암스테르담 징치장 內 불량청소년 숙식소 ➡ 연령별 분류의 시초 ④ 교도작업을 최초로 교육적 · 개선적 목적으로 시행한 시설 ⑤ 최초로 자유형을 실시한 시설(18C 후반) = 최초의 형(刑)집행시설
1704년	이탈리아의 산 미켈레 감화원	① (현대적이고 체계적인) 연령별 분류의 시초가 된 최초 소년교정시설 = 성인과 소년을 구분한 분류시설의 기원(독립된 시설) = 최초의 소년교도소 ② 비행소년과 학습불량소년으로 나누어서 수용한 시설로 최초의 분방식(독거식) (방사익형)구조
1773년	벨기에의 간트 교도소	① 팔각형(분방식)(방사익형)의 구조 ② 분류수용이 보다 과학적으로 시행 ③ 시설면에서 가장 모범적인 '근대교도소의 효시'로 평가 ④ 1775년 주간혼거와 야간독거 실시 – 오번제도의 시초

1790년	미국의 월넛 구치소	① 윌리엄 펜과 벤자민 프랭클린 – '필라델피아 교도소 개량협회' 설립 ② 미국 최초의 독거구금 시설 ▶ 주의: 최초의 독거구금시설은 산미켈레 감화원이다. ③ 펜실베니아 제도의 시초
	미국(뉴욕)의 엘마이라 감화원	① 최초의 상대적 부정기형 실시 ② 미국 최초로 가석방제도 운영
1895년	소년공화국 (조지. 사설소년원)	소년의 감화・개선을 위하여 자치제 실시 ▶ 주의: 자치생활을 최초로 했다는 데 의의가 있다. 최초의 수형자자치제 실시는 오번교도소이다.
1907년	벨기에 포레스트 감옥	① 최초의 현대적 분류제도를 시행 ② 현대적 분류제도를 시행한 대표적 시설
1914년	미국의 오번교도소	① 최초의 수형자자치제 실시(오스본) [2024. 9급] ② 오번제도의 시초
1918년	미국 싱싱교도소	① 과학적 분류의 시초 ② 오번제도를 가장 제대로 실시한 대표적 시설

2 영국과 미국의 감옥개량운동

영국의 존 하워드(John Howard, 1726~1790)	미국의 감옥개량운동
① **감옥상태론**: 박애주의자 존 하워드는 다섯 번에 걸쳐 전 유럽 300여 개의 감옥을 직접 둘러보고 자기가 체험한 것을 내용으로 「영국과 웰스의 감옥상태론(1777)」을 저술하였다. ② 형벌의 목적은 노동습관으로의 교육에 있다고 보고, 인도적인 감옥개혁을 주장하였다. ③ 「감옥상태론」은 경험적 범죄연구학의 효시를 이루었다. ④ **주장 내용**: 위생시설 확충, 연령층과 성별에 따라서 분리수용, 독거제 실시, 교도관의 공적 임명과 충분한 보수 지급, 교도소 내의 노동조건을 개선하여 감옥을 단순한 징벌장소가 아닌 개선장소로 사용 등의 주장을 하였다.	① **펜실베니아 제도**: 윌리엄 펜(William Pen)의 참회사상과 존 하워드의 독거제 영향을 받은 벤자민 프랭크린(B. Franklin)에 의한 '필라델피아 수인구호협회'(1776)에서 시작되어, 1790년 소규모 독거시설인 월넛 감옥(Walnut Street Jail)이 설치되고, 1818년 서부감옥, 1821년 동부감옥 등 2개의 대(大) 독거교도소가 완성되었다. ② **오번감옥**: 1823년 엘람 린즈(Elam Lynds)가 새로운 혼거제를 실시하였고, 1914년 오스본(Osborne)에 의해 최초의 수형자 자치제가 실시되었다. ③ **엘마이라 감화원**: 1876년 브록웨이, 드와이트, 와인즈 및 후벨, 산본 등이 참여한 '아메리카 감옥협회'에서 상대적 부정기형제도 실시, 미국 최초의 가석방제도가 운영되었다.

3 교정시설의 구조

교도소의 건축양식

파놉티콘형(Panopticon Design)	1787년 벤담(Bentham, J.)이 고안한 원형 양식이다.
파빌리온형(Pavillion)	푸신(Pussin)에 의해 고안된 병렬식 구조로 수용자의 분류별 처우에 적합하며 보건위생을 중시한다.
전주형	일자형 사동을 병렬하는 양식으로 수형자 관리에 유리하며, 우리나라에 많다.
고층형(Skyscraper Design)	
방사형(Radiate Design)	

제2절 구금제도의 발달

1 펜실베이나제

1. **의의**: 절대 침묵과 정숙을 유지하며 주야구분 없이 엄정한 독거수용을 통해 회오·반성을 목적으로 한 구금방식으로 엄정독거제, 분방제, 필라델피아제로 불린다. [2024. 7급]

2. **연혁 필라델피아 협회**: 18세기 펜실베니아주의 퀘이커(Quaker) 교도이자 감옥개량운동가인 윌리엄 펜(William Pen)의 참회사상과 존 하워드의 독거제 영향을 받아 감옥개량을 목적으로 한 사설협회로서 벤자민 프랭클린(Benjamin Franklin)에 의하여 '필라델피아협회'가 창립되면서 구체화되었다. [2018. 9급] 총 7회 기출

3. **장·단점**

장점	단점
① 수형자 간 통모가 불가능하여 동료 수형자 간 악풍감염의 폐해를 방지할 수 있다(펜실베니아제와 오번제의 공통점). [2014. 9급] 총 2회 기출 ② 수형자 스스로의 정신적 개선작용으로 자신의 범죄에 대한 회오·반성 및 속죄할 기회를 제공하여 교화에 효과적이다. [2013. 9급] ③ 고독의 공포가 취업자로 하여금 생산작업에 전념하게 할 수 있다. ④ 개별처우에 편리하다. [2014. 9급] ⑤ 통모에 의한 교정사고를 사전에 차단할 수 있으며, 미결수용자의 경우 증거인멸 방지에 효과적이다. [2013. 9급] ⑥ 계호 및 규율유지에 용이하다. ⑦ 수형자의 사생활 침해를 방지하는 데 효과적이다. [2013. 9급]	① 공동생활이 불가능하기 때문에 교정교육, 운동, 의료활동, 교도작업 등 사회적 훈련이 어렵다. [2013. 9급] ② 구금성 정신질환 등 정신적·심리적 장애를 유발할 수 있다. ③ 공동생활에 대한 적응능력 배양을 저해하여 원만한 사회복귀를 어렵게 할 수 있다. ④ 동료 수용자 간 감시불편으로 자살의 가능성이 높아지고 건강상의 문제가 발생할 수 있다. ⑤ 개개 수형자의 독립된 생활공간 확보 등 행형경비가 많이 필요하다.

2 오번제

1. 의의

(1) 엄정독거제의 결점을 보완하고 혼거제의 폐해인 수형자 상호 간의 악풍감염을 제거하기 위한 구금형태로 절충제(엄정독거제와 혼거제를 절충), 완화독거제(반독거제. 엄정독거제보다 완화된 형태), 교담(交談)금지제(침묵제. 주간작업시 엄중침묵 강요)라고도 한다. [2020. 5급 승진] 총 6회 기출

(2) 야간에는 독거구금하고, 주간에는 침묵상태에서 동료 수형자들과 함께 작업을 실시하도록 하였다. [2024. 7급] 총 11회 기출

(3) 도덕적 개선보다 노동습관의 형성을 더 중요시한다. [2018. 9급]

(4) 오번제는 펜실베니아제의 엄정독거에 따른 폐해를 방지하는 데에는 유리하나, 수형자의 노동력을 착취하는 수단이 되었다는 비판이 있다.

2. 연혁

(1) 1823년 미국 뉴욕주의 오번감옥에서 소장 엘람 린즈(Elam Lynds)가 혼거구금과 엄정독거구금의 단점을 제거하고, 장점만을 취한 새로운 혼거제(congregate system)를 실시, 널리 보급되었다. [2020. 5급 승진] 총 2회 기출

(2) Lynds는 수형자들도 대부분 노동을 하여 이윤을 추구하는 어쩔 수 없는 사람들이기 때문에 작업능률의 향상이 교정시설의 목표가 되어야 한다고 믿었다(Lynds는 교도작업의 역할을 중시하였음).

(3) 당시 산업사회의 노동력 확보라는 시대적 요구에 부응하면서 수형자들에게 도덕적 개선보다는 일하는 습관을 심어 줌으로써 재범을 방지하는 데 더 관심을 둔 것으로 19세기 미국에서 지배적인 행형제도로 정착되었다.

(4) **오번제도의 시초**: 벨기에의 간트(Gand)교도소 [2008. 9급], 미국 뉴욕주의 오번(Auburn)교도소 [1997. 9급]

3. 장 · 단점

장점	단점
① 엄정독거에 비하여 사회적 처우가 어느 정도 가능하기 때문에 보다 인간적이다. [2020. 5급 승진] 총 2회 기출 ② 주간 작업시 교담을 금지하고 야간에는 독거구금하므로 악풍감염의 문제가 해소된다. [2020. 5급 승진] ③ 주간에는 작업을 통한 공동생활(집단작업)을 하므로 사회적 훈련이 가능해지며 정신건강이나 자살의 위험 등 주야엄정독거제의 폐해를 줄일 수 있다. ④ 공모에 의한 도주 · 반항 등을 방지할 수 있다. [2020. 5급 승진] ⑤ 교정교육, 운동, 의료활동, 교도작업 등의 운영에 편리하고, 경제적이다. [2013. 9급]	① 수형자 간 의사소통 금지로 인간관계의 형성이 어렵다. ② 말을 못 하게 하는 것은 새로운 고통을 부과하는 결과가 되며 작업능률을 떨어뜨린다. ③ 혼거로 인한 위생과 방역에 어려움이 있다. ④ 교도관의 계호감시와 규율유지의 어려움이 있다. ⑤ 동료 수형자 간 은밀한 부정행위나 교제로 인한 재범의 가능성이 있다. ⑥ 주간혼거 · 야간독거형식으로 개별처우가 곤란하다.

3 독거제

수형자 상호 간의 접촉을 방지함으로써 악풍 감염과 통모를 방지할 수 있다. 독거의 목적은 침묵 회상을 통해 회오, 속죄, 정신적 개선을 도모하려는 데 있다.

4 혼거제

독거제가 개인적 정신의 개선에 중점을 두는 구금형태라면, 혼거제는 사회 복귀에 적합한 사회성 배양에 중점을 두는 구금형태이다.

독거수용 vs 혼거수용

	장점	단점
독거수용	① 수용자 스스로 반성 내지 속죄할 수 있는 기회를 제공 ② 수용자 간의 악풍감염 예방, 위생상 감염병 예방 등에 유리 ③ 수용자 개별처우에 용이 ④ 수용자의 명예감정을 보호 ⑤ 증거인멸 및 공모·위증을 방지 ⑥ 계호상 감시·감독 및 질서유지에 편리	① 집단적 교육훈련, 자치활동 등 사회적 훈련에 부적합 ② 수용자 신체의 허약·정신장애의 우려 ③ 수형자 상호 간 감시부재로 자살사고 방지 곤란 ④ 많은 감독인원과 건축비로 비경제적
혼거수용	① 수용자의 심신단련을 도모 ② 건축비와 인건비 절감, 시설관리 용이 ③ 형벌 집행의 통일성을 유지 ④ 작업훈련에 간편을 기할 수 있음 ⑤ 공동작업을 통한 수형자의 재사회화와 사회적 훈련에 용이 ⑥ 수용자 상호 간의 감시를 통한 자살 등의 교정사고 방지에 기여	① 수용자 상호 간 갈등증폭과 악풍감염의 우려 ② 독거제보다 개별처우가 곤란 ③ 출소 후 공범범죄의 가능성 ④ 교도관의 계호상 감시감독 및 질서유지 곤란 ⑤ 위생·방역상 어려운 점

제6장 교도소 사회의 이해

제1절 수형자 사회의 연구

1 의의와 연혁

1. 의의

교도소는 일반사회와 격리된 폐쇄시설에서 다양한 유형의 수형자들이 공동생활을 하게 되므로 교도소만의 독특한 사회가 형성되고, 그들만의 문화가 조성된다.

2. 연혁

(1) 수형자 사회에 대한 연구는 1940년 클레머(Clemmer)가 「교도소 사회(The prison community)」를 저술하면서 시작되었다.

(2) 1958년 사이크스(Sykes)가 「수인의 사회(The society of captives)」를 발표하면서 체계적인 이론을 정립하였다.

2 수형자 문화(inmate culture)

1. 의의

(1) 수형자 문화(수형자 사회의 부문화)는 수형자들이 가지고 있는 문화적 성향이나 지향성 또는 가치와 규범에 관한 것으로 교도소 문화라고도 부른다.

(2) 서덜랜드와 크레세이(Sutherland & Cressey)는 수형자들이 지향하는 가치를 기준으로 범죄지향적 부문화, 수형지향적 부문화, 합법지향적 부문화로 구분하였다. [2023. 9급] 총 2회 기출

(3) 합법생활지향적 수형자보다는 범죄생활지향적 수형자가, 범죄생활지향적 수형자보다는 수형생활지향적 수형자가 교도소화가 더 빨리, 더 쉽게, 더 많이 되는 것으로 알려지고 있다(합법생활지향적 수형자 < 범죄생활지향적 수형자 < 수형생활지향적 수형자).

2. 수형자 부문화 유형

유형	내용
범죄지향적 부문화 (Thief-oriented Subculture)	① 부문화를 교정시설 내로 유입한 결과로 인식되고 있는데, 이들은 외부에서 터득한 반사회적인 범죄자의 부문화를 고집하고 장래 사회에 나가서도 계속 그러한 범죄생활을 행할 것을 지향하며, 그들 나름대로의 권력조직과 인간관계를 계속 유지한다. ② 교도소 내에서는 어떤 공식적 지위를 얻고자 하는 일 없이 그냥 반교도소적이거나 조용한 수형생활을 보낼 뿐이다. ③ 슈랙이 분류한 수형자의 역할유형 중 정의한들이 속해 있는 부문화이다. [2023. 9급] ④ 범죄지향적 부문화에서 정의한으로서의 신분은 교정시설 내의 행동 외에 교정시설 외부에 존재하는 범죄적 또는 절도적 부문화에의 참여에 의해 크게 좌우되고 있다.

수형지향적 부문화 (Convict-oriented Subculture)	① 교도소 사회에서의 모든 생활방식을 수용하고 적응하려고 하며, 자신의 수용생활을 보다 쉽고 편하게 보내기 위해 교도소 내에서의 지위 획득에만 몰두하며 출소 후의 생활에 대해서는 관심을 두지 않는다. [2021. 7급] 총 2회 기출 ② 수형지향적 부문화의 핵심적인 구성원은 청소년범죄자 출신으로서 많은 수용경력을 소유한 사람일 가능성이 높다. 이들과 같은 경우 수용경력이 길기 때문에 일반 사회의 범죄지향적 부문화를 접할 기회가 많지 않기 때문이다. ③ 수형자 사회의 부문화 집단 중에서 교도소화가 가장 쉽게, 빨리 그리고 많이 되며(교정시설에 가장 빨리 적응), 출소 후 재입소율(재범률)이 가장 높은 유형이다.
합법지향적 부문화 (Legitimacy-oriented Subculture)	① 수형자의 역할 중 고지식자에 해당되는 경우로 이들은 교정시설에 입소할 때도 범죄지향적 부문화에 속하지 않았고, 수용생활 동안에도 범죄나 수형생활지향적 부문화를 받아들이지 않는 수형자를 말한다. [2023. 9급] ② 가급적 교정시설의 규율을 따르려고 하며, 교정당국이나 직원과도 긍정적인 관계를 유지하는 편이다. ③ 수형자들 중에서 가장 많은 비율을 차지하고 있으나 재범률은 가장 낮은 유형이다(교정시설에 가장 잘 순응하는 수형자 유형).

제2절 교도소화(prisonization)

1 개요

1. 의의

(1) 교도소화란 수형자가 교도소에 입소 후 교도소 사회의 규범과 가치에 동화 또는 교도소의 행위유형을 학습하는 과정을 말한다. [2021. 7급]

(2) 클레머에 의하면 교도소화란 교정시설의 일반적 문화, 관습, 규범 그리고 민속 등을 다소간 취하는 것, 즉 신입 수형자가 교정시설의 규범과 가치에 익숙해지고 그것을 내재화하는 행위유형을 학습하는 과정으로 보았다. [2018. 7급]

(3) 이는 점차 직원에 반대하는 행동과 태도를 신봉하는 정도를 일컫는 것으로 그 의미가 변화되고 있다.

2. 교도소화의 정도

(1) **클레머**: 수형자의 수용기간이 길수록 반교정적·반사회적·친범죄적 부문화에의 재현이 더 커진다고 보고, 수용기간의 장기화에 따라 수형자의 교도소화 정도도 강화된다고 주장했다. 그러나 단순히 수형기간이 아니라 수형자의 역할(슈랙. Schrag)이나 수형단계(휠러의 U형 곡선)에 따라 교도소화의 정도가 달라진다는 사실이 밝혀지게 되었다. [2019. 9급]

(2) **휠러**: 클레머의 가설을 검증한 바, 수용기간에 따라 점진적으로 부문화가 파생된다는 클레머의 가정을 부정하고 교도소화는 수용단계에 따라 U형 곡선으로 설명된다고 주장하였다. [2021. 7급] 총 2회 기출

형기 초기단계	가장 높은 친교도관적 태도 견지
형기 중기단계	친교도관적 태도가 가장 낮음
형기 말기단계	친교도관적 태도를 견지하고 수형자강령 거부

(3) **수형자의 사회적 역할에 따른 교도소화**: 가라비디안(Garabedian)은 교도소화의 정도를 수형자의 사회적 역할에 따라 분류하였다.

고지식자 · 정의한	U형 곡선을 따름(석방일이 다가옴에 따라 교정시설의 부정적 영향을 떨침)
무법자	형기가 진행됨에 따라 교도소 문화에 점진적으로 동화됨
정치인	합법적(수용기간 내내 직원의 규범에 동조하는 경향)

3. 교도소화의 설명모형

유형	내용
박탈모형 (deprivation model)	수형자의 교도소화는 수용으로 인한 고통, 각종 권익의 박탈 등 수용이 직접적인 원인이라고 보는 설명체계이다. [2018. 7급]
유입모형 (importation model)	어윈과 크레세이(Irwin & Cressey)는 사회과학자들은 교정시설의 수형자 문화를 설명하는데 있어서 교정시설의 내부영향을 지나치게 강조한다(박탈모형)고 주장하면서 그 이유로 대부분의 수형자 부문화가 결코 수용시설에만 있는 독특한 것이 아니라고 설명하면서, 교정시설 내 수형자의 행위유형은 수형자가 사회로부터 함께 들여 온 것이라는 유입모형을 제시하였다. [2018. 7급]
통합모형 (integration model)	대체로 자유주의자(진보주의자)들은 박탈모형을 지지하는 반면 보수주의자들은 유입모형을 지지하고 있다. [2018. 7급] 하지만 유입모형이건 박탈모형이건 하나로는 현대 교정시설의 사회체계를 설명하기에 단순하다는 비판이 수많은 연구결과를 통해 제기되고 있다.

4. 슈랙(Schrag)의 수형자 역할유형 분류

유 형	특 성
친사회적(prosocial) 고지식자(square Johns)	① 친사회적 수형자로서 교정시설의 규율에 동조하고 법을 준수하는 생활을 긍정적으로 지향하며, 교도소 문화에 거의 가담하지 않고 직원들과 가깝게 지내는 유형의 수형자이다. [2019. 9급] ② 중산층 출신의 화이트칼라범죄자나 격정범죄자가 많다.
반사회적(antisocial) 정의한(right guys)	① 반사회적 수형자로서 범죄자의 세계를 지향하며 부문화적 활동에 깊이 관여하고 사회를 부정적으로 보며 직원들과도 거의 관계를 갖지 않는다. ② 하류계층 출신자가 많고 범죄도 폭력성 강력범죄인 경우가 많다. ③ 수형자들 세계에서 통용되는 계율을 엄격히 준수하며 동료수형자들의 이익을 깊이 생각하고 그 이익증진을 위해 앞장서서 싸우면서도 약한 수형자를 괴롭히는 일이 없기 때문에 동료 수형자들로부터는 진정한 리더로 인정된다.

가사회적(pseudosocial) 정치인(politicians)	① 가사회적 수형자로서 교정시설 내의 각종 재화와 용역을 위한 투쟁에서 이점을 확보하기 위해 직원과 동료 수형자를 모두 이용하는 자이다. [2019. 5급 승진] ② 사기나 횡령 등 경제범죄로 수용된 경우가 많다. ③ 수형자 부문화나 교도관에 의해 주도되는 합법적인 사회 어디에도 깊은 유대를 가지지 않는 교활한 자들이다.
비사회적(asocial) 무법자(outlaws)	① 비사회적 수형자로서 자신의 목적을 위하여 폭력을 이용하고 동료 수형자와 직원 모두를 피해자화하므로 교도관이나 수형자 모두로부터 배척받는다. ② 이들은 일종의 조직 속의 패배자들이며 보통 폭력 또는 강력범죄자 중에서 비정상적·비공리적 범행을 한 자가 많다.

[결론]

① 슈랙은 수형자의 교정시설 내 부문화적 역할에 따라 사회복귀 경향이 현저한 차이를 보인다고 주장한다.
② 고지식자는 수형기간의 장단에 관계없이 보호관찰조건 위반율이 가장 낮다.
③ 정의한은 일반적으로 매우 높은 보호관찰조건 위반율을 보이고 기간이 경과할수록 위반율이 경감한다.
④ 무법자는 보호관찰조건 위반율이 매우 높고, 수형기간이 증가함에 따라 위반율도 증가하였다.
⑤ 정치인의 경우는 형기가 짧은 때에는 위반율이 낮으나 형기가 길어지면 위반율도 높아진다.

5. 사이크스(Sykes)의 수형자 역할유형 분류 [2019. 5급 승진]

유 형	특 성
생쥐(rats)	약삭빠른, 얌체, 교도관과 내통하면서 동료를 배신하는 유형, 재소자들 간의 융화를 거부함으로써 재소자사회 전체를 배신하는 재소자이다.
중심인(centerman)	교도관의 의견, 태도, 신념을 취하는 재소자로 이들은 선처를 얻기 위해 권력을 가진 교도관들에게 아첨하는 것으로 알려져 있다.
고릴라(gorillas)	자신이 필요로 하는 것으로 다른 사람으로부터 무력으로 취하는 재소자이다.
상인(merchants)	필요한 재화가 박탈당한 관계로 재소자들은 재화를 파는 것과 주는 것을 분명하게 구분하고 있으며, 재화를 주어야 될 경우에 파는 재소자를 상인이라고 부른다.
늑대(wolves)	동성애자 중 능동적·공격적 역할을 수행하는 재소자이다.
어리석은 파괴자 (ball busters)	공개적으로 교도관에게 대들고 항거하는 재소자이다.
진짜 남자(real men)	수형생활을 인간의 존엄성을 가지고 참아내는 재소자이다.
악당(tough)	잔인함과 폭력성으로 동료 재소자들과 언쟁을 벌이는 재소자이다.
떠벌이(hipsters)	실제보다 자신이 더 강한 척하고 말로만 강한 척하며, 공격의 피해자를 조심스럽게 선택하는 재소자이다.

제7장 수용자의 권리구제

제1절 수용자 권리구제의 실제

1 개관

1. 의의

교정시설에 수용된 수용자가 교도소 등으로부터 받은 부당한 처분 또는 권리침해에 대하여 그 취소 또는 시정을 통하여 수용자의 권리보장과 행형의 적정화 조치를 구하는 불복신청제도를 말한다.

2. 권리구제 수단의 구분 [2020. 7급] 총 5회 기출

사법적 구제수단	비사법적 구제수단
① 행정소송 ② 민·형사소송 ③ 헌법소원	① 청원 ② 행정심판 ③ 민원조사관제 ④ 감사원심사 청구 ⑤ 소장면담 ⑥ 국가인권위원회 진정 ⑦ 중재
① 의의: 소송은 권리구제 수단으로 가장 확실하게 인식 ② **장점**: 공정한 제3자에 의한 구제 ③ **단점** ㉠ 많은 시간과 경비가 소요 ㉡ 수용자와 교정당국과의 갈등의 골 심화 ㉢ 교정당국은 지도력 상실의 상처 ㉣ 수용자 자신을 대변할 능력·여건이 부족 ㉤ 소송에 이긴 경우에도 해결에는 상당한 시간이 필요	① 의의: 행정상의 문제는 사법적 처리보다는 행정적 처리가 요구된다는 논리 ② **장점** ㉠ 절차가 단순·간편 ㉡ 시간과 자원 절감 가능 ㉢ 수용자의 불평과 불만에 대해 보다 효과적으로 반응 가능 ㉣ 문제가 심화되기 전에 신속한 처리 가능 ㉤ 법원에 의한 강제 해결보다 수용자에게 더 큰 의미 부여 ③ **단점**: 교정당국에서 타협의 산물로 처우상의 이익을 주어 형평성에 위배될 가능성이 높다.

2 사법적 권리구제 수단

1. 의의

사법적 권리구제는 많은 시간과 비용이 소요되며 전문가의 조언을 받아야 하는 등의 사정 때문에 수형자가 손쉽게 이용하기 곤란하다. 또한 극단적으로는 비사법적 구제제도보다 수형자와 교도관 사이에 감정의 골을 깊게 할 수 있다. 따라서 수형자의 권리구제를 효과적이고 공평하게 해결하는 수단으로서 비사법적 해결방안의 모색이 필요하다.

(1) **행정소송의 제기**: 수용자가 교도소 당국의 위법한 처분 기타 공권력의 행사 또는 불행사로 인하여 권리 침해된 때에는 법원에 행정소송을 제기할 수 있다.

(2) **민·형사소송의 제기**: 교도관의 계호 작용에 있어서 불법한 처우를 이유로 당해 공무원이나 국가를 상대로 민·형사처분을 구하는 소를 제기할 수 있다.

(3) **헌법소원의 제기**: 교정관계법령 등에 위헌적 요소가 있으면 헌법소원을 제기할 수 있다.

3 비사법적 권리구제 수단

1. 청원

(1) **의의**: 수용자는 그 처우에 관하여 불복하는 경우 법무부장관·순회점검공무원 또는 관할 지방교정청장에게 청원할 수 있다(동법 제117조 제1항). [2021. 7급]

(2) **청원권자**

① 수형자, 미결수용자, 내·외국인을 불문하고 「형의 집행 및 수용자의 처우에 관한 법률」상 수용자이면 누구나 청원을 할 수 있다.

② 석방된 자는 「형의 집행 및 수용자의 처우에 관한 법률」의 적용대상이 아니므로 청원할 수 없다. 다만, 수용 중 관계법규에 의해 일시적으로 석방된 구속 집행 정지자, 형 집행정지자, 보석출소자 등은 청원이 가능하다고 보는 견해가 있다.

③ 수용자들의 공동청원은 인정되지 않는다.

(3) **청원사항 및 제한사항**

① 청원사항

㉠ 청원자 본인에 대한 교도소장의 위법·부당한 처우로 인해 권리가 침해된 경우

㉡ 교도소장 등의 (부)작위로 인해 권리가 침해된 경우

㉢ 권리침해의 우려가 있는 경우 등

② 제한사항

㉠ 본인의 이익과 관계없는 다른 수용자에 대한 사항(대리청원 금지)

㉡ 행형제도 전반에 관한 개선의견

㉢ 감정적 의견

㉣ 막연한 희망의 표시

㉤ 집단 공동청원 등

(4) **청원의 요건**

① 청원사항은 교도소의 부당한 처우에 관한 것이어야 한다.

② 교도소장의 작위·부작위에 의하여 수용자가 적극적·소극적 이익을 침해받거나 받을 우려가 있어야 한다.

③ 청원은 수용 중 청원자 본인의 이익을 대상으로 한다. 따라서 청원자와 관계없는 다른 수용자의 내용이나 행형제도에 관한 의견은 인정되지 않는다.

④ 청원자가 수용된 교도소의 사항이어야 한다.

⑤ 청원 사항은 교도소장의 작위·부작위이어야 하므로 단순한 감정적 의견이나 희망표시 등은 청원이 될 수 없다.

(5) **청원절차**

① 수용자는 그 처우에 관하여 불복하는 경우 법무부장관·순회점검공무원 또는 관할 지방교정청장에게 청원할 수 있다(법 제117조 제1항). [2021. 7급] 총 16회 기출 소장은 수용자가 순회점검공무원에게 청원하는 경우에는 그 인적사항을 청원부에 기록하여야 한다(시행령 제139조 제1항). [2020. 5급 승진] 총 3회 기출

② 청원하려는 수용자는 청원서를 작성하여 봉한 후 소장에게 제출하여야 한다. [2024. 7급] 총 3회 기출 다만, 순회점검공무원에 대한 청원은 말로도 할 수 있다(법 제117조 제2항). [2021. 7급] 총 2회 기출 총 14회 기출 순회점검공무원은 수용자가 말로 청원하는 경우에는 그 요지를 청원부에 기록하여야 한다(시행령 제139조 제2항). 순회점검공무원이 청원을 청취하는 경우에는 해당 교정시설의 교도관이 참여하여서는 아니 된다(법 제117조 제4항). [2024. 7급] 총 10회 기출

③ 소장은 청원서를 개봉하여서는 아니 되며, 이를 지체 없이 법무부장관・순회점검공무원 또는 관할 지방교정청장에게 보내거나 순회점검공무원에게 전달하여야 한다(법 제117조 제3항). [2021. 7급] 총 8회 기출

④ 청원에 관한 결정은 문서로 하여야 한다(법 제117조 제5항). [2018. 6급 승진] [2021. 7급] 총 10회 기출

⑤ 순회점검공무원은 청원에 관하여 결정을 한 경우에는 그 요지를 청원부에 기록하여야 하며(시행령 제139조 제3항), 청원을 스스로 결정하는 것이 부적당하다고 인정하는 경우에는 그 내용을 법무부장관에게 보고하여야 한다(시행령 제139조 제4항). [2016. 9급 경채]

⑥ 소장은 청원에 관한 결정서를 접수하면 청원인에게 지체 없이 전달하여야 한다(법 제117조 제6항). [2016. 7급] 총 5회 기출

⑦ 수용자의 청원처리의 기준・절차 등에 관하여 필요한 사항은 법무부장관이 정한다(시행령 제139조 제5항).

순회점검공무원에 대한 청원은 문서 또는 말로 할 수 있지만, 순회점검공무원의 결정은 반드시 문서로 하여야 한다.

(6) **불이익처우 금지**: 수용자는 청원, 진정, 소장과의 면담, 그 밖의 권리구제를 위한 행위를 하였다는 이유로 불이익한 처우를 받지 아니한다(법 제118조). [2020. 9급] 총 3회 기출

(7) **청원의 효과**: 청원의 제기만으로 당해 처분의 정지와 같은 효과는 발생하지 않으며(집행부정지원칙), 법무부장관의 지휘감독권 발동을 기대하는 데 불과하다. 따라서 청원이 채택되더라도 즉시 당해 처분이 무효 또는 취소되는 효과는 없으며 당해 소장 또는 상급감독청의 취소명령이 있음으로써 그 효력이 발생하고 이때 소장의 취소명령은 반드시 문서로 할 필요는 없다.

2. 소장면담

(1) **의의**

① 주로 교도관의 위법, 부당한 행위를 시정하는 데 있어 청원이나 소송을 제기하기 전 조속한 시정을 호소하는 제도로 활용되고 있다.

② 수용자는 그 처우에 관하여 소장에게 면담을 신청할 수 있다.

(2) **면담 제외사유**(동법 제116조 제2항): 소장은 수용자의 면담신청이 있으면 다음 각호의 어느 하나에 해당하는 사유가 있는 경우를 제외하고는 면담을 하여야 한다. [2024. 7급]

1. 정당한 사유 없이 면담사유를 밝히지 아니하는 때
2. 면담목적이 법령에 명백히 위배되는 사항을 요구하는 것인 때
3. 동일한 사유로 면담한 사실이 있음에도 불구하고 정당한 사유 없이 반복하여 면담을 신청하는 때
4. 교도관의 직무집행을 방해할 목적이라고 인정되는 상당한 이유가 있는 때

(3) **면담제외사유 고지**: 소장은 면담제외사유에 해당하여 수용자의 면담 신청을 받아들이지 아니하는 경우에는 그 사유를 해당 수용자에게 알려주어야 한다(시행령 제138조 제3항). [2019. 8급 승진]

(4) **소장면담의 대리**: 소장은 특별한 사정이 있으면 소속 교도관으로 하여금 그 면담을 대리하게 할 수 있다. 이 경우 면담을 대리한 사람은 그 결과를 소장에게 지체 없이 보고하여야 한다(법 제116조 제3항). [2020. 7급] 총 6회 기출

(5) **소장면담절차**

① 소장은 수용자가 면담을 신청한 경우에는 그 인적사항을 면담부에 기록하고 특별한 사정이 없으면 신청한 순서에 따라 면담하여야 한다(시행령 제138조 제1항).

② 소장은 수용자를 면담한 경우에는 그 요지를 면담부에 기록하여야 한다(시행령 제138조 제2항).

③ 소장은 면담한 결과 처리가 필요한 사항이 있으면 그 처리결과를 수용자에게 알려야 한다(법 제116조 제4항). [2019. 8급 승진]

3. 행정심판의 청구

행정청의 처분 또는 부작위는 다른 법률에 특별한 규정이 있는 경우를 제외하고는 행정심판법에 의하여 그 심판을 청구할 수 있다(행정심판법 제3조 제1항).

4. 옴부즈만제도

옴부즈만은 원래 정부관리에 대한 시민의 불평을 조사할 수 있는 권한을 가진 스웨덴의 공무원에서 유래되어, 미국의 경우 교정분야의 분쟁해결제도 중 가장 많이 활용되는 것의 하나가 되었다. 우리나라는 교정옴브즈만제도의 시행을 시도한 바 있으나 현재는 중단된 상태이다.

5. 중재(mediation)

중립적인 제3자인 중재자가 양 당사자의 차이점을 해소하도록 도와주는 합의적 · 자립적인 과정으로, 법률자문을 구하기 힘든 대부분의 수용자에게 유리한 점이 많은 제도이다.

6. 수용자 불평처리위원회

노사관계에 있어서 일종의 고충 또는 불평처리위원회(inmate grievance committee)와 유사한 것으로, 수용자들의 불평을 처리하는 공식적 행정절차이다.

7. 감사원심사 청구

감사원의 감사를 받는 자의 직무에 관한 처분이나 그 밖의 행위에 관하여 이해관계가 있는 자는 감사원에 그 심사의 청구를 할 수 있다(감사원법 제43조 제1항).

8. 정보공개청구(동법 제117조2)

(1) 수용자는 「공공기관의 정보공개에 관한 법률」에 따라 법무부장관, 지방교정청장 또는 소장에게 정보의 공개를 청구할 수 있다(법 제117조의2 제1항).

(2) 현재의 수용기간 동안 법무부장관, 지방교정청장 또는 소장에게 정보공개청구를 한 후 정당한 사유 없이 그 청구를 취하하거나 「공공기관의 정보공개에 관한 법률」 제17조(청구인 비용부담 원칙)에 따른 비용을 납부하지 아니한 사실이 2회 이상 있는 수용자가 정보공개청구를 한 경우에 법무부장관, 지방교정청장 또는 소장은 그 수용자에게 정보의 공개 및 우송 등에 들 것으로 예상되는 비용을 미리 납부하게 할 수 있다(법 제117조의2 제2항). [2024. 7급] 총 8회 기출

[예상되는 비용을 미리 납부하게 할 수 있는 경우]
1. 정보공개청구를 한 후 정당한 사유 없이 그 청구를 취하한 사실이 2회 이상 있는 수용자가 정보공개청구를 한 경우
2. 정보공개청구를 한 후 정당한 사유 없이 정보공개결정 후 정보공개 등에 소요되는 비용을 납부하지 아니한 사실이 2회 이상 있는 수용자가 정보공개청구를 한 경우

(3) 예상비용은 「공공기관의 정보공개에 관한 법률 시행령」 제17조에 따른 수수료와 우편요금(공개되는 정보의 사본·출력물·복제물 또는 인화물을 우편으로 송부하는 경우로 한정한다)을 기준으로 공개를 청구한 정보가 모두 공개되었을 경우에 예상되는 비용으로 한다(시행령 제139조의2 제1항).

(4) 정보의 공개 및 우송 등에 들 것으로 예상되는 비용을 미리 납부하여야 하는 수용자가 비용을 납부하지 아니한 경우 법무부장관, 지방교정청장 또는 소장은 그 비용을 납부할 때까지 「공공기관의 정보공개에 관한 법률」 제11조(정보공개 여부의 결정)에 따른 정보공개 여부의 결정을 유예할 수 있다(법 제117조의2 제3항).

(5) 예상비용의 산정방법, 납부방법, 납부기간, 그 밖에 비용납부에 관하여 필요한 사항은 대통령령으로 정한다(법 제117조의2 제4항).

(6) 법무부장관, 지방교정청장 또는 소장은 위 (2)에 해당하는 수용자(정보공개청구를 한 후 정당한 사유 없이 그 청구를 취하하거나 정보공개결정 후 정보공개 등에 소요되는 비용을 납부하지 않은 사실이 2회 이상 있는 수용자)가 정보공개의 청구를 한 경우에는 청구를 한 날부터 7일 이내에 비용을 산정하여 해당 수용자에게 미리 납부할 것을 통지할 수 있다(시행령 제139조의2 제2항). [2020. 5급 승진] 총 3회 기출

(7) 비용납부의 통지를 받은 수용자는 그 통지를 받은 날부터 7일 이내에 현금 또는 수입인지로 법무부장관, 지방교정청장 또는 소장에게 납부하여야 한다(시행령 제139조의2 제3항).

(8) 법무부장관, 지방교정청장 또는 소장은 수용자가 비용을 납부기한(7일 이내)까지 납부하지 아니한 경우에는 해당 수용자에게 정보공개 여부 결정의 유예를 통지할 수 있다(시행령 제139조의2 제4항).

(9) 법무부장관, 지방교정청장 또는 소장은 비용이 납부되면 신속하게 정보공개 여부의 결정을 하여야 한다(시행령 제139조의2 제5항). [2013. 7급]

(10) 법무부장관, 지방교정청장 또는 소장은 비공개 결정을 한 경우에는 납부된 비용의 전부를 반환하고 부분공개 결정을 한 경우에는 공개 결정한 부분에 대하여 드는 비용을 제외한 금액을 반환하여야 한다(시행령 제139조의2 제6항). [2014. 7급] 총 2회 기출

(11) 법무부장관, 지방교정청장 또는 소장은 비용이 납부되기 전에 정보공개 여부의 결정을 할 수 있다(시행령 제139조의2 제7항). [2014. 7급] 총 2회 기출

(12) 세부적인 납부방법 및 반환방법 등에 관하여 필요한 사항은 법무부장관이 정한다(시행령 제139조의2 제8항).

9. 국가인권위원회법에 의한 구제

(1) 국가인권위원회

① 위원회는 위원장 1명과 상임위원 3명을 포함한 11명의 인권위원으로 구성한다(법 제5조 제1항).

② 위원은 국회가 선출하는 4명(상임위원 2명을 포함), 대통령이 지명하는 4명(상임위원 1명을 포함), 대법원장이 지명하는 3명을 대통령이 임명한다(법 제5조 제2항).

③ 국회, 대통령 또는 대법원장은 다양한 사회계층으로부터 후보를 추천받거나 의견을 들은 후 인권의 보호와 향상에 관련된 다양한 사회계층의 대표성이 반영될 수 있도록 위원을 선출·지명하여야 한다(법 제5조 제4항).

④ 위원장은 위원 중에서 대통령이 임명한다. 이 경우 위원장은 국회의 인사청문을 거쳐야 한다(법 제5조 제5항).

⑤ 위원장과 상임위원은 정무직공무원으로 임명하고(법 제5조 제6항), 위원은 특정 성(性)이 10분의 6을 초과하지 아니하도록 하여야 한다(법 제5조 제7항).

⑥ 위원장은 위원회를 대표하며 위원회의 업무를 총괄하며(법 제6조 제1항), 위원장이 부득이한 사유로 직무를 수행할 수 없을 때에는 위원장이 미리 지명한 상임위원이 그 직무를 대행한다(법 제6조 제2항).

⑦ 위원장과 위원의 임기는 3년으로 하고, 한 번만 연임할 수 있다(법 제7조 제1항).

⑧ 위원은 위원회나 상임위원회 또는 소위원회에서 직무상 행한 발언과 의결에 관하여 고의 또는 과실이 없으면 민사상 또는 형사상의 책임을 지지 아니한다(법 제8조의2).

⑨ 위원회의 의사는 공개한다. 다만, 위원회, 상임위원회 또는 소위원회가 필요하다고 인정하면 공개하지 아니할 수 있다(법 제14조).

(2) 시설의 방문조사

(3) 시설수용자의 진정권 보장

① 인권침해나 차별행위를 당한 사람 또는 그 사실을 알고 있는 사람이나 단체는 위원회에 그 내용을 진정할 수 있다(법 제30조 제1항).

② 위원회는 진정이 없는 경우에도 인권침해나 차별행위가 있다고 믿을 만한 상당한 근거가 있고 그 내용이 중대하다고 인정할 때에는 직권으로 조사할 수 있다(법 제30조 제3항).

제8장 처우제도와 과밀수용

제1절 처우제도

처우의 유형과 종류

- **폐쇄적 처우** — 전통적인 시설내 처우
- **사회적 처우(광의)**
  - 사회적 처우(협의)
    - ① 시설내 처우에 기반을 둔 사회적 처우
    - ② 귀휴, 외부통근, 부부만남의 날(집), 주말구금제도, 사회견학, 보스탈 제도 등
  - 중간처우
    - ① 입출소 전단계에서 실시하는 지역사회를 기반을 둔 사회적 처우
    - ② 중간처우소
    - ③ 사회내 처우센터(다목적센터, 석방전지도센터, 호스텔제도, 엠마하우스 등)
- **사회내 처우(광의)**
  - 사회내 처우(협의)
    - ① 석방자 등을 지도 보호하기 위한 처우
    - ② 가석방, 보호관찰, 갱생보호
  - 중간처벌
    - ① 구금과 보호관찰 사이에 존재하는 처벌적 형태의 처우
    - ② 전환, 벌금형, 집중감시제도, 보상제도, 사회봉사, 수강명령, 가택구금, 전자감시, 충격구금 등

1 카티지제

1. 의의

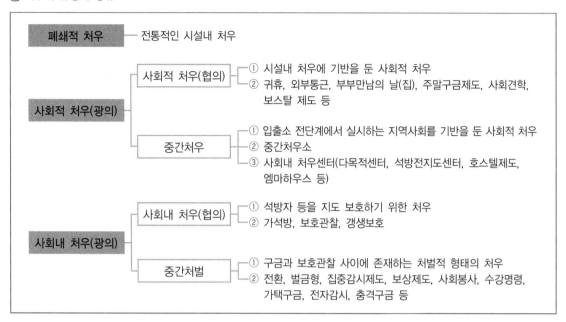

카티지제(Cottage System)라 함은 소집단화 처우제도를 말한다. 수형자처우제도 중 다른 제도들은 모두 대형화된 집단을 전제로 한 것이며 교육작업 등 획일적이고 기계적인 운영의 결과 많은 피해가 따르므로 소집단적인 제도의 운영으로 교과성과를 거두려는 데서 카티지제가 생겨났다.

2. 카티지제 장 · 단점

장점	단점
① 점수제 · 독거제 및 혼거제의 단점을 보완할 수 있다. ② 수형자에게 상부상조 정신을 함양시킬 수 있다. ③ 누진제 및 자치제와 결합, 분류와 처우를 가족적으로 소형화하여 개별처우에 적합하다. ④ 독립적인 자치심을 배양시킬 수 있다. ⑤ 진정한 행형규율의 확립과 교화에 유익하다.	① 시설의 소규모화를 이루기 위해서는 막대한 경비가 소요되므로 재정부담이 증가한다. ② 카티지를 담당할 전문요원을 확보하기가 어렵다. ③ 범죄인 배려는 상대적으로 피해자의 감정을 해치는 등 사회 법감정상 맞지 않는다. ④ 과학적인 분류제도가 전제되지 않으면 효과를 거두기 어렵다.

2 수형자자치제

1. 의의

수형자자치제(Inmate self-government system)란 행형의 운용을 수형자 자신의 손에 맡겨 책임과 자치심으로 교도소의 질서를 유지하고, 계호주의의 흠결을 교정하며, 그들 스스로 사회에 복귀할 준비를 하게 하는 자치활동을 말한다. 이는 수형자의 사회적 훈련에 중점을 둔 교정제도로서 자치활동을 통하여 사회적응능력을 배양하고자 하는 데 있다.

2. 수형자 자치제의 전제조건 [2011. 7급] 총 8회 기출

(1) 혼거제를 필연조건으로 하여야 한다. 따라서 상습범·누범자 등 악풍감염의 우려가 있는 자는 제외되어야 한다. [2011. 7급]

(2) 상습범·누범자 등을 제외하고, 자치제에 적합한 자를 선정하기 위해서는 수형자에 대한 과학적 조사 및 분류가 선행되어야 한다. [2024. 9급] 총 2회 기출

(3) 정기형 제도하에서는 자치심이 형성되지 않은 수형자라도 형기가 종료되면 반드시 사회에 복귀시켜야 되므로 부정기형 제도하에서 운영되어야 한다. [2019. 7급] 총 7회 기출

(4) 자치제의 실시로 사회적응능력이 갖추어져 있는 자는 조속히 사회 내로 복귀시킬 수 있는 가석방 제도하에서 운영되어야 한다. [2024. 9급]

(5) 대규모 교정시설보다 소규모 교정시설에서 더욱 효과적이다. [2011. 7급]

(6) 민주적 사회와 건전한 시민의식을 고양시키기 위해서는 교도관과 수형자 간의 인간적 유대관계의 형성이 필요하다.

3. 수형자 자치제의 장·단점 [2024. 9급] 총 8회 기출

장점	단점
① 수형자의 자립심 및 독립심 고취로 흠결된 자치통제력을 회복시켜 줄 수 있다. ② 수형자의 사회적응능력을 함양할 수 있다. ③ 자치정신을 배양하여 자율적이고 자발적인 교정질서를 확립할 수 있다. ④ 엄격한 계호주의의 폐단을 극복함으로써 교정사고를 미연에 방지할 수 있다. ⑤ 상부상조 정신과 단체 책임의식을 함양할 수 있다. ⑥ 수형자와 교도관의 인간적 관계로 교정행정의 효율성을 높일 수 있다. ⑦ 수형자의 명예심과 자존심을 자극하여 사회적응능력을 유도한다. ⑧ 교정시설의 계호부담을 경감할 수 있다(계호비용 절감). [2011. 7급]	① 자제심의 결여된 수형자에게 자유를 허용하는 것은 위험·부당한 일이다. ② 시설 내에서 자유의 허용은 오히려 수형자의 범죄상태를 연장하는 데 불과하다. ③ 형벌의 위하력과 존엄성을 훼손하여 엄격한 형벌집행을 바라는 국민감정에도 위배된다. ④ 힘 있는 소수 수형자에 의해 다수의 수형자가 고통을 받게 될 가능성이 높다. [2024. 9급] 총 2회 기출 ⑤ 전문인력과 자치제에 적합한 설비를 요한다는 점에서 교정비용이 증가할 수 있다. ⑥ 선량한 시민보다는 단순히 선량한 수형자를 만드는데 그치기 쉽다는 우려가 있다. ⑦ 교도관의 권위를 하락시킬 수 있다. [2024. 9급]

4. 현행법상 수형자 자치제

(1) 우리나라는 교도관의 감독하에 부분적으로 자치생활을 보장하고 있다. 자치처우는 개별처우급의 구분에 해당한다(시행규칙 제76조).

(2) **자치생활**: 소장은 개방처우급·완화경비처우급 수형자에게 자치생활을 허가할 수 있다(시행규칙 제86조 제1항). [2020. 6급 승진] 총 8회 기출

(3) **자치활동**: 소장은 외부통근자의 사회적응능력을 기르고 원활한 사회복귀를 촉진하기 위하여 필요하다고 인정하는 경우에는 수형자 자치에 의한 활동을 허가할 수 있다(시행규칙 제123조). [2020. 5급 승진] 총 6회 기출

(4) **자치생활 범위**: 수형자 자치생활의 범위는 인원점검, 취미활동, 일정한 구역 안에서의 생활 등으로 한다(시행규칙 제86조 제2항). [2018. 5급 승진]

(5) **토론회**: 소장은 자치생활 수형자들이 교육실, 강당 등 적당한 장소에서 월 1회 이상 토론회를 할 수 있도록 하여야 한다(시행규칙 제86조 제3항). [2020. 6급 승진] 총 5회 기출

(6) **오락회**: 소장은 자치생활 수형자에 대하여 월 2회 이내에서 경기 또는 오락회를 개최하게 할 수 있다(시행규칙 제91조 제1항). [2018. 5급 승진] 총 6회 기출

(7) **TV시청**: 자치생활 수형자는 법무부장관이 정하는 방법에 따라 텔레비전을 시청할 수 있다(시행규칙 제41조 제1항 단서).

(8) **자치생활의 취소**: 소장은 자치생활 수형자가 법무부장관 또는 소장이 정하는 자치생활 중 지켜야 할 사항을 위반한 경우에는 자치생활 허가를 취소할 수 있다(시행규칙 제86조 제4항). [2012. 9급]

(9) **부정기형제도**: 정기형제도하에서는 자치심이 형성되지 않은 수형자라도 형기가 종료되면 반드시 사회에 복귀시켜야 되므로 부정기형제도하에서 운영되어야 한다. [2024. 9급] 총 8회 기출

(10) **가석방제도**: 자치제의 실시로 사회적응능력이 갖추어져 있는 자는 조속히 사회 내로 복귀시킬 수 있는 가석방제도하에서 운영되어야 한다. [2024. 9급]

(11) **소규모시설**: 대규모 교정시설보다 소규모 교정시설에서 더욱 효과적이다. [2011. 7급]

(12) **인간적 유대관계**: 민주적 사회와 건전한 시민의식을 고양시키기 위해서는 교도관과 수형자 간의 인간적 유대관계의 형성이 필요하다.

3 선시제도(善時制度)

1. 의의

(1) 수형 기간 중 스스로 선행을 유지함으로써 일정한 법률적 기준하에 석방 시기를 단축하는 제도로 형기자기단축제도, 선행보상제도 또는 선행감형제도라고도 한다(상우제도로서의 성격).

(2) 수형자자치제도가 수형자 스스로 개선하여 사회에 복귀하는 준비를 하게 함으로써 사회적응능력을 키워주는 데 그 목적이 있다면, 선시제도는 자기의 노력으로 형기를 단축(형기의 실질적 단축)시키는 제도로서 수형자자치제도와 그 성격이 다르다. 그러므로 두 제도를 함께 시행하는 것은 옳지 않다.

2. 선시제도 장 · 단점

장점	단점
① 개선 · 갱생을 촉진시켜 시설 내의 행장이 우수한 수형자는 조기에 석방되므로 수형자의 선행을 장려할 수 있다. ② 수형자의 일반적 심리작용을 이용하여 교도소의 질서유지, 작업능률의 향상으로 수익증대 효과를 거둘 수 있다. ③ 가석방과는 달리 본인의 노력만 있으면 다른 어떤 부가적인 요건이 없어도 석방예정일을 앞당길 수 있는 자기단축제도로 정기형의 엄격성을 완화할 수 있다.	① 형기계산이 복잡해진다. ② 행정권에 의하여 형기를 변경시킴은 사법권의 침해이다(3권분립의 원칙 위반). ③ 교도소 생활에 익숙한 교활한 수형자가 외면상 행장양호로 조기에 석방되어 누범자가 선시를 얻을 수 있다는 점에서 형사정책상 불합리하다. ④ 직업훈련 등 사회적응 준비가 안된 상태로 석방되는 등 수형자에 필요한 처우의 개별화를 어렵게 하여 오히려 사회적응에 곤란을 가져올 수 있다. ⑤ 교화개선의 효과보다는 수용자관리 위주로 운영될 수 있다. ⑥ 궁극적 동기부여보다 처벌의 부정적 형태로 변화할 수 있다.

제2절 과밀수용

1 과밀수용의 원인

인구학적 측면	1960년 전후에 태어난 베이비붐 세대가 1970년대 후반부터 범죄연령기에 도달하여 1980년대 초반 구금연령기로 진입하면서 수용인원 증가의 주요 원인이 되었다.
형사정책의 보수화 (1970~1980년대)	① **매스컴의 역할 증대**: 강력범죄에 대한 집중보도 ② **비용증대와 재범률 증가**: 교정 서비스의 개선 및 확대로 교정비용은 급속히 증가한 반면,수용인원 등은 지속적으로 증가하여 억제에 입각한 모형이 등장하여 법원의 양형이나 교정정책에도 큰 변화를 초래하였다. ③ **국민들의 열망과 정치적 쟁점화**: 범죄에 대한 공포감의 증대 및 범죄율의 증가 ④ **법원의 보수화**: 강제양형제도 ⑤ **교정정책의 변화**: 가석방의 폐지 혹은 요건 강화 및 선시제도의 엄격성

2 과밀수용의 결과

교도관의 사기저하	시설 및 직원 부족으로 인한 과다한 업무로 직원의 사기가 저하되었다.
교정처우 후퇴	예산과 자원의 부족으로 직업훈련과 교육의 기회, 여가, 의료 및 정신건강, 식사, 위생 등의 각종 서비스가 악화되어 교화프로그램 참여자가 줄어들게 되었다.
재범률의 증가	교도소 내에 긴장과 갈등이 고조되어 소내 규율위반, 폭력, 수용자의 스트레스 증가, 발병, 심리적 불안정, 자살 등 각종 사고나 사건을 초래하였고 이는 교정시설의 안전에도 큰 위협이 되어 결과적으로 교정교화 효과를 약화시켜 재범률의 증가로 이어지게 되었다.
법원의 개입(hands-on)과 개선명령	① 과밀수용에 대한 수용자들의 집단소송에 대해 미국 대부분의 주들이 잔인하고도 비인간적인 처우를 금지하는 헌법조항에 위배된다고 판시하였다. ② 법원은 구금환경을 1년 이내에 개선할 것과 수용인원 상한선을 준수할 것, 조건을 충족시키지 못하면 일정한 벌금을 부과하고 수용인원이 상한선 이하로 떨어질 때까지 교정기관에의 신규 입소를 금하는 등 엄격한 조치의 시정명령이 이어졌다. ▶ 법원의 개입은 교도소 과밀상황을 개선하기 위한 노력에 가장 큰 영향을 미치게 되었다.
선별전 무능화 전략과 지역사회교정	① 과밀수용 해소를 위해 강력사범이나 누범의 가능성이 높은 것으로 예측되는 일부 범죄자에 대하여 구금을 통해 선별적으로 무능력화(selective incapacition)시키는 양형정책이 채택되었다. ② 대다수의 초범자나 재산범에 대해서는 보호관찰을 부과하는 등 지역사회 교정프로그램의 확대실시로 연결되는 계기가 되었다.

3 과밀수용의 해소방안[브럼스타인(Blumstein)] [2022. 9급] 총 8회 기출

무익한 전략 (Null Strategy)	① 별다른 대책 없이 그냥 교정시설이 증가되는 수용자만큼 더 소화시킬 수밖에 없다는 수용전략이다. ② 단기적으로는 교정시설의 증설을 위한 추가 비용부담도 없어서 정치적으로 가장 수용하기 쉬운 전략이지만 장기적으로는 수용자가 교정시설을 통제하고 직원들은 비도덕화되어 폭동으로 이어질 수도 있다. [2022. 9급] ③ 구금예찬론자들에게는 교정시설이 수용한계에 오면 비폭력적 범죄자는 대부분 보호관찰에 회부되거나 기타 전환제도로 보내질 수 있다는 데서 매력적인 전략이 될 수 있다.
선별적 무능력화 (Selective Incapacitation)	① 교정시설의 증설은 비용이 과다하게 들기 때문에 구금함으로써 가장 많은 범죄를 줄일 수 있는 범죄인을 표적으로 이용 가능한 제한된 공간에 선별적으로 구금하여 교정시설 공간을 보다 효율적으로 운영하자는 것이다(집합적 무능력화는 과밀수용의 원인이 될 수 있다). [2022. 9급] ② 강력범죄의 대부분은 일부 중누범자들에 의해서 행해지고 있으므로 이들을 선별하여 필요한 만큼 수용함으로써 전체 강력범죄 중 상당부분을 예방할 수 있으므로 전체적으로 범죄감소효과를 거둘 수 있고 결과적으로 과밀수용을 해소할 수 있다는 전략이다.

인구감소 전략	① 정문정책(Front-door) ㉠ 교정 이전 단계에서 범죄자를 보호관찰, 가택구금, 벌금형, 배상처분, 사회봉사명령, 선도조건부 기소유예 등의 비구금적 제재로 전환시킴으로써 교정시설에 수용되는 인구 자체를 줄이자는 전략이다. [2019. 9급] ㉡ 일부 경미범죄자나 초범자 등에게만 적용이 가능하고 강력범죄자에게는 적용이 적절치 않다. [2019. 9급] ㉢ 오히려 형사사법망의 확대시키는 결과를 초래하여 더 많은 사람을 교정의 대상으로 삼게 되는 문제점이 야기된다.
	② 후문정책(Back-door) ㉠ 일단 수용된 범죄자를 대상으로 보호관찰부 가석방, 선시제도 등을 이용하여 새로운 입소자들을 위한 공간확보를 위해 그들의 형기종료 이전에 미리 출소시키는 전략이다. ㉡ 형벌의 제지효과는 형벌의 엄중성보다 확실성에 더 크게 좌우되기 때문에 지나친 장기구금은 사실상 의미가 없다는 것이다. [2022. 9급] ㉢ 형벌의 제지효과는 구금 초기에 가장 크다는 사실도 장기형보다 단기형이 더 효과적인 수단일 수 있다는 것이다. ㉣ 가석방이나 선시제 등의 조기 석방제도는 과밀수용에 대한 신속하고 용이한 임시방편적 대안으로 이용되었으나 '회전식 교도소문 증후군(revolving prison door syndrome)'이라는 비판이 있다.
	✓ 정문정책과 후문정책에 모두 유용하게 사용될 수 있는 제도는 보호관찰이다. ✓ 과밀수용 해소방안 중 정문정책은 형사사법망의 확대와 관계가 있지만 후문정책의 경우 관계가 없다.
사법절차와 과정의 개선	① 형의 선고 시 수용능력 고려, 과밀의 경우 석방 허용 정책, 검찰의 기소나 법원의 양형결정 시에 수용능력과 현황에 관한 자료의 참고 등을 통한 과밀수용 해소전략이다. [2022. 9급] ② 이를 위해 경찰, 검찰, 법원 그리고 교정당국으로 구성되는 형사사법협의체를 구성하여 형사사법체제 간의 협의와 협조체제가 잘 이루어지도록 할 필요가 있다. ③ 이 전략은 교정의 주체성·주관성·능동성을 제고할 필요성을 강조하고 있다.
교정시설의 증설 (Capacity Expansion)	가장 단순하면서도 쉽게 생각할 수 있는 과밀수용 해소전략이지만 경비부담의 문제가 크고 설령 시설이 증설되더라도 교정당국의 관료제적 성향으로 인하여 금방 과밀수용 현상이 재연될 것이라는 비판이 있다. ✓ 외부통근제도는 근본적인 과밀수용 해소방안이 되지 못한다. ✓ 법과 질서의 확립은 범죄자를 증가시킴으로서 수용인원의 증대를 가져온다.

이준 마법교정학

요약 필독서

합격까지 박문각

제 **02** 편

수용자 공동처우론

PART 02

수용자 공통처우론

제1장 형집행법의 이해

제1절 교정관계법령상의 이해

1 교정관계법령상의 목적

1. **형의집행 및 수용자의 처우에 관한 법률**(약칭 형집행법)

제1조 【목적】
이 법은 수형자의 교정교화와 건전한 사회복귀를 도모하고, 수용자의 처우와 권리 및 교정시설의 운영에 관하여 필요한 사항을 규정함을 목적으로 한다.

2. **보호관찰등에 관한 법률**(약칭 보호관찰법)

제1조 【목적】
이 법은 죄를 지은 사람으로서 재범 방지를 위하여 보호관찰, 사회봉사, 수강(受講) 및 갱생보호(更生保護) 등 체계적인 사회내 처우가 필요하다고 인정되는 사람을 지도하고 보살피며 도움으로써 건전한 사회 복귀를 촉진하고, 효율적인 범죄예방 활동을 전개함으로써 개인 및 공공의 복지를 증진함과 아울러 사회를 보호함을 목적으로 한다.

3. **성폭력범죄자의 성충동 약물치료등에 관한 법률**(약칭 성충동약물치료법)

제1조 【목적】
이 법은 사람에 대하여 성폭력범죄를 저지른 성도착증 환자로서 성폭력범죄를 다시 범할 위험성이 있다고 인정되는 사람에 대하여 성충동 약물치료를 실시하여 성폭력범죄의 재범을 방지하고 사회복귀를 촉진하는 것을 목적으로 한다.

4. **전자장치 부착등에 관한 법률**(약칭 전자장치 부착법)

제1조 【목적】
이 법은 수사·재판·집행 등 형사사법 절차에서 전자장치를 효율적으로 활용하여 불구속 재판을 확대하고, 범죄인의 사회 복귀를 촉진하며, 범죄로부터 국민을 보호함을 목적으로 한다.
[전문개정 2020. 2. 4.]

5. **치료감호등에관한 법률**(약칭 치료감호법)

제1조 【목적】
이 법은 심신장애 상태, 마약류·알코올이나 그 밖의 약물중독 상태, 정신성적(精神性的) 장애가 있는 상태 등에서 범죄행위를 한 자로서 재범(再犯)의 위험성이 있고 특수한 교육·개선 및 치료가 필요하다고 인정되는 자에 대하여 적절한 보호와 치료를 함으로써 재범을 방지하고 사회 복귀를 촉진하는 것을 목적으로 한다.

6. **스토킹범죄의 처벌 등에 관한 법률**(약칭 스토킹처벌법)

제1조 【목적】
이 법은 스토킹범죄의 처벌 및 그 절차에 관한 특례와 스토킹범죄 피해자에 대한 보호절차를 규정함으로써 피해자를 보호하고 건강한 사회질서의 확립에 이바지함을 목적으로 한다.

7. **소년법**

제1조 【목적】
이 법은 반사회성(反社會性)이 있는 소년의 환경 조정과 품행 교정(矯正)을 위한 보호처분 등의 필요한 조치를 하고, 형사처분에 관한 특별조치를 함으로써 소년이 건전하게 성장하도록 돕는 것을 목적으로 한다.

8. **보호소년 등의 처우에 관한 법률**(약칭 보호소년법)

제1조 【목적】
이 법은 보호소년 등의 처우 및 교정교육과 소년원과 소년분류심사원의 조직, 기능 및 운영에 관하여 필요한 사항을 규정함을 목적으로 한다.

9. **아동 청소년의 성보호에 관한 법률**(약칭 청소년 성보호법)

제1조 【목적】
이 법은 아동·청소년 대상 성범죄의 처벌과 절차에 관한 특례를 규정하고 피해 아동·청소년을 위한 구제 및 지원 절차를 마련하며 아동·청소년 대상 성범죄자를 체계적으로 관리함으로써 아동·청소년을 성범죄로부터 보호하고 아동·청소년이 건강한 사회구성원으로 성장할 수 있도록 함을 목적으로 한다.

2 형집행법의 성격

성격	내용
공법(↔ 사법)	공법이란 국가 또는 공공단체와 사인 간의 불대등 관계를 규율하는 법으로 형집행법은 공법에 해당한다.
절차법(↔ 실체법)	형법이 범죄와 형벌의 실체를 규정하고 있는 실체법인데 비해 형집행법은 형벌(자유형)집행절차를 규정하고 있는 절차법이다.
행정법(↔ 사법법)	국가의 법률을 행정법과 사법법으로 구분할 때 형집행법은 범죄인의 격리와 교화개선작용을 실현하는 합목적적 행정법에 속한다.
형사법(↔ 민사법)	민사법이 개인과 개인, 부분과 부분 사이의 평균적 정의실현을 목적으로 한다면, 형집행법은 국가와 개인, 전체와 부분 사이의 배분적 정의실현을 목적으로 한다는 점에서 형사법에 속한다.
강행법(↔ 임의법)	민사법이 개인과 개인, 부분과 부분 사이의 평균적 정의실현을 목적으로 한다면, 형집행법은 국가와 개인, 전체와 부분 사이의 배분적 정의실현을 목적으로 한다는 점에서 형사법에 속한다.

제2절 형집행법 총칙

1 용어의 정의(동법 제2조)

수용자	수형자·미결수용자·사형확정자 등 법률과 적법한 절차에 따라 교도소·구치소 및 그 지소(이하 "교정시설"이라 한다)에 수용된 사람을 말한다.
수형자	징역형·금고형 또는 구류형의 선고를 받아 그 형이 확정되어 교정시설에 수용된 사람과 벌금 또는 과료를 완납하지 아니하여 노역장 유치명령을 받아 교정시설에 수용된 사람을 말한다.
미결수용자	형사피의자 또는 형사피고인으로서 체포되거나 구속영장의 집행을 받아 교정시설에 수용된 사람을 말한다.
사형확정자	사형의 선고를 받아 그 형이 확정되어 교정시설에 수용된 사람을 말한다.

2 정의(시행규칙 제2조)

자비구매물품	수용자가 교도소·구치소 및 그 지소(교정시설)의 장의 허가를 받아 자신의 비용으로 구매할 수 있는 물품을 말한다.
교정시설의 보관범위	수용자 1명이 교정시설에 보관할 수 있는 물품의 수량으로서 법무부장관이 정하는 범위를 말한다.
수용자가 지닐 수 있는 범위	수용자 1명이 교정시설 안에서 지닌 채 사용할 수 있는 물품의 수량으로서 법무부장관이 정하는 범위를 말한다.

전달금품	수용자 외의 사람이 교정시설의 장(소장)의 허가를 받아 수용자에게 건넬 수 있는 금품을 말한다.
처우등급	수형자의 처우 및 관리와 관련하여 수형자를 수용할 시설, 수형자에 대한 계호의 정도, 처우의 수준 및 처우의 내용을 구별하는 기준을 말한다.
외부통근자	건전한 사회복귀와 기술습득을 촉진하기 위하여 외부기업체 또는 교정시설 안에 설치된 외부기업체의 작업장에 통근하며 작업하는 수형자를 말한다.
교정장비	교정시설 안(교도관이 교정시설 밖에서 수용자를 계호하고 있는 경우 그 장소를 포함)에서 사람의 생명과 신체의 보호, 도주의 방지 및 교정시설의 안전과 질서유지를 위하여 교도관이 사용하는 장비와 기구 및 그 부속품을 말한다.

PART 02

3 기타 총칙규정

1. 기본계획의 수립(법 제5조의2)

(1) 법무부장관은 이 법의 목적을 효율적으로 달성하기 위하여 5년마다 형의 집행 및 수용자 처우에 관한 기본계획을 수립하고 추진하여야 한다(제1항). [2024. 7급]

(2) 기본계획에는 다음의 사항이 포함되어야 한다(제2항). [2019. 8급 승진]

기본계획에 포함되어야 할 사항

1. 형의 집행 및 수용자 처우에 관한 기본 방향
2. 인구·범죄의 증감 및 수사 또는 형 집행의 동향 등 교정시설의 수요 증감에 관한 사항
3. 교정시설의 수용 실태 및 적정한 규모의 교정시설 유지 방안
4. 수용자에 대한 처우 및 교정시설의 유지·관리를 위한 적정한 교도관 인력 확충 방안
5. 교도작업과 직업훈련의 현황, 수형자의 건전한 사회복귀를 위한 작업설비 및 프로그램의 확충 방안
6. 수형자의 교육·교화 및 사회적응에 필요한 프로그램의 추진 방향
7. 수용자 인권보호 실태와 인권 증진 방안
8. 교정사고의 발생 유형 및 방지에 필요한 사항
9. 형의 집행 및 수용자 처우와 관련하여 관계 기관과의 협력에 관한 사항
10. 그 밖에 법무부장관이 필요하다고 인정하는 사항

(3) 법무부장관은 기본계획을 수립 또는 변경하려는 때에는 법원, 검찰 및 경찰 등 관계 기관과 협의하여야 한다(제3항). [2024. 7급]

(4) 법무부장관은 기본계획을 수립하기 위하여 실태조사와 수요예측 조사를 실시할 수 있다(제4항). [2024. 7급]

(5) 법무부장관은 기본계획을 수립하기 위하여 필요하다고 인정하는 경우에는 관계 기관의 장에게 필요한 자료를 요청할 수 있다. 이 경우 자료를 요청받은 관계 기관의 장은 특별한 사정이 없으면 요청에 따라야 한다(제5항).

(6) **기본계획에 관한 경과조치**: 법무부장관은 형집행법 제5조의2 시행 후 1년 이내에 기본계획을 수립하여야 한다(부칙 제2조).

2. 협의체의 설치 및 운영(법 제5조의3)

(1) 법무부장관은 형의 집행 및 수용자 처우에 관한 사항을 협의하기 위하여 법원, 검찰 및 경찰 등 관계 기관과 협의체를 설치하여 운영할 수 있다(제1항).

(2) 협의체의 설치 및 운영 등에 필요한 사항은 대통령령으로 정한다(제2항).

(3) **협의체의 구성 및 운영 등**(시행령 제1조의2)

① 협의체는 위원장을 포함하여 12명의 위원으로 구성한다.

② 협의체의 위원장은 법무부차관이 되고, 협의체의 위원은 다음의 사람이 된다.

③ 협의체의 위원장은 협의체 회의를 소집하며, 회의 개최 7일 전까지 회의의 일시·장소 및 안건 등을 각 위원에게 알려야 한다.

④ 협의체의 위원장은 협의체의 회의 결과를 위원이 소속된 기관의 장에게 통보해야 한다.

3. 교정시설의 규모 및 설비(법 제6조)

(1) 신설하는 교정시설은 수용인원이 500명 이내의 규모가 되도록 하여야 한다. 다만, 교정시설의 기능·위치나 그 밖의 사정을 고려하여 그 규모를 늘릴 수 있다(제1항). [2015. 7급]

(2) 교정시설의 거실·작업장·접견실이나 그 밖의 수용생활을 위한 설비는 그 목적과 기능에 맞도록 설치되어야 한다. 특히, 거실은 수용자가 건강하게 생활할 수 있도록 적정한 수준의 공간과 채광·통풍·난방을 위한 시설이 갖추어져야 한다(제2항). [2015. 7급]

(3) 법무부장관은 수용자에 대한 처우 및 교정시설의 유지·관리를 위한 적정한 인력을 확보하여야 한다(제3항).

4. 교정시설의 민간위탁

(1) 법무부장관은 교정시설의 설치 및 운영에 관한 업무의 일부를 법인 또는 개인에게 위탁할 수 있다(법 제7조 제1항). [2018. 9급] 총 5회 기출

(2) 위탁을 받을 수 있는 법인 또는 개인의 자격요건, 교정시설의 시설기준, 수용대상자의 선정기준, 수용자 처우의 기준, 위탁절차, 국가의 감독 그 밖에 필요한 사항은 따로 법률로 정한다(법 제7조 제2항).

(3) 이 법은 「형의 집행 및 수용자의 처우에 관한 법률」 제7조에 따라 교도소 등의 설치·운영에 관한 업무의 일부를 민간에 위탁하는 데에 필요한 사항을 정함으로써 교도소 등의 운영의 효율성을 높이고 수용자의 처우 향상과 사회 복귀를 촉진함을 목적으로 한다(민영교도소 등의 설치·운영에 관한 법률 제1조).

4 순회점검

의의	순회점검이라 함은 권한관청의 감독작용으로서 법무부장관이나 법무부장관이 명한 소속 공무원이 행하는 감독작용을 말한다. 교정시설에 대한 교정업무의 적법성 내지 타당성을 점검하는 데 목적이 있다.
현행법상 순회점검	① 법무부장관은 교정시설의 운영, 교도관의 복무, 수용자의 처우 및 인권실태 등을 파악하기 위하여 매년 1회 이상 교정시설을 순회점검하거나 소속 공무원으로 하여금 순회점검하게 하여야 한다(법 제8조). [2018. 9급] 총 7회 기출 ② 목적: 교정시설의 운영 실태 파악, 교도관의 복무 실태 파악, 수용자의 처우 및 인권실태 파악 등 [2011. 9급]

5 시찰

의의	① 시찰이란 판사와 검사가 직무상 필요할 경우 교정시설에 수용 중인 수용자의 수용상태를 점검하기 위해 교정시설을 방문하여 관찰하는 것을 말한다. ② 판사와 검사는 직무상 필요하면 교정시설을 시찰할 수 있다(법 제9조 제1항). [2019. 6급 승진] 총 8회 기출
절차	① 판사 또는 검사가 교정시설(교도소·구치소 및 그 지소)을 시찰할 경우에는 미리 그 신분을 나타내는 증표를 교정시설의 장(소장)에게 제시해야 한다(시행령 제2조 제1항). [2018. 9급] 총 2회 기출 ② 소장은 교도관에게 시찰을 요구받은 장소를 안내하게 해야 한다(시행령 제2조 제1항). [2018. 9급] 총 2회 기출

6 참관

의의	교정관련학자 등에게 그 학문연구 기타 정당한 이유로 형벌집행 상황을 공개하는 것으로 형벌집행 상황에 대한 이해를 증진하고 교정에 대한 사회참여를 촉진하며 교정행정의 밀행주의를 탈피하고자 하는 제도이다.
대상 및 절차	① 판사와 검사 외의 사람은 교정시설을 참관하려면 학술연구 등 정당한 이유를 명시하여 교정시설의 장(소장)의 허가를 받아야 한다(법 제9조 제2항). [2018. 9급] 총 8회 기출 ② 소장은 판사와 검사 외의 사람이 교정시설의 참관을 신청하는 경우에는 그 성명·직업·주소·나이·성별 및 참관 목적을 확인한 후 허가 여부를 결정하여야 한다(시행령 제3조 제1항). [2018. 9급] ③ 소장은 외국인에게 참관을 허가할 경우에는 미리 관할 지방교정청장의 승인을 받아야 한다(시행령 제3조 제2항). [2015. 7급] 총 5회 기출
참관 금지 [2016. 5급 승진] 총 9회 기출	① 미결수용자가 수용된 거실은 참관할 수 없다(법 제80조). ② 사형확정자가 수용된 거실은 참관할 수 없다(법 제89조 제2항).

7 범죄횟수

의의	수용자의 범죄횟수 산정은 분류심사와 수용처우의 기초자료로 활용된다. 그러나 범죄 이후 상당한 기간이 지난 경우에는 범죄횟수에 포함하지 않는 등의 방법으로 처우의 적정을 기하고 있다.
범죄횟수 (시행규칙 제3조) [2018. 7급 승진] 총 4회 기출	① 수용자의 범죄횟수는 징역 또는 금고 이상의 형을 선고받아 확정된 횟수로 한다(제1항 본문). ② 다만, 집행유예의 선고를 받은 사람이 유예기간 중 고의로 범한 죄로 금고 이상의 실형이 확정되지 아니하고 그 기간이 지난 경우에는 집행이 유예된 형은 범죄횟수에 포함하지 아니한다(제1항 단서). ③ 형의 집행을 종료하거나 그 집행이 면제된 날부터 다음의 기간이 지난 경우에는 범죄횟수에 포함하지 아니한다. 다만, 그 기간 중 자격정지 이상의 형을 선고받아 확정된 경우는 제외한다(제2항). 1. 3년을 초과하는 징역 또는 금고: 10년 2. 3년 이하의 징역 또는 금고: 5년 ④ 수용기록부 등 수용자의 범죄횟수를 기록하는 문서에는 필요한 경우 수용횟수(징역 또는 금고 이상의 형을 선고받고 그 집행을 위하여 교정시설에 수용된 횟수를 말한다)를 함께 기록하여 해당 수용자의 처우에 참고할 수 있도록 한다(제3항).

제2장 수용과 이송

제1절 수용

형식적 수용요건(적법서류의 완비)과 실질적 수용요건(적법서류의 내용과 수용사항의 일치)

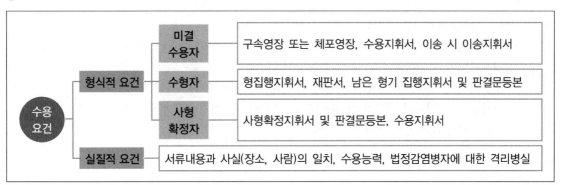

수용요건	형식적 요건	미결수용자	구속영장 또는 체포영장, 수용지휘서, 이송 시 이송지휘서
		수형자	형집행지휘서, 재판서, 남은 형기 집행지휘서 및 판결문등본
		사형확정자	사형확정지휘서 및 판결문등본, 수용지휘서
	실질적 요건		서류내용과 사실(장소, 사람)의 일치, 수용능력, 법정감염병자에 대한 격리병실

1 수용절차

1. 신입자의 인수

(1) 소장은 법원·검찰청·경찰관서 등으로부터 처음으로 교정시설에 수용되는 사람(신입자)을 인수한 경우에는 호송인에게 인수서를 써 주어야 한다. 이 경우 신입자에게 부상·질병, 그 밖에 건강에 이상(부상 등)이 있을 때에는 호송인으로부터 그 사실에 대한 확인서를 받아야 한다(시행령 제13조 제1항).

(2) 소장은 확인서를 받는 경우에는 호송인에게 신입자의 성명, 나이, 인계일시 및 부상 등의 사실을 적고 서명 또는 날인하도록 하여야 한다(시행령 제13조 제3항).

(3) 신입자를 인수한 교도관은 인수서에 신입자의 성명, 나이 및 인수일시를 적고 서명 또는 날인하여야 한다(시행령 제13조 제2항).

(4) 소장은 신입자를 인수한 경우에는 교도관에게 신입자의 신체·의류 및 휴대품을 지체 없이 검사하게 하여야 한다(시행령 제14조).

2. 신입자의 수용

(1) 소장은 법원·검찰청·경찰관서 등으로부터 처음으로 교정시설에 수용되는 사람(신입자)에 대하여는 집행지휘서, 재판서, 그 밖에 수용에 필요한 서류를 조사한 후 수용한다(법 제16조 제1항). [2019. 7급 승진] 총 2회 기출

(2) **간이입소절차**: 다음의 어느 하나에 해당하는 신입자의 경우에는 법무부장관이 정하는 바에 따라 간이입소절차를 실시한다(법 제16조의2). [2018. 7급][2019. 5급 승진] 총 4회 기출

간이입소절차

1. 「형사소송법」 제200조의2(영장에 의한 체포), 제200조의3(긴급체포) 또는 제212조(현행범인의 체포)에 따라 체포되어 교정시설에 유치된 피의자
2. 「형사소송법」 제201조의2(구속전 피의자심문) 제10항 및 제71조의2(구인 후의 유치)에 따른 구속영장 청구에 따라 피의자 심문을 위하여 교정시설에 유치된 피의자

⑶ **신입자거실 수용**(시행령 제18조)

① 소장은 신입자가 환자이거나 부득이한 사정이 있는 경우가 아니면 수용된 날부터 3일 동안 신입자거실에 수용하여야 한다. [2020. 5급 승진] 총 8회 기출

② 소장은 신입자거실에 수용된 사람에게는 작업을 부과해서는 아니 된다. [2020. 5급 승진] 총 3회 기출

③ 소장은 19세 미만의 신입자 그 밖에 특히 필요하다고 인정하는 수용자에 대하여는 신입자거실 수용기간을 30일까지 연장할 수 있다. [2019. 6급 승진] 총 6회 기출

3. 신입자 등에 대한 고지사항

⑴ 신입자 및 다른 교정시설로부터 이송되어 온 사람에게는 말이나 서면으로 다음의 사항을 알려 주어야 한다(법 제17조). [2018. 6급 승진] 총 5회 기출

신입자에 대한 고지사항

1. 형기의 기산일 및 종료일
2. 접견 · 편지, 그 밖의 수용자의 권리에 관한 사항
3. 청원, 「국가인권위원회법」에 따른 진정, 그 밖의 권리구제에 관한 사항
4. 징벌 · 규율, 그 밖의 수용자의 의무에 관한 사항
5. 일과 그 밖의 수용생활에 필요한 기본적인 사항

⑵ 소장은 신입자에게 「아동복지법」 제15조(보호대상아동의 보호조치)에 따른 보호조치를 의뢰할 수 있음을 알려주어야 한다(법 제53조의2 제1항).

4. 수용의 거절(법 제18조)

⑴ 소장은 다른 사람의 건강에 위해를 끼칠 우려가 있는 감염병에 걸린 사람의 수용을 거절할 수 있다. [2020. 6급 승진] 총 9회 기출

⑵ 소장은 감염병에 걸린 사람의 수용을 거절하였으면 그 사유를 지체 없이 수용지휘기관과 관할 보건소장에게 통보하고 법무부장관에게 보고하여야 한다. [2020. 6급 승진] 총 2회 기출

5. 수형자로서의 처우 개시(시행령 제82조)

⑴ 소장은 미결수용자로서 자유형이 확정된 사람에 대하여는 검사의 집행 지휘서가 도달된 때부터 수형자로 처우할 수 있다. [2013. 7급 승진] 총 2회 기출

⑵ 검사는 집행 지휘를 한 날부터 10일 이내에 재판서나 그 밖에 적법한 서류를 소장에게 보내야 한다.

6. 수용거실 지정

소장은 수용자의 거실을 지정하는 경우에는 죄명 · 형기 · 죄질 · 성격 · 범죄전력 · 나이 · 경력 및 수용생활 태도, 그 밖에 수용자의 개인적 특성을 고려하여야 한다(법 제15조). [2019. 6급 승진]

2 수용에 따른 조치

1. 사진촬영 등 다른 사람과 식별을 위한 조치(법 제19조)

(1) 소장은 신입자 및 다른 교정시설로부터 이송되어 온 사람에 대하여 다른 사람과의 식별을 위하여 필요한 한도에서 사진촬영, 지문채취, 수용자 번호지정, 그 밖에 대통령령으로 정하는 조치를 하여야 한다.

(2) 소장은 수용목적상 필요하면 수용 중인 사람에 대하여도 (1)의 조치를 할 수 있다. [2011. 사시]

2. 신입자의 건강진단 등

(1) 소장은 신입자에 대하여는 지체 없이 신체·의류 및 휴대품을 검사하고 건강진단을 하여야 한다(법 제16조 제2항). [2018. 8급 승진] 총 3회 기출

(2) 신입자는 소장이 실시하는 검사 및 건강진단을 받아야 한다(법 제16조 제3항). [2015. 7급]

(3) 신입자의 건강진단은 수용된 날부터 3일 이내에 하여야 한다. 다만, 휴무일이 연속되는 등 부득이한 사정이 있는 경우에는 예외로 한다(시행령 제15조). [2019. 8급 승진] 총 5회 기출

(4) 소장은 신입자에게 질병이나 그 밖의 부득이한 사정이 있는 경우가 아니면 지체 없이 목욕을 하게 하여야 한다(시행령 제16조). [2019. 8급 승진]

3. 신입자의 신체 특징 기록 등(시행령 제17조)

(1) 소장은 신입자의 키·용모·문신·흉터 등 신체 특징과 가족 등 보호자의 연락처를 수용기록부에 기록하여야 하며, 교도관이 업무상 필요한 경우가 아니면 이를 열람하지 못하도록 하여야 한다(제1항). [2019. 6급 승진]

(2) 소장은 신입자 및 이입자에 대하여 수용자의 교화 또는 건전한 사회복귀를 위하여 특히 필요하다고 인정하면 번호표를 붙이지 아니할 수 있다(제2항 단서). [2019. 7급] 총 2회 기출

4. 신입자의 신원조사 등(시행령 제20조)

(1) 소장은 신입자의 신원에 관한 사항을 조사하여 수용기록부에 기록하여야 한다(제1항).

(2) **수용기록부 등의 작성**: 소장은 신입자 또는 이입자를 수용한 날부터 3일 이내에 수용기록부, 수용자명부 및 형기종료부를 작성·정비하고 필요한 사항을 기록하여야 한다(시행령 제19조). [2019. 6급 승진] 총 5회 기출

5. 수용사실의 알림 등

(1) 소장은 신입자 또는 다른 교정시설로부터 이송되어 온 사람이 있으면 그 사실을 수용자의 가족(배우자, 직계 존속·비속 또는 형제자매)에게 지체 없이 알려야 한다. 다만, 수용자가 알리는 것을 원하지 아니하면 그러하지 아니하다(법 제21조). [2020. 6급 승진] 총 6회 기출

(2) **형 또는 구속의 집행정지 사유의 통보**: 소장은 수용자에 대하여 건강상의 사유로 형의 집행정지 또는 구속의 집행정지를 할 필요가 있다고 인정하는 경우에는 의무관의 진단서와 인수인에 대한 확인서류를 첨부하여 그 사실을 검사에게, 기소된 상태인 경우에는 법원에도 지체 없이 통보하여야 한다(시행령 제21조).

가족 알림 규정 비교 · 구분

가족 알림. 예외규정이 있는 경우(다만, 수용자가 알리는 것을 원하지 아니하면 그러하지 아니하다.)
① 수용사실의 가족 알림(법 제21조)
② 수용자가 외부의료시설에서 진료받거나 치료감호시설로 이송되면 그 사실의 가족(가족이 없는 경우에는 수용자가 지정하는 사람) 알림(법 제37조 제4항)
③ 징벌대상자에 대한 접견 · 편지수수 또는 전화통화를 제한하는 경우 가족 알림(시행규칙 제222조)
④ 수용자가 징벌처분을 받아 접견, 편지수수 또는 전화통화가 제한된 경우 가족 알림(시행령 제133조 제2항)

가족 알림. 예외규정이 없는 경우(알려야 하는 경우)
① 수용자가 위독한 경우(시행령 제56조)
② 수용자가 사망한 경우(법 제127조)

제2절 수용원칙

1 구분수용의 원칙

1. 구분수용(법 제11조 제1항) [2014. 7급] 총 5회 기출

[구분수용]

1. 19세 이상 수형자: 교도소
2. 19세 미만 수형자: 소년교도소
3. 미결수용자: 구치소
4. 사형확정자: 교도소 또는 구치소. 이 경우 구체적인 구분 기준은 법무부령으로 정한다.
5. 교도소 및 구치소의 각 지소에는 교도소 또는 구치소에 준하여 수용자를 수용한다.

2. 사형확정자의 구분수용

사형확정자는 사형집행시설이 설치되어 있는 교정시설에 수용하되, 다음과 같이 구분하여 수용한다(시행규칙 제150조 제1항). [2018. 7급 승진]

교도소	교도소 수용 중 사형이 확정된 사람, 교도소에서 교육 · 교화프로그램 또는 신청에 따른 작업을 실시할 필요가 있다고 인정되는 사람
구치소	구치소 수용 중 사형이 확정된 사람, 교도소에서 교육 · 교화프로그램 또는 신청에 따른 작업을 실시할 필요가 없다고 인정되는 사람

2 구분수용의 예외(법 제12조)

(1) 다음의 어느 하나에 해당하는 사유가 있으면 교도소에 미결수용자를 수용할 수 있다. [2020. 6급 승진] [2021. 7급] 총 8회 기출

> **[구분수용의 예외 사유]**
> 1. 관할 법원 및 검찰청 소재지에 구치소가 없는 때
> 2. 구치소의 수용인원이 정원을 훨씬 초과하여 정상적인 운영이 곤란한 때
> 3. 범죄의 증거인멸을 방지하기 위하여 필요하거나 그 밖에 특별한 사정이 있는 때

(2) 취사 등의 작업을 위하여 필요하거나 그 밖에 특별한 사정이 있으면 구치소에 수형자를 수용할 수 있다. [2018. 7급 승진] [2021. 7급] 총 7회 기출

(3) 수형자가 소년교도소에 수용 중에 19세가 된 경우에도 교육·교화프로그램, 작업, 직업훈련 등을 실시하기 위하여 특히 필요하다고 인정되면 23세가 되기 전까지는 계속하여 수용할 수 있다. [2019. 8급 승진] 총 8회 기출

(4) 소장은 특별한 사정이 있으면 구분수용 기준에 따라 다른 교정시설로 이송하여야 할 수형자를 6개월을 초과하지 아니하는 기간 동안 계속하여 수용할 수 있다. [2018. 6급 승진]

(5) 사형확정자의 심리적 안정 도모 또는 교정시설의 안전과 질서유지를 위하여 특히 필요하다고 인정하는 경우에는 교도소에 수용할 사형확정자를 구치소에 수용할 수 있고, 구치소에 수용할 사형확정자를 교도소에 수용할 수 있다(시행규칙 제150조 제2항). [2019. 7급 승진] 총 3회 기출, [2023. 7급]

3 분리수용(동법 제13조)

(1) 남성과 여성은 분리하여 수용한다(제1항).

(2) 수형자와 미결수용자, 19세 이상의 수형자와 19세 미만의 수형자를 같은 교정시설에 수용하는 경우에는 서로 분리하여 수용한다(제2항).

(3) 소장은 미결수용자로서 사건에 서로 관련이 있는 사람은 분리수용하고 서로 간의 접촉을 금지하여야 한다(법 제81조). [2021. 7급] 총 7회 기출

(4) 사형확정자와 소년수용자를 같은 교정시설에 수용하는 경우에는 서로 분리하여 수용한다(동법시행규칙 제150조 제3항).

4 독거수용의 원칙(동법 제14조)

1. 수용자는 독거수용한다(법 제14조).

> **[독거수용 원칙, 예외적 혼거수용]**
> 수용자는 독거수용한다. 다만, 다음의 어느 하나에 해당하는 사유가 있으면 혼거수용할 수 있다.
> 1. 독거실 부족 등 시설여건이 충분하지 아니한 때
> 2. 수용자의 생명 또는 신체의 보호, 정서적 안정을 위하여 필요한 때
> 3. 수형자의 교화 또는 건전한 사회복귀를 위하여 필요한 때

2. 독거실의 비율

교정시설을 새로 설치하는 경우에는 수용자의 거실수용을 위하여 독거실과 혼거실의 비율이 적정한 수준이 되도록 한다(시행령 제4조).

3. 독거수용의 구분(시행령 제5조) [2024. 9급] 총 8회 기출

처우상 독거수용	주간에는 교육·작업 등의 처우를 위하여 일과에 따른 공동생활을 하게 하고 휴업일과 야간에만 독거수용하는 것을 말한다.
계호상 독거수용	사람의 생명·신체의 보호 또는 교정시설의 안전과 질서유지를 위하여 항상 독거수용하고 다른 수용자와의 접촉을 금지하는 것을 말한다. 다만, 수사·재판·실외운동·목욕·접견·진료 등을 위하여 필요한 경우에는 그러하지 아니하다.

4. 계호상 독거수용자의 시찰(시행령 제6조)

(1) 교도관은 계호상 독거수용자를 수시로 시찰하여 건강상 또는 교화상 이상이 없는지 살펴야 한다. [2019. 9급]

(2) 교도관은 시찰 결과, 계호상 독거수용자가 건강상 이상이 있는 것으로 보이는 경우에는 교정시설에 근무하는 의사(공중보건의사를 포함. 이하 '의무관'이라 함)에게 즉시 알려야 하고, 교화상 문제가 있다고 인정하는 경우에는 소장에게 지체 없이 보고하여야 한다. [2020. 6급 승진][2024. 9급]

(3) 의무관은 통보를 받은 즉시 해당 수용자를 상담·진찰하는 등 적절한 의료조치를 하여야 하며, 계호상 독거수용자를 계속하여 독거수용하는 것이 건강상 해롭다고 인정하는 경우에는 그 의견을 소장에게 즉시 보고하여야 한다. [2024. 9급]

(4) 소장은 계호상 독거수용자를 계속하여 독거수용하는 것이 건강상 또는 교화상 해롭다고 인정하는 경우에는 이를 즉시 중단하여야 한다. [2024. 9급]

5. 여성수용자에 대한 시찰

소장은 특히 필요하다고 인정하는 경우가 아니면 남성교도관이 야간에 수용자거실에 있는 여성수용자를 시찰하게 하여서는 아니 된다(시행령 제7조). [2014. 7급] 총 4회 기출

6. 사형확정자의 수용

사형확정자는 독거수용한다. 다만, 자살방지, 교육·교화프로그램, 작업, 그 밖의 적절한 처우를 위하여 필요한 경우에는 법무부령으로 정하는 바에 따라 혼거수용할 수 있다(법 제89조 제1항). [2011. 9급] 총 2회 기출

7. 보호장비 착용자의 수용

보호장비를 착용 중인 수용자 특별한 사정이 없으면 계호상 독거수용한다(시행령 제123조). [2020. 6급 승진]

5 독거수용의 예외(혼거수용)

1. 혼거수용 사유(형집행법 제14조) [2023. 9급] 총 9회 기출

(1) 독거실 부족 등 시설여건이 충분하지 아니한 때
(2) 수용자의 생명 또는 신체의 보호, 정서적 안정을 위하여 필요한 때
(3) 수형자의 교화 또는 건전한 사회복귀를 위하여 필요한 때

2. 혼거수용 인원의 기준(시행령 제8조) [2020. 6급 승진] 총 3회 기출

(1) 혼거수용 인원은 3명 이상으로 한다.
(2) 다만, 요양이나 그 밖의 부득이한 사정이 있는 경우에는 예외로 한다.

3. 혼거수용의 제한(시행령 제9조)

(1) 소장은 노역장 유치명령을 받은 수형자와 징역형·금고형 또는 구류형을 선고받아 형이 확정된 수형자를 혼거수용해서는 아니 된다. [2020. 6급 승진] 총 4회 기출
(2) 다만, 징역형·금고형 또는 구류형의 집행을 마친 다음에 계속해서 노역장 유치명령을 집행하거나 그 밖에 부득이한 사정이 있는 경우에는 그러하지 아니하다. [2020. 6급 승진] 총 2회 기출

4. 사형확정자의 혼거수용

소장은 사형확정자의 자살·도주 등의 사고를 방지하기 위하여 필요한 경우에는 사형확정자와 미결수용자를 혼거수용할 수 있고, 사형확정자의 교육·교화프로그램, 작업 등의 적절한 처우를 위하여 필요한 경우에는 사형확정자와 수형자를 혼거수용할 수 있다(시행규칙 제150조 제3항). [2019. 7급 승진] 총 11회 기출 [2022. 9급]

5. 수용자 거실

(1) **수용자의 자리 지정**
소장은 수용자의 생명·신체의 보호, 증거인멸의 방지 및 교정시설의 안전과 질서유지를 위하여 필요하다고 인정하면 혼거실·교육실·강당·작업장, 그 밖에 수용자들이 서로 접촉할 수 있는 장소에서 수용자의 자리를 지정할 수 있다(시행령 제10조). [2015. 7급]

(2) **거실의 대용금지**(시행령 제11조)
① 소장은 수용자거실을 작업장으로 사용해서는 아니 된다. [2020. 5급 승진]
② 다만, 수용자의 심리적 안정, 교정교화 또는 사회적응능력 함양을 위하여 특히 필요하다고 인정하면 그러하지 아니하다. [2020. 5급 승진] 총 2회 기출

구분수용 등의 비교

원칙	내용	예외 등
구분수용	19세 미만과 19세 이상 수형자, 미결수용자, 사형확정자	교도소에 미결, 구치소에 수형자 가능
분리수용	① 남성과 여성 ② 수형자와 미결수용자 같은 교정시설 수용 ③ 39세 이상과 미만 수형자 같은 교정시설 수용 ④ 미결수용자로 사건관련자	※ 격리: 감염병 환자
독거수용	수용자는 독거수용한다.	혼거할 수 있다(혼거수용 사유).

제3절 수용자의 이송

1 개요

1. 수용자의 이송

(1) 소장은 수용자의 수용・작업・교화・의료 그 밖의 처우를 위하여 필요하거나 시설의 안전과 질서 유지를 위하여 필요하다고 인정하면 법무부장관의 승인을 받아 수용자를 다른 교정시설로 이송할 수 있다(동법 제20조 제1항).

(2) 법무부장관은 이송승인에 관한 권한을 일정한 경우에 지방교정청장에게 위임할 수 있다(동법 제20조 제2항).

2. 지방교정청장의 이송승인권(시행령 제22조)

(1) 지방교정청장은 다음의 어느 하나에 해당하는 경우에는 수용자의 이송을 승인할 수 있다. [2020. 6급 승진] 총 6회 기출 [2023. 7급]

[지방교정청장의 수용자 이송승인권]
1. 수용시설의 공사 등으로 수용거실이 일시적으로 부족한 때
2. 교정시설 간 수용인원의 뚜렷한 불균형을 조정하기 위하여 특히 필요하다고 인정되는 때
3. 교정시설의 안전과 질서유지를 위하여 긴급하게 이송할 필요가 있다고 인정되는 때

(2) 지방교정청장의 이송승인은 관할 내 이송으로 한정한다. [2020. 6급 승진] 총 4회 기출

3. 이송중지 및 호송 시 분리 등

(1) 소장은 수용자를 다른 교정시설에 이송하는 경우에 의무관으로부터 수용자가 건강상 감당하기 어렵다는 보고를 받으면 이송을 중지하고 그 사실을 이송받을 소장에게 알려야 한다(시행령 제23조). [2021. 9급] 총 2회 기출

(2) 수용자를 이송이나 출정, 그 밖의 사유로 호송하는 경우에는 수형자는 미결수용자와, 여성수용자는 남성수용자와, 19세 미만의 수용자는 19세 이상의 수용자와 각각 호송 차량의 좌석을 분리하는 등의 방법으로 서로 접촉하지 못하게 하여야 한다(시행령 제24조). [2019. 8급 승진] 총 3회 기출 [2023. 7급]

(3) **재난 시의 조치**: 소장은 교정시설의 안에서 천재지변이나 그 밖의 사변에 대한 피난의 방법이 없는 경우에는 수용자를 다른 장소로 이송할 수 있다(법 제102조 제2항).

4. 기타 이송관련 규정

(1) **징벌집행의 계속**: 징벌의 종류 중 30일 이내의 공동행사 참가 정지(제4호)부터 30일 이내의 금치(제14호)까지의 징벌 집행 중인 수용자가 다른 교정시설로 이송되거나 법원 또는 검찰청 등에 출석하는 경우에는 징벌집행이 계속되는 것으로 본다(시행령 제134조). [2018. 5급 승진] [2021. 7급] 총 3회 기출

(2) **이송된 사람의 징벌 부과**: 수용자가 이송 중에 징벌대상 행위를 하거나 다른 교정시설에서 징벌대상 행위를 한 사실이 이송된 후에 발각된 경우에는 그 수용자를 인수한 소장이 징벌을 부과한다(시행령 제136조). [2021. 9급] 총 3회 기출

(3) 소장은 수용자의 정신질환 치료를 위하여 필요하다고 인정하면 법무부장관의 승인을 받아 치료감호시설로 이송할 수 있다(법 제37조 제2항). [2021. 9급] 총 6회 기출

Plus 지방교정청장의 승인 등

1. 소장은 외국인에게 참관을 허가할 경우에는 미리 관할 지방교정청장의 승인을 받아야 한다(시행령 제3조).
2. 지방교정청장의 관할 내 이송 승인권(시행령 제22조).
3. 집체직업훈련 대상자는 집체직업훈련을 실시하는 교정시설의 관할 지방교정청장이 선정한다(시행규칙 제124조 제2항).
4. 지방교정청장은 소속 교정시설의 보호장비 사용 실태를 정기적으로 점검하여야 한다(시행령 제124조 제2항).
5. 수용자는 그 처우에 관하여 불복하는 경우 관할 지방교정청장에게 청원할 수 있다(법 제117조 제1항).
6. 수용자는 지방교정청장에게 정보의 공개를 청구할 수 있다(법 제117조의2 제1항).
7. 소장은 교도작업을 중지하려면 지방교정청장의 승인을 받아야 한다(교도작업법 시행규칙 제6조 제2항).
8. 교정시설의 장은 민간기업이 참여할 교도작업의 내용을 해당 기업체와의 계약으로 정하고 이에 대하여 법무부장관의 승인(재계약의 경우에는 지방교정청장의 승인)을 받아야 한다(교도작업법 제6조).
9. 법무부장관은 권한의 일부를 관할 지방교정청장에게 위임할 수 있다(민영교도소법 제39조).

2 수형자 등 호송 규정

1. 개요

(1) **호송공무원**: 교도소·구치소 및 그 지소(교정시설) 간의 호송은 교도관이 행하며, 그 밖의 호송은 경찰관 또는 사법경찰관리로서의 직무를 수행하는 검찰청 직원이 행한다(제2조). [2021. 9급] 총 3회 기출

(2) **호송방법**(제3조)

① 호송은 피호송자를 받아야 할 관서 또는 출두하여야 할 장소와 유치할 장소에 곧바로 호송한다.

② 호송은 필요에 의하여 차례로 여러 곳을 거쳐서 행할 수 있다.

2. 피호송자의 영치금품의 처리(제6조)

(1) 영치금은 발송관서에서 수송관서에 전자금융을 이용하여 송금한다. 다만, 소액의 금전 또는 당일 호송을 마칠 수 있는 때에는 호송관에게 탁송할 수 있다.

(2) 피호송자가 법령에 의하여 호송 중에 물품 등을 자신의 비용으로 구매할 수 있는 때에 그 청구가 있으면 필요한 금액을 호송관에게 탁송하여야 한다.

(3) 영치품은 호송관에게 탁송한다. 다만, 위험하거나 호송관이 휴대하기 적당하지 아니한 영치품은 발송관서에서 수송관서에 직송할 수 있다.

(4) 송치 중의 영치금품을 호송관에게 탁송한 때에는 호송관서에 보관책임이 있고, 그러하지 아니한 때에는 발송관서에 보관책임이 있다. [2021. 9급]

3. 호송시간과 숙박

(1) 호송은 일출 전 또는 일몰 후에는 행할 수 없다. 다만, 열차·선박·항공기를 이용하는 때 또는 특별한 사유가 있는 때에는 예외로 한다(제7조).

(2) 피호송자의 숙박은 열차·선박 및 항공기를 제외하고는 경찰관서 또는 교정시설을 이용하여야 하며, 숙박의뢰를 받은 경찰관서의 장 또는 교정시설의 장은 부득이 한 경우를 제외하고는 이를 거절할 수 없다(제8조 제1항).

(3) (2)에 의하기 곤란한 때에는 다른 숙소를 정할 수 있다(제8조 제2항).

4. 피호송자의 도주 등(제10조)

(1) 피호송자가 도주한 때에는 호송관은 즉시 그 지방 및 인근 경찰관서와 호송관서에 통지하여야 하며, 호송관서는 관할 지방검찰청, 사건소관 검찰청, 호송을 명령한 관서, 발송관서 및 수송관서에 통지하여야 한다. [2021. 9급] 총 2회 기출

(2) 피호송자가 도주한 때에는 서류와 금품은 발송관서에 반환하여야 한다.

5. 여비 · 호송비용의 부담(제13조)

(1) 호송관의 여비나 피호송자의 호송비용은 호송관서가 부담한다. 다만, 피호송자를 교정시설이나 경찰관서에 숙식하게 한 때에는 그 비용은 교정시설이나 경찰관서가 부담한다. [2021. 9급] 총 3회 기출

(2) 피호송자의 질병과 사망에 의한 비용은 각각 그 교부를 받은 관서가 부담한다. [2019. 5급 승진]

3 국제수형자 이송(국제수형자이송법)

용어의 정의(제2조)

자유형	① 국내이송을 실시하는 때: 징역 또는 금고에 상당하는 외국 법령상의 형 ② 국외이송을 실시하는 때: 징역 또는 금고
국내이송	외국에서 자유형을 선고받아 그 형이 확정되어 형집행중인 대한민국 국민(국내이송대상수형자)을 외국으로부터 인도받아 그 자유형을 집행하는 것
국외이송	대한민국에서 자유형을 선고받아 그 형이 확정되어 형집행중인 외국인(국외이송대상수형자)을 외국으로 인도하여 그 자유형을 집행받도록 하는 것
국제수형자이송	국내이송 및 국외이송
외국인	대한민국과 국제수형자이송에 관한 조약 · 협정 등을 체결한 외국의 국민 및 조약에 의하여 그 외국의 국민으로 간주되는 자

제3장 물품지급과 금품관리

제1절 물품지급

1 생활품의 지급

1. 생활용품의 지급

(1) 수용자가 교정시설 내에서 의식주의 일상생활을 영위하는 데 있어 필요한 생활필수품을 지급 또는 대여하는 것을 말한다.

(2) **물품의 차등 지급**(시행규칙 제84조)

① 소장은 수형자의 경비처우급에 따라 물품에 차이를 두어 지급할 수 있다. 다만, 주・부식, 음료, 그 밖에 건강유지에 필요한 물품은 그러하지 아니하다. [2020. 5급 승진] 총 5회 기출

② 의류를 지급하는 경우 수형자가 개방처우급인 경우에는 색상, 디자인 등을 다르게 할 수 있다. [2018. 8급 승진] 총 3회 기출

2. 물품의 자비구매

(1) "자비구매물품"이란 수용자가 교도소・구치소 및 그 지소(이하 "교정시설"이라 한다)의 장의 허가를 받아 자신의 비용으로 구매할 수 있는 물품을 말한다(시행규칙 제2조 제1호).

(2) 수용자는 소장의 허가를 받아 자신의 비용으로 음식물・의류・침구, 그 밖에 수용생활에 필요한 물품을 구매할 수 있다(법 제24조 제1항).

(3) **구매의 허가와 감독 등**

① 구매허가 및 신청제한(시행규칙 제17조)

㉠ 소장은 수용자가 자비구매물품의 구매를 신청하는 경우에는 법무부장관이 교정성적 또는 경비처우급을 고려하여 정하는 보관금의 사용한도, 교정시설의 보관범위 및 수용자가 지닐 수 있는 범위에서 허가한다.

㉡ 소장은 감염병의 유행 또는 수용자의 징벌집행 등으로 자비구매물품의 사용이 중지된 경우에는 구매신청을 제한할 수 있다. [2020. 7급]

② 우선 공급: 소장은 교도작업제품(교정시설 안에서 수용자에게 부과된 작업에 의하여 생산된 물품을 말한다)으로서 자비구매물품으로 적합한 것은 지정받은 자비구매물품 공급자를 거쳐 우선하여 공급할 수 있다(시행규칙 제18조).

2 음식물 관리

1. 음식물의 지급

(1) 소장은 수용자에게 건강상태, 나이, 부과된 작업의 종류, 그 밖의 개인적 특성을 고려하여 건강 및 체력을 유지하는 데에 필요한 음식물을 지급한다(법 제23조 제1항). [2017. 7급]

(2) **수용자에게 지급하는 주식**(시행규칙 제11조)

① 수용자에게 지급하는 주식은 1명당 1일 390그램을 기준으로 한다. [2018. 7급 승진] 총 3회 기출

② 소장은 수용자의 나이, 건강, 작업 여부 및 작업의 종류 등을 고려하여 필요한 경우에는 ①의 지급 기준량을 변경할 수 있다.

③ 소장은 수용자의 기호 등을 고려하여 주식으로 빵이나 국수 등을 지급할 수 있다. [2017. 7급] 총 5회 기출

(3) **주식의 확보**: 소장은 수용자에 대한 원활한 급식을 위하여 해당 교정시설의 직전 분기 평균 급식 인원을 기준으로 1개월분의 주식을 항상 확보하고 있어야 한다(시행규칙 제12조). [2018. 7급 승진] 총 3회 기출

제2절 수용자 금품관리

1 개요

1. 보관(영치)의 의의

(1) 수용자가 입소 시 휴대한 금품과 수용 중 교부되거나 자비로 구입한 물품을 교정시설에서 보관 또는 처분하는 강제적 행정처분이다.

(2) 보관(영치)은 소유권을 박탈하는 것이 아니라 점유권만을 박탈하므로 소유권의 행사가 제한을 받는 것은 아니다.

2 휴대금품

1. 정의

휴대금품이란 신입자가 교정시설에 수용될 때에 지니고 있는 현금(자기앞수표를 포함)과 휴대품을 말한다(시행령 제34조 제1항).

2. 수용자가 지니는 물품 등

(1) 수용자는 편지・도서, 그 밖에 수용생활에 필요한 물품을 법무부장관이 정하는 범위에서 지닐 수 있다(법 제26조 제1항). [2019. 6급 승진] 총 2회 기출

(2) **지닐 수 있는 범위를 벗어난 물품의 처리**(보관불허휴대품 처리절차와 동일)

① 소장은 법무부장관이 정하는 범위를 벗어난 물품으로서 교정시설에 특히 보관할 필요가 있다고 인정하지 아니하는 물품은 수용자로 하여금 자신이 지정하는 사람에게 보내게 하거나 그 밖에 적당한 방법으로 처분하게 할 수 있다(법 제26조 제2항).

② 소장은 수용자가 처분하여야 할 물품을 상당한 기간 내에 처분하지 아니하면 폐기할 수 있다(법 제26조 제3항).

③ 소장은 지닐 수 있는 범위를 벗어난 물품을 법무부장관이 정한 기간에 수용자가 처분하지 않은 경우에는 본인에게 그 사실을 고지한 후 폐기한다(시행령 제39조).

④ 소장은 지닐 수 있는 범위를 벗어난 수용자의 물품을 팔 경우에는 그 비용을 제외한 나머지 대금을 보관할 수 있다(시행령 제39조).

(3) 수용자의 물품을 폐기하는 경우에는 그 품목・수량・이유 및 일시를 관계 장부에 기록하여야 한다(시행령 제40조). [2023. 9급 경채]

3 수용자에 대한 금품 전달(법 제27조)

(1) 전달금품이란 수용자 외의 사람이 교정시설의 장(소장)의 허가를 받아 수용자에게 건넬 수 있는 금품을 말한다(시행규칙 제2조 제4호).

(2) 소장은 수용자 외의 사람이 수용자에게 주려는 금품이 금품전달 불허사유에 해당하거나 수용자가 금품을 받지 아니하려는 경우에는 해당 금품을 보낸 사람에게 되돌려 보내야 한다(제2항). [2019. 7급 승진]

(3) 소장은 금품을 보낸 사람을 알 수 없거나 보낸 사람의 주소가 불분명한 경우에는 금품을 다시 가지고 갈 것을 공고하여야 하며, 공고한 후 6개월이 지나도 금품을 돌려달라고 청구하는 사람이 없으면 그 금품은 국고에 귀속된다(제3항). [2019. 8급 승진] 총 2회 기출

(4) 소장은 환송과 공고 및 국고귀속에 따른 조치를 하였으면 그 사실을 수용자에게 알려 주어야 한다(제4항). [2019. 6급 승진] 총 2회 기출

(5) **전달 허가물품의 검사**: 소장은 건네줄 것을 허가한 물품은 검사할 필요가 없다고 인정되는 경우가 아니면 교도관으로 하여금 검사하게 해야 한다. 이 경우 그 물품이 의약품인 경우에는 의무관으로 하여금 검사하게 해야 한다(시행령 제43조). [2017. 9급] 총 2회 기출

(6) **물품전달 제한**(시행규칙 제207조)

① 소장은 수용자 외의 사람이 마약류수용자에게 물품을 건네줄 것을 신청하는 경우에는 마약류 반입 등을 차단하기 위하여 신청을 허가하지 않는다.

② 다만, 다음(1. 법무부장관이 정하는 바에 따라 교정시설 안에서 판매되는 물품, 2. 그 밖에 마약류 반입을 위한 도구로 이용될 가능성이 없다고 인정되는 물품)의 어느 하나에 해당하는 물품을 건네줄 것을 신청한 경우에는 예외로 할 수 있다.

4 유류금품(동법 제28조)

1. 유류금품의 처리

(1) 소장은 사망자 또는 도주자가 남겨두고 간 금품이 있으면 사망자의 경우에는 그 상속인에게, 도주자의 경우에는 그 가족에게 그 내용 및 청구절차 등을 알려 주어야 한다. 다만, 썩거나 없어질 우려가 있는 것은 폐기할 수 있다. [2024. 9급]

(2) 소장은 상속인 또는 가족이 제1항의 금품을 내어달라고 청구하면 지체 없이 내어주어야 한다. 다만, 제1항에 따른 알림을 받은 날(알려줄 수가 없는 경우에는 청구사유가 발생한 날)부터 1년이 지나도 청구하지 아니하면 그 금품은 국고에 귀속된다.

(3) 소장은 사망자의 유류품을 건네받을 사람이 원거리에 있는 등 특별한 사정이 있는 경우에는 유류품을 받을 사람의 청구에 따라 유류품을 팔아 그 대금을 보낼 수 있다. [2024. 9급] 사망자의 유류금품을 보내거나 유류품을 팔아 대금을 보내는 경우에 드는 비용은 유류금품의 청구인이 부담한다(시행령 제45조).

2. 보관금품의 반환 등

(1) 소장은 수용자가 석방될 때 보관하고 있던 수용자의 휴대금품을 본인에게 돌려주어야 한다(법 제29조 제1항 본문).

(2) 다만, 보관품을 한꺼번에 가져가기 어려운 경우 등 특별한 사정이 있어 수용자가 석방 시 소장에게 일정 기간 동안(1개월 이내의 범위로 한정한다) 보관품을 보관하여 줄 것을 신청하는 경우에는 그러하지 아니하다(법 제29조 제1항 단서). [2024. 9급]

(3) **보관 기간이 지난 보관품의 처리**(법 제29조 제2항) [2019. 8급 승진]

① 소장은 피석방자가 보관하여 줄 것을 신청한 보관품의 보관 기간이 지난 경우에는 피석방자 본인 또는 가족에게 그 내용 및 청구절차 등을 알려 주어야 한다. 다만, 썩거나 없어질 우려가 있는 것은 폐기할 수 있다.

② 소장은 피석방자 본인 또는 가족이 보관품을 내어달라고 청구하면 지체 없이 내어주어야 한다. 다만, 알림을 받은 날(알려줄 수가 없는 경우에는 청구사유가 발생한 날)부터 1년이 지나도 청구하지 아니하면 그 금품은 국고에 귀속된다.

제4장 위생과 의료

제1절 위생과 의료

1 개요

1. 소장의 의무

(1) **청결유지**: 소장은 수용자가 사용하는 모든 설비와 기구가 항상 청결하게 유지되도록 하여야 한다(법 제31조).

(2) **시설의 청소·소독**(시행령 제47조) [2020. 5급 승진]

① 소장은 거실·작업장·목욕탕, 그 밖에 수용자가 공동으로 사용하는 시설과 취사장, 주식·부식 저장고, 그 밖에 음식물 공급과 관련된 시설을 수시로 청소·소독하여야 한다.

② 소장은 저수조 등 급수시설을 6개월에 1회 이상 청소·소독하여야 한다.

2. 수용자의 청결의무

(1) 수용자는 자신의 신체 및 의류를 청결히 하여야 하며, 자신이 사용하는 거실·작업장, 그 밖의 수용시설의 청결유지에 협력하여야 한다(법 제32조 제1항). [2021. 7급]

(2) 수용자는 교도관이 위 (1)에 따라 자신이 사용하는 거실, 작업장, 그 밖의 수용시설의 청결을 유지하기 위하여 필요한 지시를 한 경우에는 이에 따라야 한다(시행령 제48조).

(3) 수용자는 위생을 위하여 머리카락과 수염을 단정하게 유지하여야 한다(법 제32조 제2항). [2021. 7급]

- 미결수용자의 머리카락과 수염은 특히 필요한 경우가 아니면 본인의 의사에 반하여 짧게 깎지 못한다(형집행법 제83조).

2 운동과 목욕

1. 운동 및 목욕(동법 제33조)

(1) 소장은 수용자가 건강유지에 필요한 운동 및 목욕을 정기적으로 할 수 있도록 하여야 한다.

(2) 운동시간·목욕횟수 등에 관하여 필요한 사항은 대통령령으로 정한다.

2. 실외 운동(시행령 제49조)

소장은 수용자가 매일(공휴일 및 법무부장관이 정하는 날은 제외한다) 「국가공무원 복무규정」 제9조에 따른 근무시간 내에서 1시간 이내의 실외운동을 할 수 있도록 하여야 한다. 다만, 다음 각 호의 어느 하나에 해당하면 실외운동을 실시하지 아니할 수 있다.

[실외운동 예외]

1. 작업의 특성상 실외운동이 필요 없다고 인정되는 때
2. 질병 등으로 실외운동이 수용자의 건강에 해롭다고 인정되는 때
3. 우천, 수사, 재판, 그 밖의 부득이한 사정으로 실외운동을 하기 어려운 때

3. **목욕 횟수**(시행령 제50조)

(1) 소장은 작업의 특성, 계절, 그 밖의 사정을 고려하여 수용자의 목욕횟수를 정하되 부득이한 사정이 없으면 매주 1회 이상이 되도록 한다.

(2) 소장은 여성수용자의 목욕횟수를 정하는 경우에는 그 신체적 특성을 특히 고려하여야 한다(시행령 제77조 제1항). [2018. 8급 승진] 총 2회 기출

(3) 소장은 여성수용자가 목욕을 하는 경우에 계호가 필요하다고 인정하면 여성교도관이 하도록 하여야 한다(시행령 제77조 제2항).

3 의료

(1) 소장은 수용자에 대하여 건강검진을 정기적으로 하여야 한다. [2011. 7급] 총 2회 기출

(2) 건강검진의 횟수 등에 관하여 필요한 사항은 대통령령으로 정한다. [2011. 7급]

(3) **건강검진횟수**(시행령 제51조)

① 소장은 수용자에 대하여 1년에 1회 이상 건강검진을 하여야 한다. 다만, 19세 미만의 수용자와 계호상 독거수용자에 대하여는 6개월에 1회 이상 하여야 한다. [2020. 6급 승진] 총 10회 기출

② 건강검진은 「건강검진기본법」에 따라 지정된 건강검진기관에 의뢰하여 할 수 있다. [2020. 5급 승진]

건강검진 대상자

대상자		횟수 및 근거
수용자		1년 1회 이상(시행령 제51조 제1항)
① 19세 미만의 수용자 ③ 65세 이상의 노인수용자	② 계호상 독거수용자 ④ 소년수용자	6개월 1회 이상(시행령 제51조, 시행규칙 제47조 제2항 · 제59조의6)
임산부인 수용자		정기적인 검진(법 제52조)

신입자: 건강진단 대상자

(4) **감염성 질병에 관한 조치**(동법 제35조)

① 소장은 감염병이나 그 밖에 감염의 우려가 있는 질병의 발생과 확산을 방지하기 위하여 필요한 경우 수용자에 대하여 예방접종 · 격리수용 · 이송, 그 밖에 필요한 조치를 하여야 한다. [2023. 9급] 총 3회 기출

② 감염병에 관한 조치(시행령 제53조) [2023. 9급] 총 7회 기출

구분	내용
의심	소장은 수용자가 감염병에 걸렸다고 의심되는 경우에는 1주 이상 격리수용하고 그 수용자의 휴대품을 소독하여야 한다.
확진	소장은 수용자가 감염병에 걸린 경우에는 즉시 격리수용하고 그 수용자가 사용한 물품과 설비를 철저히 소독하여야 한다.
유행	소장은 감염병이 유행하는 경우에는 수용자가 자비로 구매하는 음식물의 공급을 중지할 수 있다.
보고	소장은 제3항의 사실을 지체 없이 법무부장관에게 보고하고 관할 보건기관의 장에게 알려야 한다.

(5) 부상자 등 치료

① 소장은 수용자가 부상을 당하거나 질병에 걸리면 적절한 치료를 받도록 하여야 한다(법 제36조 제1항). [2017. 5급 승진]

② 치료를 위하여 교정시설에 근무하는 간호사는 야간 또는 공휴일 등에 「의료법」 제27조(무면허 의료행위 등 금지)에도 불구하고 대통령령으로 정하는 경미한 의료행위를 할 수 있다(법 제36조 제2항). [2020. 6급 승진] 총 4회 기출

> **간호사의 경미한 의료행위 【시행령 제54조의2】**
> 1. 외상 등 흔히 볼 수 있는 상처의 치료
> 2. 응급을 요하는 수용자에 대한 응급처치
> 3. 부상과 질병의 악화방지를 위한 처치
> 4. 환자의 요양지도 및 관리
> 5. 1부터 4까지의 의료행위에 따르는 의약품의 투여

③ 소장은 수용자가 부상을 당하거나 질병에 걸린 경우에는 그 수용자를 의료거실에 수용하거나, 다른 수용자에게 그 수용자를 간병하게 할 수 있다(시행령 제54조).

4 외부의료시설 진료(동법 제37조)

구분	내용
외부시설 허가	소장은 수용자에 대한 적절한 치료를 위하여 필요하다고 인정하면 교정시설 밖에 있는 의료시설(이하 "외부의료시설"이라 한다)에서 진료를 받게 할 수 있다.
치료감호시설 이송	소장은 수용자의 정신질환 치료를 위하여 필요하다고 인정하면 법무부장관의 승인을 받아 치료감호시설로 이송할 수 있다. [2021. 7급] 총 7회 기출
가족 알림	소장은 수용자가 외부의료시설에서 진료받거나 치료감호시설로 이송되면 그 사실을 그 가족(가족이 없는 경우에는 수용자가 지정하는 사람)에게 지체 없이 알려야 한다. 다만, 수용자가 알리는 것을 원하지 아니하면 그러하지 아니하다. [2021. 7급]
자비부담	소장은 수용자가 자신의 고의 또는 중대한 과실로 부상 등이 발생하여 외부의료시설에서 진료를 받은 경우에는 그 진료비의 전부 또는 일부를 그 수용자에게 부담하게 할 수 있다.
외부진료	소장은 특히 필요하다고 인정하면 외부 의료시설에서 근무하는 의사(외부의사)에게 수용자를 치료하게 할 수 있다(시행령 제55조).
자비치료 (동법 제38조)	소장은 수용자가 자신의 비용으로 외부의료시설에서 근무하는 의사(이하 "외부의사"라 한다)에게 치료받기를 원하면 교정시설에 근무하는 의사(공중보건의사를 포함하며, 이하 "의무관"이라 한다)의 의견을 고려하여 이를 허가할 수 있다.

제5장 외부교통(접견, 편지수수, 전화통화)

제1절 수용자의 접견

● 접견 제한사유 등 정리

접 견	원칙적 권리(법 제41조 제1항), 예외적 제한(법 제41조 제1항 단서)	
접견제한 사유 (법 제41조 제1항 단서)	**청취 · 기록 · 녹음 · 녹화사유 (법 제41조 제4항)**	**접견중지 사유 (법 제42조)**
1. 형사 법령에 저촉되는 행위를 할 우려가 있는 때 2. 「형사소송법」이나 그 밖의 법률에 따른 접견금지의 결정이 있는 때 3. 수형자의 교화 또는 건전한 사회복귀를 해칠 우려가 있는 때 4. 시설의 안전 또는 질서를 해칠 우려가 있는 때	1. 범죄의 증거를 인멸하거나 형사 법령에 저촉되는 행위를 할 우려가 있는 때 2. 수형자의 교화 또는 건전한 사회복귀를 위하여 필요한 때 3. 시설의 안전과 질서유지를 위하여 필요한 때	1. 범죄의 증거를 인멸하거나 인멸하려고 하는 때 2. 제92조의 금지물품을 주고받거나 주고받으려고 하는 때 3. 형사 법령에 저촉되는 행위를 하거나 하려고 하는 때 4. 수용자의 처우 또는 교정시설의 운영에 관하여 거짓사실을 유포하는 때 5. 수형자의 교화 또는 건전한 사회복귀를 해칠 우려가 있는 행위를 하거나 하려고 하는 때 6. 시설의 안전 또는 질서를 해하는 행위를 하거나 하려고 하는 때

※ 수형자의 교화 또는 건전한 사회복귀, 시설의 안전 또는 질서는 공통이므로 따로 암기할 필요 없음. (주의: ~우려가 있는 때, ~하거나 하려고 하는 때)

1 접견의 횟수 · 시간 · 장소

1. 접견 횟수

(1) 수형자의 접견 횟수는 매월 4회로 한다(시행령 제58조 제3항). [2014. 7급] 총 4회 기출

① 수형자의 경비처우급별 접견의 허용횟수(시행규칙 제87조) [2018. 5급 승진] 총 10회 기출

개방처우급	1일 1회	
완화경비처우급	월 6회	접견은 1일 1회만 허용한다. 다만, 처우상 특히 필요한 경우에는 그러하지 아니하다.
일반경비처우급	월 5회	
중경비처우급	월 4회	

② 소장은 교화 및 처우상 특히 필요한 경우에는 수용자가 다른 교정시설의 수용자와 통신망을 이용하여 화상으로 접견하는 것(화상접견)을 허가할 수 있다. 이 경우 화상접견은 접견 허용횟수에 포함한다(시행규칙 제87조 제3항). [2016. 7급] 총 2회 기출

③ 소장은 개방처우급·완화경비처우급 수형자에 대하여 가족 만남의 날 행사에 참여하게 하거나 가족 만남의 집을 이용하게 할 수 있다. 이 경우 접견 허용횟수에는 포함되지 아니한다(시행규칙 제89조 제1항). [2020. 7급] 총 8회 기출

(2) 미결수용자의 접견 횟수는 매일 1회로 하되, 변호인과의 접견은 그 횟수에 포함시키지 않는다(시행령 제101조). [2018. 9급] 총 2회 기출

(3) 사형확정자의 접견 횟수는 매월 4회로 한다(시행령 제109조). [2019. 6급 승진] 총 3회 기출

(4) **접견 횟수의 예외**

① 소장은 수형자가 다음의 어느 하나(1. 19세 미만인 때, 2. 교정성적이 우수한 때, 3. 교화 또는 건전한 사회복귀를 위하여 특히 필요하다고 인정되는 때)에 해당하면 접견 횟수를 늘릴 수 있다(시행령 제59조 제2항). [2018. 7급 승진] 총 4회 기출

② 소장은 소년수형자 등의 나이·적성 등을 고려하여 필요하다고 인정하면 접견 횟수를 늘릴 수 있다(시행규칙 제59조의4).

③ 소장은 미결수용자의 처우를 위하여 특히 필요하다고 인정하면 접견 횟수를 늘릴 수 있다(시행령 제102조).

④ 소장은 사형확정자의 교화나 심리적 안정을 도모하기 위하여 특히 필요하다고 인정하면 접견 횟수를 늘릴 수 있다(시행령 제110조). [2019. 8급 승진] 총 4회 기출

2. 접견 시간

(1) 수용자의 접견은 매일(공휴일 및 법무부장관이 정한 날은 제외) 「국가공무원 복무규정」에 따른 근무시간 내에서 한다(시행령 제58조 제1항).

(2) 변호인(변호인이 되려고 하는 사람을 포함)과 접견하는 미결수용자를 제외한 수용자의 접견시간은 회당 30분 이내로 한다(시행령 제58조 제2항). [2019. 8급 승진] 총 2회 기출

(3) **접견 시간의 예외**

소장은 수형자의 교화 또는 건전한 사회복귀를 위하여 특히 필요하다고 인정하면 접견 시간대 외에도 접견을 하게 할 수 있고 접견시간을 연장할 수 있다(시행령 제59조 제1항).

3. 접견 장소

(1) 수용자의 접견은 접촉차단시설이 설치된 장소에서 하게 한다. 다만, 다음의 어느 하나에 해당하는 경우에는 접촉차단시설이 설치되지 아니한 장소에서 접견하게 한다(법 제41조 제2항).

[접촉차단시설이 설치되지 아니한 장소에서의 접견]

1. 미결수용자(형사사건으로 수사 또는 재판을 받고 있는 수형자와 사형확정자를 포함한다)가 변호인(변호인이 되려는 사람 포함, 이와 같다)과 접견하는 경우(제1호) [2024. 7급] 총 2회 기출
2. 수용자가 소송사건의 대리인인 변호사와 접견하는 경우 수용자의 재판 청구권등을 실질적으로 보장하기 위하여 대통령령으로 정하는 경우로서 교정시설의 안전 또는 질서를 해칠 우려가 없는 경우(제2호) [2021. 9급]
3. 수용자가 상소권회복 또는 재심 청구사건의 대리인이 되려는 변호사와 접견하는 경우로서 교정시설의 안전 또는 질서를 해칠 우려가 없는 경우(시행령 제59조의2 제5항)

(2) **접견장소의 예외**

① 다음의 어느 하나에 해당하는 경우에는 접촉차단시설이 설치되지 아니한 장소에서 접견하게 할 수 있다(법 제41조 제3항). [2024. 7급] 총 2회 기출

> **[접촉차단시설이 설치되지 아니한 장소에서의 접견]**
> 1. 수용자가 미성년자인 자녀와 접견하는 경우
> 2. 그 밖에 대통령령으로 정하는 경우
>
> **[그 밖에 대통령령으로 정하는 경우]**
> 1. 수형자가 교정성적이 우수한 경우
> 2. 수형자의 교화 또는 건전한 사회복귀를 위하여 특히 필요하다고 인정되는 경우
> 3. 미결수용자의 처우를 위하여 소장이 특별히 필요하다고 인정하는 경우
> 4. 사형확정자의 교화나 심리적 안정을 위하여 소장이 특별히 필요하다고 인정하는 경우

② 개방처우급의 접견: 소장은 개방처우급 수형자에 대하여는 법무부장관이 정하는 바에 따라 접촉차단시설이 설치된 장소 외의 적당한 곳에서 접견을 실시할 수 있다. 다만, 처우상 특히 필요하다고 인정하는 경우에는 그 밖의 수형자에 대하여도 이를 허용할 수 있다(시행규칙 제88조). [2013. 9급]

(3) **조직폭력수용자의 접견**: 소장은 조직폭력수용자가 다른 사람과 접견할 때에는 외부 폭력조직과의 연계가능성이 높은 점 등을 고려하여 접촉차단시설이 있는 장소에서 하게 하여야 한다(시행규칙 제202조).

2 **변호사와의 접견**(시행령 제59조의2)

(1) 수용자가 다음의 어느 하나에 해당하는 변호사와 접견하는 시간은 회당 60분으로 한다(제1항).

> **[회당 60분 적용 변호사]**
> 1. 소송사건의 대리인인 변호사
> 2. 「형사소송법」에 따른 상소권회복 또는 재심 청구사건의 대리인이 되려는 변호사

(2) 수용자가 변호사와 접견하는 횟수는 다음의 구분에 따르되, 이를 제58조 제3항(수형자의 접견횟수 매월 4회), 제101조(미결수용자의 접견횟수 매일 1회) 및 제109조(사형확정자의 접견횟수 매월 4회)의 접견 횟수에 포함시키지 아니한다(제2항).

> **[수용자와 변호사 접견 횟수]**
> 1. 소송사건의 대리인인 변호사: 월 4회
> 2. 「형사소송법」에 따른 상소권회복 또는 재심 청구사건의 대리인이 되려는 변호사: 사건 당 2회 [2021. 9급]

(3) 소장은 소송사건의 수 또는 소송내용의 복잡성 등을 고려하여 소송의 준비를 위하여 특히 필요하다고 인정하면 접견 시간대 외에도 접견을 하게 할 수 있고, 접견 시간 및 횟수를 늘릴 수 있다(제3항). [2018. 7급 승진] [2024. 7급]

(4) 소장은 접견 수요 또는 접견실 사정 등을 고려하여 원활한 접견 사무 진행에 현저한 장애가 발생한다고 판단하면 접견 시간 및 횟수를 줄일 수 있다. 이 경우 줄어든 시간과 횟수는 다음 접견 시에 추가하도록 노력하여야 한다(제4항).

3 접견관련 규정

1. 접견 시 외국어 사용(시행령 제60조)

(1) 수용자와 교정시설 외부의 사람이 접견하는 경우에 접견내용이 청취·녹음 또는 녹화될 때에는 외국어를 사용해서는 아니 된다. 다만, 국어로 의사소통하기 곤란한 사정이 있는 경우에는 외국어를 사용할 수 있다. [2013. 7급 승진] 총 4회 기출

(2) 소장은 국어로 의사소통하기 곤란한 사정이 있는 경우에 필요하다고 인정하면 교도관 또는 통역인으로 하여금 통역하게 할 수 있다.

제2절 편지수수

● 편지수수 제한사유 등 정리

편 지	원칙적 권리(법 제43조 제1항), 예외적 제한(법 제43조 제1항 단서)	
편지수수 제한사유 (법 제43조 제1항 단서)	**편지검열 사유 (법 제43조 제4항)**	**(확인 · 검열결과)발신 · 수신 금지사유 (법 제43조 제5항)**
1. 「형사소송법」이나 그 밖의 법률에 따른 편지의 수수금지 및 압수의 결정이 있는 때 2. 수형자의 교화 또는 건전한 사회복귀를 해칠 우려가 있는 때 3. 시설의 안전 또는 질서를 해칠 우려가 있는 때 [2024. 9급]	1. 편지의 상대방이 누구인지 확인할 수 없는 때 2. 「형사소송법」이나 그 밖의 법률에 따른 편지검열의 결정이 있는 때 3. 수형자의 교화 또는 건전한 사회복귀를 해칠 우려가 있는 내용, 시설의 안전 또는 질서를 해칠 우려가 있는 내용이나 형사 법령에 저촉되는 내용이 기재되어 있다고 의심할 만한 상당한 이유가 있는 때 4. 대통령령으로 정하는 수용자 간의 편지인 때	수용자의 편지에 금지물품이 들어있거나, 편지의 내용이 다음 각 호의 어느 하나에 해당하면 발신 또는 수신을 금지할 수 있다. 1. 암호·기호 등 이해할 수 없는 특수문자로 작성되어 있는 때 2. 범죄의 증거를 인멸할 우려가 있는 때 3. 형사 법령에 저촉되는 내용이 기재되어 있는 때 4. 수용자의 처우 또는 교정시설의 운영에 관하여 명백한 거짓사실을 포함하고 있는 때 5. 사생활의 비밀 또는 자유를 침해할 우려가 있는 때

1 편지 내용물의 확인

(1) 소장은 수용자가 주고받는 편지에 법령에 따라 금지된 물품이 들어 있는지 확인할 수 있다(법 제43조 제3항). [2020. 6급 승진] 총 2회 기출

(2) 수용자는 편지를 보내려는 경우 해당 편지를 봉함하여 교정시설에 제출한다(시행령 제65조 제1항 본문). [2013. 7급] 다만, 소장은 다음의 어느 하나(1. 마약류사범·조직폭력사범 등 법무부령으로 정하는 수용자가 변호인 외의 자에게 편지를 보내려는 경우, 2. 처우등급이 중경비시설 수용대상인 수형자가 변호인 외의 자에게 편지를 보내려는 경우, 3. 수용자가 같은 교정시설에 수용 중인 다른 수용자에게 편지를 보내려는 경우, 4. 규율위반으로 조사 중이거나 징벌집행 중인 수용자가 다른 수용자에게 편지를 보내려는 경우)에 해당하는 경우로서 금지물품의 확인을 위하여 필요한 경우에는 편지를 봉함하지 않은 상태로 제출하게 할 수 있다(시행령 제65조 제1항 단서). [2019. 9급] 총 6회 기출

(3) 소장은 수용자에게 온 편지에 금지물품이 들어 있는지를 개봉하여 확인할 수 있다(시행령 제65조 제2항). [2013. 7급]

2 편지 내용의 검열

(1) 수용자 간에 오가는 편지에 대한 검열은 편지를 보내는 교정시설에서 한다. 다만, 특히 필요하다고 인정되는 경우에는 편지를 받는 교정시설에서도 할 수 있다(시행령 제66조 제2항). [2020. 6급 승진] 총 3회 기출

(2) 수용자가 주고받는 편지의 내용은 검열받지 아니한다. 다만, 다음 각 호의 어느 하나에 해당하는 사유가 있으면 그러하지 아니하다.

[편지 내용 검열 사유]

1. 편지의 상대방이 누구인지 확인할 수 없는 때
2. 「형사소송법」이나 그 밖의 법률에 따른 편지검열의 결정이 있는 때
3. 제1항 제2호 또는 제3호에 해당하는 내용이나 형사 법령에 저촉되는 내용이 기재되어 있다고 의심할 만한 상당한 이유가 있는 때

> ① 수형자의 교화 또는 건전한 사회복귀를 해칠 우려가 있는 내용이 기재되어 있다고 의심할 만한 상당한 이유가 있는 때
> ② 시설의 안전 또는 질서를 해칠 우려가 있는 내용이 기재되어 있다고 의심할 만한 상당한 이유가 있는 때
> ③ 형사 법령에 저촉되는 내용이 기재되어 있다고 의심할 만한 상당한 이유가 있는 때

4. 대통령령으로 정하는 수용자 간의 편지인 때

> [대통령령으로 정하는 수용자 간의 편지인 때(시행령 제66조 제1항)]
> 1. 법 제104조 제1항에 따른 마약류사범·조직폭력사범 등 법무부령으로 정하는 수용자인 때
> 2. 편지를 주고받으려는 수용자와 같은 교정시설에 수용 중인 때
> 3. 규율위반으로 조사 중이거나 징벌집행 중인 때
> 4. 범죄의 증거를 인멸할 우려가 있는 때

(3) 소장은 법원 · 경찰관서, 그 밖의 관계기관에서 수용자에게 보내온 문서는 다른 법령에 특별한 규정이 없으면 열람한 후 본인에게 전달하여야 한다.2024. 9급]

(4) 소장은 검열한 결과 편지의 내용이 발신 또는 수신 금지사유(법 제43조 제5항)에 해당하지 아니하면 발신편지는 봉함한 후 발송하고, 수신편지는 수용자에게 건네준다(시행령 제66조 제4항).

(5) 소장은 편지의 내용을 검열했을 때에는 그 사실을 해당 수용자에게 지체 없이 알려주어야 한다(시행령 제66조 제5항).

(6) 미결수용자와 변호인 간의 편지는 교정시설에서 상대방이 변호인임을 확인할 수 없는 경우를 제외하고는 검열할 수 없다(법 제84조 제3항). [2019. 8급 승진] 총 7회 기출 [2024. 7급]

제3절 전화통화

1 전화통화의 허용횟수 및 시간

(1) 수형자의 경비처우급별 전화통화의 허용횟수(시행규칙 제90조) [2019. 5급 승진] 총 6회 기출

개방처우급	완화경비처우급	일반경비처우급	중경비처우급
월 20회 이내	월 10회 이내	월 5회 이내	처우상 특히 필요한 경우 월 2회 이내
소장은 처우상 특히 필요한 경우에는 전화통화 허용횟수를 늘릴 수 있다.			-

① 전화통화는 1일 1회만 허용한다. 다만, 처우상 특히 필요한 경우에는 그러하지 아니하다(제3항).
② 미결 수용자 허가할 경우 월 2회 이내로 한다.

(2) 소장은 사형확정자의 심리적 안정과 원만한 수용생활을 위하여 필요하다고 인정하는 경우에는 월 3회 이내의 범위에서 전화통화를 허가할 수 있다(시행규칙 제156조). [2019. 7급 승진] 총 7회 기출

(3) 소장은 소년수형자 등의 나이 · 적성 등을 고려하여 필요하다고 인정하면 전화통화 횟수를 늘릴 수 있다(시행규칙 제59조의4). [2020. 7급] 총 2회 기출

(4) 전화통화의 통화시간은 특별한 사정이 없으면 5분 이내로 한다(시행규칙 제25조 제3항). [2020. 5급 승진] 총 3회 기출

전화통화 제한사유 등 정리

전화통화	소장의 허가(법 제44조 제1항, 규칙 제25조 제1항)	
전화통화 불허사유 (규칙 제25조 제1항)	**허가취소 사유 (규칙 제27조)**	**전화통화 중지사유 (법 제42조 준용)**
1. 범죄의 증거를 인멸할 우려가 있을 때 2. 형사법령에 저촉되는 행위를 할 우려가 있을 때 3. 「형사소송법」에 따라 접견・편지수수 금지결정을 하였을 때 4. 교정시설의 안전 또는 질서를 해칠 우려가 있을 때 5. 수형자의 교화 또는 건전한 사회복귀를 해칠 우려가 있을 때 ※ 다만, 미결수용자에게 전화통화를 허가할 경우 그 허용횟수는 월 2회 이내로 한다(시행규칙 제25조 제1항). <2024.2.8.>	1. 수용자 또는 수신자가 전화통화 내용의 청취・녹음에 동의하지 아니할 때 2. 수신자가 수용자와의 관계 등에 대한 확인 요청에 따르지 아니하거나 거짓으로 대답할 때 3. 전화통화 허가 후 전화통화 불허사유가 발견되거나 발생하였을 때(법정인 발견・발생)	1. 범죄의 증거를 인멸하거나 인멸하려고 하는 때 2. 제92조의금지물품을 주고받거나 주고받으려고 하는 때 3. 형사 법령에 저촉되는 행위를 하거나 하려고 하는 때 4. 수용자의 처우 또는 교정시설의 운영에 관하여 거짓사실을 유포하는 때 5. 수형자의 교화 또는 건전한 사회복귀를 해칠 우려가 있는 행위를 하거나 하려고 하는 때 6. 시설의 안전 또는 질서를 해하는 행위를 하거나 하려고 하는 때

※ 수형자의 교화 또는 건전한 사회복귀, 시설의 안전 또는 질서는 공통이므로 따로 암기할 필요 없음. (주의: ~우려가 있는 때, ~하거나 하려고 하는 때)

2 전화통화 시 외국어 사용 등

(1) 수용자와 교정시설 외부의 사람이 전화통화하는 경우에 전화통화내용이 청취 또는 녹음될 때에는 외국어를 사용해서는 아니 된다. 다만, 국어로 의사소통하기 곤란한 사정이 있는 경우에는 외국어를 사용할 수 있다(시행령 제70조).

(2) **통화요금의 부담**(시행규칙 제29조)

① 수용자의 전화통화 요금은 수용자가 부담한다. [2020. 5급 승진] 총 5회 기출

② 소장은 교정성적이 양호한 수형자 또는 보관금이 없는 수용자 등에 대하여는 예산의 범위에서 요금을 부담할 수 있다. [2020. 5급 승진]

제6장 종교와 문화

제1절 종교

1 종교행사

1. 종교행사의 참석 등(동법 제45조)

(1) 수용자는 교정시설의 안에서 실시하는 종교의식 또는 행사에 참석할 수 있으며, 개별적인 종교상담을 받을 수 있다.

(2) 수용자는 자신의 신앙생활에 필요한 책이나 물품을 지닐 수 있다.

구분	내용
종교물품 등을 지닐 수 있는 범위(시행규칙 제34조)	① 소장은 수용자의 신앙생활에 필요하다고 인정하는 경우에는 외부에서 제작된 휴대용 종교도서 및 성물을 수용자가 지니게 할 수 있다. [2020. 7급] 총 4회 기출 ② 소장이 수용자에게 종교도서 및 성물을 지니는 것을 허가하는 경우에는 그 재질·수량·규격·형태 등을 고려해야 하며, 다른 수용자의 수용생활을 방해하지 않도록 해야 한다.
종교행사 등 서적·물품소지 제한사유	소장은 다음(1. 수형자의 교화 또는 건전한 사회복귀를 위하여 필요한 때, 2. 시설의 안전과 질서유지를 위하여 필요한 때)의 어느 하나에 해당하는 사유가 있으면 종교의식·종교행사·개별적 종교상담 및 자신의 신앙생활에 필요한 책이나 물품을 지닐 수 있는 사항을 제한할 수 있다(법 제45조 제3항). [2015. 7급] 총 2회 기출
종교행사의 참석대상(시행규칙 제32조) 및 제한 사유	① 수용자는 자신이 신봉하는 종교행사에 참석할 수 있다. ② 다만, 소장은 다음의 어느 하나(1. 종교행사용 시설의 부족 등 여건이 충분하지 아니할 때 [2011. 7급] 총 2회 기출, 2. 수용자가 종교행사 장소를 허가 없이 벗어나거나 다른 사람과 연락을 할 때, 3. 수용자가 계속 큰 소리를 내거나 시끄럽게 하여 종교행사를 방해할 때, 4. 수용자가 전도를 핑계삼아 다른 수용자의 평온한 신앙생활을 방해할 때, 5. 그 밖에 다른 법령에 따라 공동행사의 참석이 제한될 때)에 해당할 때에는 수용자의 종교행사 참석을 제한할 수 있다. [2011. 7급] 총 2회 기출

제2절 문화

1 도서

1. 도서비치

(1) 소장은 수용자의 지식함양 및 교양습득에 필요한 도서를 비치하고 수용자가 이용할 수 있도록 하여야 한다(법 제46조). [2017. 9급] 총 2회 기출

(2) 소장은 수용자가 쉽게 이용할 수 있도록 비치도서의 목록을 정기적으로 공개하여야 한다(시행령 제72조 제1항).

2 신문

1. 신문 등의 구독(동법 제47조)

(1) 수용자는 자신의 비용으로 신문·잡지 또는 도서(이하 "신문등"이라 한다)의 구독을 신청할 수 있다.

(2) 소장은 제1항에 따라 구독을 신청한 신문등이 「출판문화산업 진흥법」에 따른 유해간행물인 경우를 제외하고는 구독을 허가하여야 한다.

(3) 수용자가 구독을 신청할 수 있는 신문·잡지 또는 도서(신문 등)는 교정시설의 보관범위 및 수용자가 지닐 수 있는 범위를 벗어나지 않는 범위에서 신문은 월 3종 이내로, 도서(잡지를 포함)는 월 10권 이내로 한다. 다만, 소장은 수용자의 지식함양 및 교양습득에 특히 필요하다고 인정하는 경우에는 신문 등의 신청 수량을 늘릴 수 있다(시행규칙 제35조). [2020. 7급] 총 3회 기출

2. 구독허가의 취소

소장은 신문 등을 구독하는 수용자가 다음의 어느 하나(1. 허가 없이 다른 거실 수용자와 신문 등을 주고받을 때, 2. 그 밖에 법무부장관이 정하는 신문 등과 관련된 지켜야 할 사항을 위반하였을 때)에 해당하는 사유가 있으면 구독의 허가를 취소할 수 있다(시행규칙 제36조 제1항).

3 라디오 청취등의 원칙

1. 라디오 청취와 텔레비전 시청(동법 제48조)

(1) 수용자는 정서안정 및 교양습득을 위하여 라디오 청취와 텔레비전 시청을 할 수 있다.

(2) **방송편성시간**: 소장은 수용자의 건강과 일과시간 등을 고려하여 1일 6시간 이내에서 방송편성시간을 정한다. 다만, 토요일·공휴일, 작업·교육실태 및 수용자의 특성을 고려하여 방송편성시간을 조정할 수 있다(시행규칙 제39조). [2020. 7급] 총 4회 기출

4 집필(동법 제49조)

(1) 수용자는 문서 또는 도화(圖畫)를 작성하거나 문예·학술, 그 밖의 사항에 관하여 집필할 수 있다. 다만, 소장이 시설의 안전 또는 질서를 해칠 명백한 위험이 있다고 인정하는 경우는 예외로 한다.

(2) 작성 또는 집필한 문서나 도화를 지니거나 처리하는 것에 관하여는 제26조(수용자가 지니는 물품 등)를 준용한다(법 제49조 제2항).

[작성·집필한 문서나 도화를 지니거나 처리 시 수용자 지니는 물품 규정(법 제26조) 준용]

1. 수용자는 작성 또는 집필한 문서나 도화를 법무부장관이 정하는 범위에서 지닐 수 있다.
2. 소장은 법무부장관이 정하는 범위를 벗어난 문서나 도화로서 교정시설에 특히 보관할 필요가 있다고 인정하지 아니하는 문서나 도화는 수용자로 하여금 자신이 지정하는 사람에게 보내게 하거나 그 밖에 적당한 방법으로 처분하게 할 수 있다.
3. 소장은 수용자가 처분하여야 할 문서나 도화를 상당한 기간 내에 처분하지 아니하면 폐기할 수 있다.

(3) 작성 또는 집필한 문서나 도화가 제43조 제5항(편지의 발신·수신 금지사유)의 어느 하나에 해당하면 제43조 제7항(보관 및 폐기)을 준용한다(법 제49조 제3항).

[외부발송 금지 문서나 도화의 보관 및 폐기 시 편지의 발신·수신 금지사유(법 제43조 제5항) 준용]
1. 암호·기호 등 이해할 수 없는 특수문자로 작성되어 있는 때
2. 범죄의 증거를 인멸할 우려가 있는 때
3. 형사 법령에 저촉되는 내용이 기재되어 있는 때
4. 수용자의 처우 또는 교정시설의 운영에 관하여 명백한 거짓사실을 포함하고 있는 때
5. 사생활의 비밀 또는 자유를 침해할 우려가 있는 때
6. 수형자의 교화 또는 건전한 사회복귀를 해칠 우려가 있는 때
7. 시설의 안전 또는 질서를 해칠 우려가 있는 때

[외부발송 금지 문서나 도화의 관리 시 편지의 보관 및 폐기규정(법 제43조 제7항) 준용]
② 소장은 외부 발송이 금지된 문서나 도화는 그 구체적인 사유를 서면으로 작성해 관리하고, 수용자에게 그 사유를 알린 후 교정시설에 보관한다. 다만, 수용자가 동의하면 폐기할 수 있다. (법 제43조 제7항 준용)

(4) 집필용구의 관리, 집필의 시간·장소, 집필한 문서 또는 도화의 외부반출 등에 관하여 필요한 사항은 대통령령으로 정한다(법 제49조 제4항).

(5) **집필용구의 구입비용**: 집필용구의 구입비용은 수용자가 부담한다. 다만, 소장은 수용자가 그 비용을 부담할 수 없는 경우에는 필요한 집필용구를 지급할 수 있다(시행령 제74조). [2018. 8급 승진] 총 2회 기출

(6) **집필의 시간대·시간 및 장소**(시행령 제75조)

① 수용자는 휴업일 및 휴게시간 내에 시간의 제한 없이 집필할 수 있다. 다만, 부득이한 사정이 있는 경우에는 그러하지 아니하다. [2020. 7급]

② 수용자는 거실·작업장, 그 밖에 지정된 장소에서 집필할 수 있다.

제7장 특별한 보호와 엄중관리대상자

제1절 특별한 보호(처우 중점)

1 여성 수용자

법령	내용
여성수용자의 처우원칙 (동법 제50조)	① 소장은 여성수용자에 대하여 여성의 신체적·심리적 특성을 고려하여 처우하여야 한다. ② 소장은 여성수용자에 대하여 건강검진을 실시하는 경우에는 나이·건강 등을 고려하여 부인과질환에 관한 검사를 포함시켜야 한다. [2018. 9급] 총 2회 기출 ③ 소장은 생리 중인 여성수용자에 대하여는 위생에 필요한 물품을 지급하여야 한다. [2020. 6급 승진] 총 4회 기출
여성수용자 처우 시의 유의사항(동법 제51조)	① 소장은 여성수용자에 대하여 상담·교육·작업 등(이하 이 조에서 "상담등"이라 한다)을 실시하는 때에는 여성교도관이 담당하도록 하여야 한다. 다만, 여성교도관이 부족하거나 그 밖의 부득이한 사정이 있으면 그러하지 아니하다. [2018. 9급] 총 4회 기출 ② 남성교도관이 1인의 여성수용자에 대하여 실내에서 상담등을 하려면 투명한 창문이 설치된 장소에서 다른 여성을 입회시킨 후 실시하여야 한다. [2019. 7급] 총 9회 기출 ③ 여성의 신체·의류 및 휴대품에 대한 검사는 여성교도관이 하여야 한다(법 제93조 제4항). [2018. 8급 승진] 총 3회 기출 ④ 소장은 특히 필요하다고 인정하는 경우가 아니면 남성교도관이 야간에 수용자거실에 있는 여성수용자를 시찰하게 하여서는 아니 된다(시행령 제7조). [2014. 7급] 총 4회 기출 ⑤ 소장은 여성수용자의 목욕횟수를 정하는 경우에는 그 신체적 특성을 특히 고려하여야 한다(시행령 제77조 제1항). [2018. 8급 승진] 총 2회 기출 ⑥ 소장은 여성수용자가 목욕을 하는 경우에 계호가 필요하다고 인정하면 여성교도관이 하도록 하여야 한다(시행령 제77조 제2항). ⑦ 자살 등의 우려가 큰 때에는 전자영상장비로 거실에 있는 여성수용자를 계호할 수 있으며(법 제94조 제1항 단서), 이 경우 여성교도관이 계호하여야 한다(법 제94조 제2항 후단). [2018. 7급 승진] 총 5회 기출
임산부인 수용자의 처우 (동법 제52조)	① 소장은 수용자가 임신 중이거나 출산(유산·사산을 포함한다)한 경우에는 모성보호 및 건강유지를 위하여 정기적인 검진 등 적절한 조치를 하여야 한다. [2023. 6급] 총 6회 기출 ② 소장은 수용자가 출산하려고 하는 경우에는 외부의료시설에서 진료를 받게 하는 등 적절한 조치를 하여야 한다(법 제52조 제2항). ③ 소장은 임산부인 수용자에 대하여 필요하다고 인정하는 경우에는 교정시설에 근무하는 의사(의무관)의 의견을 들어 필요한 양의 죽 등의 주식과 별도로 마련된 부식을 지급할 수 있다(시행규칙 제42조). [2021. 9급] 총 2회 기출

유아의 양육(동법 제53조)	① 여성수용자는 자신이 출산한 유아를 교정시설에서 양육할 것을 신청할 수 있다. [2023. 6급] 총 7회 기출 이 경우 소장은 다음(1. 유아가 질병·부상, 그 밖의 사유로 교정시설에서 생활하는 것이 특히 부적당하다고 인정되는 때 2. 수용자가 질병·부상, 그 밖의 사유로 유아를 양육할 능력이 없다고 인정되는 때 3. 교정시설에 감염병이 유행하거나 그 밖의 사정으로 유아양육이 특히 부적당한 때)의 어느 하나에 해당하는 사유가 없으면, 생후 18개월에 이르기까지 허가하여야 한다. [2019. 7급] 총 8회 기출 ② 소장은 ①에 따라 유아의 양육을 허가한 경우에는 필요한 설비와 물품의 제공, 그 밖에 양육을 위하여 필요한 조치를 하여야 한다.
출산의 범위(시행령 제78조)	"출산(유산·사산을 포함한다)한 경우"란 출산(유산·사산한 경우를 포함한다) 후 60일이 지나지 아니한 경우를 말한다.
유아의 인도 (시행령 제80조제1항) 및 기간 경과 및 양육취소 유아의 인도 (시행령 제80조 제2항)	① 소장은 유아의 양육을 허가하지 아니하는 경우에는 수용자의 의사를 고려하여 유아보호에 적당하다고 인정하는 법인 또는 개인에게 그 유아를 보낼 수 있다(본문). [2019. 7급] 총 2회 기출 ② 다만, 적당한 법인 또는 개인이 없는 경우에는 그 유아를 해당 교정시설의 소재지를 관할하는 시장·군수 또는 구청장에게 보내서 보호하게 하여야 한다(단서). [2020. 6급 승진]

2 노인수용자

법령	내용
정의(시행령 제81조 제1항)	"노인수용자"란 65세 이상인 수용자를 말한다. [2019. 6급 승진] 총 2회 기출
노인수용자의 처우 (동법 제54조 제2항)	소장은 노인수용자에 대하여 나이·건강상태 등을 고려하여 그 처우에 있어 적정한 배려를 하여야 한다.
전담교정시설(시행규칙 제43조)	① 법무부장관이 노인수형자의 처우를 전담하도록 정하는 시설(이하 "노인수형자 전담교정시설"이라 한다)에는 교도소·구치소 편의시설의 종류 및 설치기준에 따른 편의시설을 갖추어야 한다. ② 노인수형자 전담교정시설에는 별도의 공동휴게실을 마련하고 노인이 선호하는 오락용품 등을 갖춰두어야 한다. [2024. 7급] 총 3회 기출
수용거실(시행규칙 제44조)	① 노인수형자 전담교정시설이 아닌 교정시설에서는 노인수용자를 수용하기 위하여 별도의 거실을 지정하여 운용할 수 있다. ② 노인수용자의 거실은 시설부족 또는 그 밖의 부득이한 사정이 없으면 건물의 1층에 설치하고, 특히 겨울철 난방을 위하여 필요한 시설을 갖추어야 한다. [2024. 7급]
주·부식 등 지급(시행규칙 제45조) (장애인수용자, 소년수용자 준용)	소장은 노인수용자의 나이·건강상태 등을 고려하여 필요하다고 인정하면 수용자의 지급기준을 초과하여 주·부식, 의류·침구, 그 밖의 생활용품을 지급할 수 있다. [2016. 9급]
운동·목욕(시행규칙 제46조) (장애인수용자, 소년수용자 준용)	① 소장은 노인수용자의 나이·건강상태 등을 고려하여 필요하다고 인정하면 운동시간을 연장하거나 목욕횟수를 늘릴 수 있다. ② 소장은 노인수용자가 거동이 불편하여 혼자서 목욕하기 어려운 경우에는 교도관, 자원봉사자 또는 다른 수용자로 하여금 목욕을 보조하게 할 수 있다. [2021. 9급] 총 3회 기출
전문의료진 등(시행규칙 제47조) (소년수용자 준용)	① 노인수형자 전담교정시설의 장은 노인성 질환에 관한 전문적인 지식을 가진 의료진과 장비를 갖추고, 외부의료시설과 협력체계를 강화하여 노인수형자가 신속하고 적절한 치료를 받을 수 있도록 노력하여야 한다. ② 소장은 노인수용자에 대하여 6개월에 1회 이상 건강검진을 하여야 한다. [2019. 7급] 총 5회 기출
교육·교화프로그램 및 작업 (시행규칙 제48조) (장애인수용자, 소년수용자 준용)	① 노인수형자 전담교정시설의 장은 노인문제에 관한 지식과 경험이 풍부한 외부전문가를 초빙하여 교육하게 하는 등 노인수형자의 교육 받을 기회를 확대하고, 노인전문오락, 그 밖에 노인의 특성에 알맞은 교화프로그램을 개발·시행하여야 한다. [2020. 7급] ② 소장은 노인수용자가 작업을 원하는 경우에는 나이·건강상태 등을 고려하여 해당 수용자가 감당할 수 있는 정도의 작업을 부과한다. 이 경우 의무관의 의견을 들어야 한다. [2020. 7급]

3 장애인수용자

법령	내용
정의	① "장애인수용자"란 시각 · 청각 · 언어 · 지체(肢體) 등의 장애로 통상적인 수용생활이 특히 곤란하다고 인정되는 사람으로서 법무부령으로 정하는 수용자를 말한다(시행령 제81조 제2항). ② "장애인수용자"란 시각 · 청각 · 언어 · 지체(肢體) 등의 장애로 통상적인 수용생활이 특히 곤란하다고 인정되는 수용자를 말한다(시행규칙 제49조).
전담교정시설(시행규칙 제50조)	① 법무부장관이 장애인수형자의 처우를 전담하도록 정하는 시설(이하 "장애인수형자 전담교정시설"이라 한다)의 장은 장애종류별 특성에 알맞은 재활치료프로그램을 개발하여 시행하여야 한다. ② 장애인수형자 전담교정시설의 장은 장애인의 재활에 관한 전문적인 지식을 가진 의료진과 장비를 갖추도록 노력하여야 한다(시행규칙 제52조). [2019. 7급] 총 2회 기출 ③ 장애인수형자 전담교정시설 편의시설의 종류 및 설치기준에 관하여는 제43조 제1항을 준용한다.
수용거실(시행규칙 제51조)	① 장애인수형자 전담교정시설이 아닌 교정시설에서는 장애인수용자를 수용하기 위하여 별도의 거실을 지정하여 운용할 수 있다. ② 장애인수용자의 거실은 시설부족 또는 그 밖의 부득이한 사정이 없으면 건물의 1층에 설치하고, 특히 장애인이 이용할 수 있는 변기 등의 시설을 갖추도록 하여야 한다. [2024. 7급][2023. 6급] 총 5회 기출
전문의료진 등(시행규칙 제52조)	장애인수형자 전담교정시설의 장은 장애인의 재활에 관한 전문적인 지식을 가진 의료진과 장비를 갖추도록 노력하여야 한다.
직업훈련(시행규칙 제53조)	장애인수형자 전담교정시설의 장은 장애인수형자에 대한 직업훈련이 석방 후의 취업과 연계될 수 있도록 그 프로그램의 편성 및 운영에 특히 유의하여야 한다.
준용규정(시행규칙 제54조)	장애인수용자의 장애정도, 건강 등을 고려하여 필요하다고 인정하는 경우 주 · 부식 등의 지급, 운동 · 목욕 및 교육 · 교화프로그램 · 작업에 관하여 제45조 · 제46조 및 제48조를 준용한다.

4 외국인수용자

법령	내용
정의	"외국인수용자"란 대한민국의 국적을 가지지 아니한 수용자를 말한다.
외국인 수용자의 처우	① 소장은 외국인수용자에 대하여 언어・생활문화 등을 고려하여 적정한 처우를 하여야 한다(동법 제53조 제3항). ② 외국인수용자 대한 적정한 배려 또는 처우에 관하여 필요한 사항은 법무부령으로 정한다(동법 제53조 제5항).
전담교정시설(시행규칙 제55조)	법무부장관이 외국인수형자의 처우를 전담하도록 정하는 시설의 장은 외국인의 특성에 알맞은 교화프로그램 등을 개발하여 시행하여야 한다. [2016. 7급] 총 3회 기출
전담요원 지정(시행규칙 제56조)	① 외국인수용자를 수용하는 소장은 외국어에 능통한 소속 교도관을 전담요원으로 지정하여 일상적인 개별면담, 고충해소, 통역・번역 및 외교공관 또는 영사관 등 관계기관과의 연락 등의 업무를 수행하게 하여야 한다. [2020. 7급] 총 3회 기출 ② 전담요원은 외국인 미결수용자에게 소송 진행에 필요한 법률지식을 제공하는 등의 조력을 하여야 한다. [2020. 7급] 총 3회 기출
수용거실 지정(시행규칙 제57조)	① 소장은 외국인수용자의 수용거실을 지정하는 경우에는 종교 또는 생활관습이 다르거나 민족감정 등으로 인하여 분쟁의 소지가 있는 외국인수용자는 거실을 분리하여 수용하여야 한다. [2024 7급] 총 9회 기출 ② 소장은 외국인수용자에 대하여는 그 생활양식을 고려하여 필요한 수용설비를 제공하도록 노력하여야 한다. [2020. 7급] 총 2회 기출
주・부식 지급(시행규칙 제58조)	① 외국인수용자에게 지급하는 음식물의 총열량은 소속 국가의 음식문화, 체격 등을 고려하여 조정할 수 있다. [2020. 7급] 총 3회 기출 ② 외국인수용자에 대하여는 쌀, 빵 또는 그 밖의 식품을 주식으로 지급하되, 소속 국가의 음식문화를 고려하여야 한다. [2020. 7급] ③ 외국인수용자에게 지급하는 부식의 지급기준은 법무부장관이 정한다. [2011. 7급]
위독 또는 사망 시의 조치 (시행규칙 제59조)	소장은 외국인수용자가 질병 등으로 위독하거나 사망한 경우에는 그의 국적이나 시민권이 속하는 나라의 외교공관 또는 영사관의 장이나 그 관원 또는 가족에게 이를 즉시 알려야 한다. [2023. 7급] 총 5회 기출

5 소년수용자

법령	내용
정의 (시행령 제81조 제4항)	"소년수용자"란 다음 각 호(1. 19세 미만의 수형자, 2. 소년교도소에 수용 중인 수형자, 3. 19세 미만의 미결수용자)의 사람을 말한다.
소년 수용자의 처우 (동법 제53조 4항)	① 소장은 소년수용자에 대하여 나이·적성 등을 고려하여 적정한 처우를 하여야 한다(동법 제53조 4항). ② 소년수용자에 대한 적정한 배려 또는 처우에 관하여 필요한 사항은 법무부령으로 정한다(동법 제53조 5항).
전담교정시설 (시행규칙 제59조의 2)	① 법무부장관이 19세 미만의 수형자(이하 "소년수형자"라 한다)의 처우를 전담하도록 정하는 시설(이하 "소년수형자 전담교정시설"이라 한다)의 장은 소년의 나이·적성 등 특성에 알맞은 교육·교화프로그램을 개발하여 시행하여야 한다. ② 소년수형자 전담교정시설에는 별도의 공동학습공간을 마련하고 학용품 및 소년의 정서 함양에 필요한 도서, 잡지 등을 갖춰두어야 한다. [2023. 7급] 총 4회 기출
수용거실 (시행규칙 제59조의 3)	① 소년수형자 전담교정시설이 아닌 교정시설에서는 소년수용자(시행령 제81조 제4항에 따른 소년수용자를 말한다. 이하 같다)를 수용하기 위하여 별도의 거실을 지정하여 운용할 수 있다. [2020. 7급] 총 2회 기출 ② 소년수형자 전담교정시설이 아닌 교정시설에서 소년수용자를 수용한 경우 교육·교화프로그램에 관하여는 제59조의2 제1항을 준용한다.
의류 (시행규칙 제59조의 4)	법무부장관은 제4조 및 제5조에도 불구하고 소년수용자의 나이·적성 등을 고려하여 필요하다고 인정하는 경우 의류의 품목과 품목별 착용 시기 및 대상을 달리 정할 수 있다.
접견·전화 (시행규칙 제59조의 5)	소장은 소년수형자 등의 나이·적성 등을 고려하여 필요하다고 인정하면 접견 및 전화통화 횟수를 늘릴 수 있다. [2021. 9급] 총 3회 기출
사회적 처우 (시행규칙 제59조의 6)	소장은 소년수형자 등의 나이·적성 등을 고려하여 필요하다고 인정하면 소년수형자 등에게 시행규칙 제92조 제1항 각 호(사회견학, 사회봉사, 자신이 신봉하는 종교행사 참석, 연극·영화·그 밖의 문화공연 관람)에 해당하는 활동을 허가할 수 있다. 이 경우 소장이 허가할 수 있는 활동에는 발표회 및 공연 등 참가 활동을 포함한다. [2020. 7급]
준용규정 (시행규칙 제59조의 7)	① **주·부식 등 지급**: 소장은 소년수용자의 나이·건강상태 등을 고려하여 필요하다고 인정하면 수용자의 지급기준을 초과하여 주·부식, 의류·침구, 그 밖의 생활용품을 지급할 수 있다. ② **운동·목욕** ㉠ 소장은 소년수용자의 나이·건강상태 등을 고려하여 필요하다고 인정하면 운동시간을 연장하거나 목욕횟수를 늘릴 수 있다. ㉡ 소장은 소년수용자가 거동이 불편하여 혼자서 목욕하기 어려운 경우에는 교도관, 자원봉사자 또는 다른 수용자로 하여금 목욕을 보조하게 할 수 있다.

	③ 전문의료진 등 ㉠ 소년수형자 전담교정시설의 장은 소년에 관한 전문적인 지식을 가진 의료진과 장비를 갖추고, 외부의료시설과 협력체계를 강화하여 소년수형자가 신속하고 적절한 치료를 받을 수 있도록 노력하여야 한다. ㉡ 소장은 소년수용자에 대하여 6개월에 1회 이상 건강검진을 하여야 한다. [2024. 7급] 총 2회 기출 ④ 작업: 소장은 소년수용자가 작업을 원하는 경우에는 나이 · 건강상태 등을 고려하여 해당 수용자가 감당할 수 있는 정도의 작업을 부과한다. 이 경우 의무관의 의견을 들어야 한다.

5 미성년 자녀의 보호조치

법령	내용
수용자의 미성년 자녀 보호에 대한 지원 (법 제53조의2)	① 소장은 신입자에게 「아동복지법」 제15조(보호대상아동의 보호조치)에 따른 보호조치를 의뢰할 수 있음을 알려주어야 한다. ② 소장은 수용자가 「아동복지법」 제15조에 따른 보호조치를 의뢰하려는 경우 보호조치 의뢰가 원활하게 이루어질 수 있도록 지원하여야 한다. [2021. 7급] ③ 안내 및 보호조치 의뢰 지원의 방법 · 절차, 그 밖에 필요한 사항은 법무부장관이 정한다.

제2절 엄중관리대상자(계호 중점)

1 개요

1. 의의

소장은 마약류사범 · 조직폭력사범 등 법무부령으로 정하는 수용자에 대하여는 시설의 안전과 질서유지를 위하여 필요한 범위에서 다른 수용자와의 접촉을 차단하거나 계호를 엄중히 하는 등 법무부령으로 정하는 바에 따라 다른 수용자와 달리 관리할 수 있다(동법 제104조 제1항).이 경우에도 기본적인 처우를 제한하여서는 아니 된다.(동법 제104조 제2항)

2. 엄중관리대상자의 구분(시행규칙 제194조) **및 번호표 등 표시**(시행규칙 제195조)

(1) 엄중관리대상자의 번호표 및 거실표의 색상은 다음(1. 관심대상수용자 : 노란색, 2. 조직폭력수용자 : 노란색, 3. 마약류수용자 : 파란색)과 같이 구분한다.

사형확정자의 번호표 및 거실표의 색상은 붉은색으로 한다(시행규칙 제150조 제4항). [2014. 7급] 총 4회 기출

3. 상담(시행규칙 제196조)

(1) 소장은 엄중관리대상자 중 지속적인 상담이 필요하다고 인정되는 사람에 대하여는 상담책임자를 지정한다. [2022. 9급]

(2) (1)의 상담책임자는 감독교도관 또는 상담 관련 전문교육을 이수한 교도관을 우선하여 지정하여야 하며, 상담대상자는 상담책임자 1명당 10명 이내로 하여야 한다. [2022. 9급]

(3) 상담책임자는 해당 엄중관리대상자에 대하여 수시로 개별상담을 함으로써 신속한 고충처리와 원만한 수용생활 지도를 위하여 노력하여야 한다.

(4) (3)에 따라 상담책임자가 상담을 하였을 때에는 그 요지와 처리결과 등을 제119조 제3항에 따른 교정정보시스템에 입력하여야 한다. 이 경우 엄중관리대상자의 처우를 위하여 필요하면 별지 제13호 서식의 엄중관리대상자 상담결과 보고서를 작성하여 소장에게 보고하여야 한다.

4. 작업 부과(시행규칙 제197조)

소장은 엄중관리대상자에게 작업을 부과할 때에는 법 제59조 제3항(분류심사를 위한 조사나 검사)에 따른 조사나 검사 등의 결과를 고려하여야 한다.

2 엄중관리대상자 유형별 정리

1. 조직폭력수용자(노란색)

법령	내용
지정대상 (시행규칙 제198조) [2020. 9급] 총 6회 기출	① 체포영장, 구속영장, 공소장 또는 재판서에 조직폭력사범으로 명시된 수용자 ② 공소장 또는 재판서에 조직폭력사범으로 명시되어 있지는 아니하나 「폭력행위 등 처벌에 관한 법률」 제4조 · 제5조 또는 「형법」 제114조가 적용된 수용자 ③ 공범 · 피해자 등의 체포영장 · 구속영장 · 공소장 또는 재판서에 조직폭력사범으로 명시된 수용자
지정 및 해제 (시행규칙 제199조)	① 소장은 제198조 각 호의 어느 하나에 해당하는 수용자에 대하여는 조직폭력수용자로 지정한다. 현재의 수용생활 중 집행되었거나 집행할 형이 제198조 제1호 또는 제2호에 해당하는 경우에도 또한 같다. ② 소장은 제1항에 따라 조직폭력수용자로 지정된 사람에 대하여는 석방할 때까지 지정을 해제할 수 없다. 다만, 공소장 변경 또는 재판 확정에 따라 지정사유가 해소되었다고 인정되는 경우에는 교도관회의의 심의 또는 분류처우위원회의 의결을 거쳐 지정을 해제한다. [2020. 9급]
처우의 제한	① **수용자를 대표하는 직책 부여 금지**(시행규칙 제200조): 소장은 조직폭력수용자에게 거실 및 작업장 등의 봉사원, 반장, 조장, 분임장, 그 밖에 수용자를 대표하는 직책을 부여해서는 아니 된다. [2020. 9급] 총 3회 기출 ② **수형자 간 연계활동 차단을 위한 이송**(시행규칙 제201조): 소장은 조직폭력수형자가 작업장 등에서 다른 수형자와 음성적으로 세력을 형성하는 등 집단화할 우려가 있다고 인정하는 경우에는 법무부장관에게 해당 조직폭력수형자의 이송을 지체 없이 신청하여야 한다. [2024. 7급] 총 3회 기출 ③ **처우상 유의사항**(시행규칙 제202조): 소장은 조직폭력수용자가 다른 사람과 접견할 때에는 외부 폭력조직과의 연계 가능성이 높은 점 등을 고려하여 접촉차단시설이 있는 장소에서 하게 하여야 하며, 귀휴나 그 밖의 특별한 이익이 되는 처우를 결정하는 경우에는 해당 처우의 허용 요건에 관한 규정을 엄격히 적용하여야 한다. [2019. 7급 승진] 총 4회 기출 ④ **특이사항의 통보**(시행규칙 제203조): 소장은 조직폭력수용자의 편지 및 접견의 내용 중 특이사항이 있는 경우에는 검찰청, 경찰서 등 관계기관에 통보할 수 있다.

2. 마약류수용자(파란색)

<table>
<tr><th colspan="2">법령</th><th>내용</th></tr>
<tr><td colspan="2">지정대상
(시행규칙 제204조)
[2024. 7급] 총 4회 기출</td><td>① 체포영장 · 구속영장 · 공소장 또는 재판서에 「마약류관리에 관한 법률」, 「마약류 불법거래방지에 관한 특례법」, 그 밖에 마약류에 관한 형사 법률이 적용된 수용자
② 제1호에 해당하는 형사 법률을 적용받아 집행유예가 선고되어 그 집행유예 기간 중에 별건으로 수용된 수용자</td></tr>
<tr><td colspan="2">지정 및 해제
(시행규칙 제205조)</td><td>① 소장은 어느 하나에 해당하는 수용자에 대하여는 마약류수용자로 지정하여야 한다. 현재의 수용생활 중 집행되었거나 집행할 형이 제204조 제1호에 해당하는 경우에도 또한 같다.
② 소장은 제1항에 따라 마약류수용자로 지정된 사람에 대하여는 석방할 때까지 지정을 해제할 수 없다. 다만, 다음(1. 공소장 변경 또는 재판 확정에 따라 지정 사유가 해소되었다고 인정되는 경우, 2. 지정 후 5년이 지난 마약류수용자로서 수용생활태도, 교정성적 등이 양호한 경우. 다만, 마약류에 관한 형사 법률 외의 법률이 같이 적용된 마약류수용자로 한정한다.)에 해당하는 경우에는 교도관회의의 심의 또는 분류처우위원회의 의결을 거쳐 지정을 해제할 수 있다. [2017. 5급 승진] 총 2회 기출 [2024. 7급]</td></tr>
<tr><td colspan="2">마약반응검사
(시행규칙 제206조)</td><td>① 마약류수용자에 대하여 다량 또는 장기간 복용할 경우 환각증세를 일으킬 수 있는 의약품을 투약할 때에는 특히 유의하여야 한다.
② 소장은 교정시설에 마약류를 반입하는 것을 방지하기 위하여 필요하면 강제에 의하지 아니하는 범위에서 수용자의 소변을 채취하여 마약반응검사를 할 수 있다. [2024. 7급] 총 2회 기출
③ 소장은 검사 결과 양성반응이 나타난 수용자에 대하여는 관계기관에 혈청검사, 모발검사, 그 밖의 정밀검사를 의뢰하고 그 결과에 따라 적절한 조치를 하여야 한다.</td></tr>
<tr><td rowspan="3">처우의 제한</td><td>물품전달 제한
(시행규칙 제207조)</td><td>소장은 수용자 외의 사람이 마약류수용자에게 물품을 건네줄 것을 신청하는 경우에는 마약류 반입 등을 차단하기 위하여 신청을 허가하지 않는다. 다만, 다음(1. 법무부장관이 정하는 바에 따라 교정시설 안에서 판매되는 물품, 2. 그 밖에 마약류 반입을 위한 도구로 이용될 가능성이 없다고 인정되는 물품)의 어느 하나에 해당하는 물품을 건네줄 것을 신청한 경우에는 예외로 할 수 있다.</td></tr>
<tr><td>보관품 등 수시점검
(시행규칙 제208조)</td><td>담당교도관은 마약류수용자의 보관품 및 지니는 물건의 변동 상황을 수시로 점검하고, 특이사항이 있는 경우에는 감독교도관에게 보고해야 한다. [2019. 9급 승진] 총 2회 기출 [2024. 7급]</td></tr>
<tr><td>재활교육
(시행규칙 제209조)</td><td>① 소장은 마약류수용자가 마약류 근절 의지를 갖고 이를 실천할 수 있도록 해당 교정시설의 여건에 적합한 마약류수용자 재활교육 계획을 수립하여 시행하여야 한다.
② 소장은 마약류수용자의 마약류 근절 의지를 북돋울 수 있도록 마약 퇴치 전문강사, 성직자 등과 자매결연을 주선할 수 있다.</td></tr>
</table>

3. 관심대상수용자(노란색)

법령	내용
지정대상(시행규칙 제210조) [2023. 6급 승진] 총 5회 기출	① 다른 수용자에게 상습적으로 폭력을 행사하는 수용자 ② 교도관을 폭행하거나 협박하여 징벌을 받은 전력(前歷)이 있는 사람으로서 같은 종류의 징벌대상행위를 할 우려가 큰 수용자 ③ 수용생활의 편의 등 자신의 요구를 관철할 목적으로 상습적으로 자해를 하거나 각종 이물질을 삼키는 수용자 ④ 다른 수용자를 괴롭히거나 세력을 모으는 등 수용질서를 문란하게 하는 조직폭력수용자(조직폭력사범으로 행세하는 경우를 포함한다) ⑤ 조직폭력수용자로서 무죄 외의 사유로 출소한 후 5년 이내에 교정시설에 다시 수용된 사람 ⑥ 상습적으로 교정시설의 설비・기구 등을 파손하거나 소란행위를 하여 공무집행을 방해하는 수용자 ⑦ 도주(음모, 예비 또는 미수에 그친 경우를 포함한다)한 전력이 있는 사람으로서 도주의 우려가 있는 수용자 ⑧ 중형선고 등에 따른 심적 불안으로 수용생활에 적응하기 곤란하다고 인정되는 수용자 ⑨ 자살을 기도한 전력이 있는 사람으로서 자살할 우려가 있는 수용자 ⑩ 사회적 물의를 일으킨 사람으로서 죄책감 등으로 인하여 자살 등 교정사고를 일으킬 우려가 큰 수용자 ⑪ 징벌집행이 종료된 날부터 1년 이내에 다시 징벌을 받는 등 규율 위반의 상습성이 인정되는 수용자 ⑫ 상습적으로 법령에 위반하여 연락을 하거나 금지물품을 반입하는 등의 방법으로 부조리를 기도하는 수용자 ⑬ 그 밖에 교정시설의 안전과 질서유지를 위하여 엄중한 관리가 필요하다고 인정되는 수용자
지정 및 해제 (시행규칙 제211조)	① 소장은 어느 하나에 해당하는 수용자에 대하여는 분류처우위원회의 의결을 거쳐 관심대상수용자로 지정한다. 다만, 미결수용자 등 분류처우위원회의 의결 대상자가 아닌 경우에도 관심대상수용자로 지정할 필요가 있다고 인정되는 수용자에 대하여는 교도관회의의 심의를 거쳐 관심대상수용자로 지정할 수 있다. [2019. 7급] 총 7회 기출 ② 소장은 관심대상수용자의 수용생활태도 등이 양호하고 지정사유가 해소되었다고 인정하는 경우에는 제1항의 절차에 따라 그 지정을 해제한다. [2018. 7급 승진] 총 4회 기출 ③ 관심대상수용자로 지정하거나 지정을 해제하는 경우에는 담당교도관 또는 감독교도관의 의견을 고려하여야 한다. [2011. 7급] 총 2회 기출
수용동 및 작업장 계호 배치 (시행규칙 제213조)	소장은 다수의 관심대상수용자가 수용되어 있는 수용동 및 작업장에는 사명감이 투철한 교도관을 엄선하여 배치하여야 한다. [2023. 6급 승진] 총 3회 기출

● 엄중관리대상자(법 제104조, 규칙 제194조~제213조)

구분	관심대상수용자	조직폭력수용자	마약류수용자
색상	노란색	노란색	파란색
지정절차	① 분류처우위원회 의결로 지정 ② 미결수용자 등은 교도관회의의 심의로 지정 가능	소장이 조직폭력수용자 지정	소장이 마약류수용자 지정
해제절차	① 분류처우위원회의 의결로 지정 해제 ② 미결수용자 등은 교도관회의의 심의로 지정 해제	① 석방할 때까지 해제 불가 ② 공소장 변경 또는 재판 확정으로 사유 해소 시 교도관회의 심의 또는 분류처우위원회 의결로 지정 해제	① 석방할 때까지 해제 불가 ② 공소장 변경 또는 재판 확정으로 사유해소 시 ③ 지정 후 5년이 경과하고, 교정성적 등이 양호한 경우 교도관회의 심의 또는 분류처우위원회 의결로 지정 해제 가능
상담	① 지속적인 상담이 필요하다고 인정되는 사람에 대하여 상담책임자를 지정 ② 상담책임자는 감독교도관 또는 상담 관련 전문교육을 이수한 교도관을 우선하여 지정 ③ 상담대상자는 상담책임자 1명당 10명 이내, 수시로 개별상담		
작업부과	작업을 부과할 때에는 분류심사를 위한 조사나 검사 등의 결과를 고려하여야 함.		

제8장 안전과 질서

제1절 계호

1 계호의 의의

계호라 함은 교도소 등의 교정시설의 안전과 질서를 유지하기 위하여 수용자를 경계·감시하고 지도·명령하여 안전 및 질서가 침해되거나 침해될 우려가 있는 경우에 이를 진압·배제하고 원상회복을 위하여 강제력을 행사하는 것을 말한다.

고전적 의미	수형자의 구금확보를 통한 교도소의 질서유지를 위한 일체의 강제력
현대적 의미	수용자의 격리작용뿐만 아니라 그 교화·개선작용까지도 수행하는 개념

2 계호행위

교도관의 계호행위

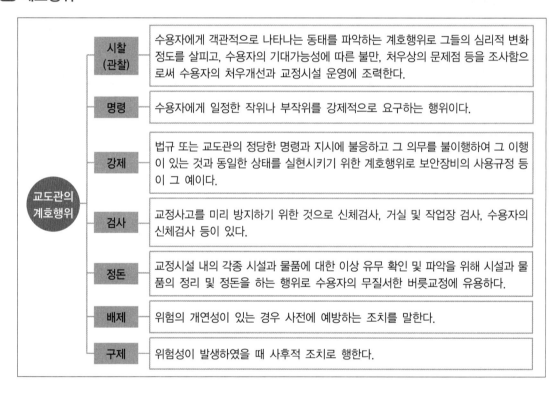

시찰(관찰)	수용자에게 객관적으로 나타나는 동태를 파악하는 계호행위로 그들의 심리적 변화 정도를 살피고, 수용자의 기대가능성에 따른 불만, 처우상의 문제점 등을 조사함으로써 수용자의 처우개선과 교정시설 운영에 조력한다.
명령	수용자에게 일정한 작위나 부작위를 강제적으로 요구하는 행위이다.
강제	법규 또는 교도관의 정당한 명령과 지시에 불응하고 그 의무를 불이행하여 그 이행이 있는 것과 동일한 상태를 실현시키기 위한 계호행위로 보안장비의 사용규정 등이 그 예이다.
검사	교정사고를 미리 방지하기 위한 것으로 신체검사, 거실 및 작업장 검사, 수용자의 신체검사 등이 있다.
정돈	교정시설 내의 각종 시설과 물품에 대한 이상 유무 확인 및 파악을 위해 시설과 물품의 정리 및 정돈을 하는 행위로 수용자의 무질서한 버릇교정에 유용하다.
배제	위험의 개연성이 있는 경우 사전에 예방하는 조치를 말한다.
구제	위험성이 발생하였을 때 사후적 조치로 행한다.

3 계호의 종류

1. 계호대상에 따른 구분

대인계호	신체검사·보호장비 및 무기사용 등의 수단으로 수용자 및 제3자의 신체의 자유를 구속하는 것과 같은 사람에 대한 계호를 말한다.
대물계호	차입물품의 검사, 휴대품·소지품 검사, 거실 및 작업장 검사 등과 같이 수용자 및 제3자에 속한 물건에 대한 계호를 말한다.

2. 계호수단에 따른 구분

인적계호		① 계호권 있는 교도관에 의한 정신적·육체적 기능에 의한 계호를 말한다. ② 계호방법은 수용자와 직접 접촉하면서 이루어지는 직접인적계호와 간접적인 경계방법으로 이루어지는 간접인적계호로 구분된다.
	직접 인적계호	① 교도관이 수용자와 직접 접촉하면서 계호업무를 수행하는 방법을 말한다. ② 수용동·거실·작업장·목욕·치료·운동 시에 수용자를 대상으로 교도관이 직접 계호하는 것이다.
	간접 인적계호	① 수용자의 심리적 행동을 규제하는 간접계호 근무방법을 말한다. ② 출입구의 경계, 취약요소의 입초, 순찰경비근무 등이다.
물적계호		교도소 등의 건조물이나 보호장비, 보안장비, 무기 등에 의한 계호를 말한다.

현대과학의 발달로 계호의 수단은 인적계호보다는 과학기기를 이용하는 물적계호의 중요성이 커지고 있는 추세이다.

3. 계호장소를 기준으로 한 구분

호송계호	수용자를 교정시설 외부로 이동시키기 위한 계호를 말한다.
출정계호	① 소송진행을 위하여 검사 또는 법원의 소환에 응하는 계호이다. ② 형사피의자·피고인 또는 수용자의 증인소환, 현장검증, 법정출두 등을 말한다.

출정계호 중 공판정에서의 계호는 법정경찰권이 법원에 있기 때문에 수용자에 대한 교도관의 계호권이 가장 많이 제한받게 된다는 지적이 있다.

4. 계호사태의 긴박성에 따른 구분

통상계호	신체검사, 의류검사, 휴대품검사, 거실과 작업장 검사 등 법익의 침해가 크지 않은 경우의 평상시 계호를 말한다.
비상계호	① 천재·지변과 화재, 수해 및 폭동과 도주, 그 밖의 비상사태에 처하여 인적·물적 계호의 모든 기능을 동원하여 사태를 수습·진압하는 계호활동이다. ② 평상시보다 강력한 신체상 구속을 요구하는 등 법익의 침해가 강한 경우의 계호이다.

5. 계호대상의 특수성에 따른 구분

일반계호	일반수용자에 대한 통상의 계호를 말한다.
특별계호	① 특수 수용자에 대한 계호행위로 규율유지뿐만 아니라 수용자에 대한 교육적·보호적 측면에서 집행되는 경우에 이루어진다. ② 사형선고자, 도주 또는 자살우려자, 흉폭성이 있는 자, 상습규율위반자, 정신질환자 등 교정사고의 우려가 높은 수용자에 대한 특별계호이다.

제2절 금지물품과 검사

1 금지물품(동법 제92조)

(1) 수용자는 다음 각 호의 물품을 지녀서는 아니 된다(제1항).

1. 마약·총기·도검·폭발물·흉기·독극물, 그 밖에 범죄의 도구로 이용될 우려가 있는 물품
2. 무인비행장치, 전자·통신기기, 그 밖에 도주나 다른 사람과의 연락에 이용될 우려가 있는 물품
3. 주류·담배·화기·현금·수표, 그 밖에 시설의 안전 또는 질서를 해칠 우려가 있는 물품
4. 음란물, 사행행위에 사용되는 물품, 그 밖에 수형자의 교화 또는 건전한 사회복귀를 해칠 우려가 있는 물품

(2) 소장이 수용자의 처우를 위하여 허가하는 경우에는 제1항 제2호(무인비행장치, 전자·통신기기, 그 밖에 도주나 다른 사람과의 연락에 이용될 우려가 있는 물품)을 지닐 수 있다(제2항). [2023. 9급]

2 검사

구분	내용
신체 등에 대한 검사	① 교도관은 시설의 안전과 질서유지를 위하여 필요하면 수용자의 신체·의류·휴대품·거실 및 작업장 등을 검사할 수 있다(법 제93조 제1항). (임의적 검사) ② 소장은 교도관에게 작업장이나 실외에서 수용자거실로 돌아오는 수용자의 신체·의류 및 휴대품을 검사하게 하여야 한다.(필요적 검사) 다만, 교정성적 등을 고려하여 그 검사가 필요하지 아니하다고 인정되는 경우에는 예외로 할 수 있다(시행령 제113조). [2021. 7급] ③ 수용자의 신체를 검사하는 경우에는 불필요한 고통이나 수치심을 느끼지 아니하도록 유의하여야 하며, 특히 신체를 면밀하게 검사할 필요가 있으면 다른 수용자가 볼 수 없는 차단된 장소에서 하여야 한다(법 제93조 제2항). [2019. 7급 승진] ④ 여성의 신체·의류 및 휴대품에 대한 검사는 여성교도관이 하여야 한다(법 제93조 제4항). [2018. 6급 승진] 총 2회 기출

거실 등에 대한 검사 (시행령 제112조)	① 소장은 교도관에게 수용자의 거실, 작업장, 그 밖에 수용자가 생활하는 장소(거실 등)를 정기적으로 검사하게 하여야 한다(필요적 · 정기적 검사). ② 다만, 금지물품을 숨기고 있다고 의심되는 수용자와 마약류사범 · 조직폭력사범 등 법무부령으로 정하는 수용자의 거실 등은 수시로 검사하게 할 수 있다(임의적 · 수시 검사).
수용자 외의 사람에 대한 검사(법 제93조 제3항)	① 교도관은 시설의 안전과 질서유지를 위하여 필요하면 교정시설을 출입하는 수용자 외의 사람에 대하여 의류와 휴대품을 검사할 수 있다(임의적 검사). (신체검사×) [2023. 6급 승진] 총 2회 기출 ② 이 경우 출입자가 금지물품을 지니고 있으면 교정시설에 맡기도록 하여야 하며, 이에 따르지 아니하면 출입을 금지할 수 있다.
금지물품의 처리 (동법 제93조 제5항)	① 소장은 신체검사한 결과 금지물품이 발견되면 형사 법령으로 정하는 절차에 따라 처리할 물품을 제외하고는 수용자에게 알린 후 폐기한다. ② 다만, 폐기하는 것이 부적당한 물품은 교정시설에 보관하거나 수용자로 하여금 자신이 지정하는 사람에게 보내게 할 수 있다.

제9장 교정장비와 강제력 행사

제1절 교정장비

1 개관

1. 교정장비의 의의(동법 시행규칙 제2조 제7호)

"교정장비"란 교정시설 안(교도관이 교정시설 밖에서 수용자를 계호하고 있는 경우 그 장소를 포함한다)에서 사람의 생명과 신체의 보호, 도주의 방지 및 교정시설의 안전과 질서유지를 위하여 교도관이 사용하는 장비와 기구 및 그 부속품을 말한다.

2. 교정장비의 종류(동법 시행규칙 제157조)

<table>
<tr><th>구분</th><th>전자장비</th><th>보호장비</th><th colspan="2">보안장비</th><th colspan="2">무기의 사용</th></tr>
<tr><td>대상</td><td>수용자 or 시설</td><td>수용자</td><td>수용자</td><td>수용자 外</td><td>수용자</td><td>수용자 外</td></tr>
<tr><td>주체</td><td colspan="6">교도관</td></tr>
<tr><td>종류</td><td>① 영상정보처리기기
② 전자감지기
③ 전자경보기
④ 물품검색기
⑤ 증거수집장비
⑥ 그 밖에 법무부장관이 정하는 전자장비</td><td>① 수갑
② 머리보호장비
③ 발목보호장비
④ 보호대
⑤ 보호의자
⑥ 보호침대
⑦ 보호복
⑧ 포승</td><td colspan="2">① 교도봉
② 전기교도봉
③ 가스분사기
④ 가스총
⑤ 최루탄
⑥ 전자충격기
⑦ 그 밖에 법무부장관이 정하는 보안장비</td><td colspan="2">① 권총
② 소총
③ 기관총
④ 그 밖에 법무부장관이 정하는 무기</td></tr>
<tr><td>한계</td><td>영상장비 → 거실 → 자살 등의 우려가 큰 때</td><td>① 필요한 최소한도
② 사유소멸하면 사용중단
③ 징벌수단으로 사용금지</td><td colspan="2">필요한 최소한도</td><td colspan="2">① 필요한 최소한도
② 최후의 수단</td></tr>
</table>

2 교정장비

1. 의의

(1) 교정시설 안(교도관이 교정시설 밖에서 수용자를 계호하고 있는 경우 그 장소를 포함)에서 사람의 생명과 신체의 보호, 도주의 방지 및 교정시설의 안전과 질서유지를 위하여 교도관이 사용하는 장비와 기구 및 그 부속품을 말한다(시행규칙 제2조 제7호).

(2) 교정장비의 종류로는 전자장비, 보호장비, 보안장비, 무기가 있다(시행규칙 제157조). [2018. 5급 승진]

2. 전자장비를 이용한 계호(동법 94조)

(1) 교도관은 자살 · 자해 · 도주 · 폭행 · 손괴, 그 밖에 수용자의 생명 · 신체를 해하거나 시설의 안전 또는 질서를 해하는 행위(이하 "자살등"이라 한다)를 방지하기 위하여 필요한 범위에서 전자장비를 이용하여 수용자 또는 시설을 계호할 수 있다. [2023. 6급 승진] 총 4회 기출 다만, 전자영상장비로 거실에 있는 수용자를 계호하는 것은 자살등의 우려가 큰 때에만 할 수 있다. [2019. 9급] 총 10회 기출

(2) 거실에 있는 수용자를 전자영상장비로 계호하는 경우에는 계호직원 · 계호시간 및 계호대상 등을 기록하여야 한다. 이 경우 수용자가 여성이면 여성교도관이 계호하여야 한다. [2019. 7급 승진] 총 6회 기출

(3) (1) 및 (2)에 따라 계호하는 경우에는 피계호자의 인권이 침해되지 아니하도록 유의하여야 한다.

(4) 전자장비의 종류 · 설치장소 · 사용방법 및 녹화기록물의 관리 등에 관하여 필요한 사항은 법무부령으로 정한다. [2023. 6급 승진]

3. 전자장비 종류(동법 시행규칙 제160조)

교도관이 법 제94조에 따라 수용자 또는 시설을 계호하는 경우 사용할 수 있는 전자장비는 다음 각 호와 같다.

1. 영상정보처리기기 : 일정한 공간에 지속적으로 설치되어 사람 또는 사물의 영상 및 이에 따르는 음성 · 음향 등을 수신하거나 이를 유 · 무선망을 통하여 전송하는 장치
2. 전자감지기 : 일정한 공간에 지속적으로 설치되어 사람 또는 사물의 움직임을 빛 · 온도 · 소리 · 압력 등을 이용하여 감지하고 전송하는 장치
3. 전자경보기 : 전자파를 발신하고 추적하는 원리를 이용하여 사람의 위치를 확인하거나 이동경로를 탐지하는 일련의 기계적 장치
4. 물품검색기(고정식 물품검색기와 휴대식 금속탐지기로 구분한다)
5. 증거수집장비 : 디지털카메라, 녹음기, 비디오카메라, 음주측정기 등 증거수집에 필요한 장비
6. 그 밖에 법무부장관이 정하는 전자장비

3 보호장비

1. 보호장비 의의

보호장비의 사용은 교정시설의 질서유지를 확보하기 위한 계호작용 뿐만 아니라 수용자의 인권보호의 측면에서 보호장비의 종류, 사용요건, 사용방법, 사용절차 등에 대하여 법으로 정하고 있다.

2. 보호장비 종류(동법 제98조)

법 제98조(8종류)	시행규칙 제169조(13종류)
① 수갑	① **수갑**: 양손수갑, 일회용수갑, 한손수갑
② 머리보호장비	② 머리보호장비
③ 발목보호장비	③ **발목보호장비**: 양발목보호장비, 한발목보호장비
④ 보호대	④ **보호대**: 금속보호대, 벨트보호대
⑤ 보호의자	⑤ 보호의자
⑥ 보호침대	⑥ 보호침대
⑦ 보호복	⑦ 보호복
⑧ 포승	⑧ **포승**: 일반포승, 벨트형포승, 조끼형포승

- ▶ 수용자 外의 사람에게는 보호장비를 사용할 수 없다.
- ▶ 이송·출정, 그 밖에 교정시설 밖의 장소로 수용자를 호송하는 때(법 제97조 제1항 제1호)에는 수갑과 포승만 사용할 수 있고, 다른 보호장비는 사용할 수 없다.
- ▶ **일시적 사용**: 일회용 수갑
- ▶ **보호의자**: 다른 보호장비로는 보호의자 사용요건(법 제97조 제1항 제2호부터 제4호)의 어느 하나에 해당하는 행위를 방지하기 어려운 특별한 사정이 있는 경우에만 사용하여야 한다.
- ▶ **보호침대**: 다른 보호장비로는 자살·자해를 방지하기 어려운 특별한 사정이 있는 경우에만 사용하여야 한다.
- ▶ **보호의자 또는 보호침대를 사용하는 경우**: 다른 보호장비와 같이 사용할 수 없다.
- ▶ **보호의자·보호침대·보호복**: 그 사용을 일시 중지하거나 완화하는 경우를 포함하여 8시간을 초과하여 사용할 수 없으며, 사용 중지 후 4시간이 경과하지 아니하면 다시 사용할 수 없다.

3. 보호장비의 사용요건(「형집행법」 제98조 제2항) [2019. 9급] 총 7회 기출

교도관은 수용자가 다음의 어느 하나에 해당하면 보호장비를 사용할 수 있다(법 제97조 제1항). [2016. 9급] 총 2회 기출

종류	사용요건
머리보호장비	머리 부분을 자해할 우려가 큰 때
수갑 포승	1. 이송·출정 그 밖에 교정시설 밖의 장소로 수용자를 호송하는 때 2. 도주·자살·자해 또는 다른 사람에 대한 위해의 우려가 큰 때 3. 위력으로 교도관의 정당한 직무집행을 방해하는 때 4. 교정시설의 설비·기구 등을 손괴하거나 그 밖에 시설의 안전 또는 질서를 해칠 우려가 큰 때
발목보호장비 보호대 보호의자	2. 도주·자살·자해 또는 다른 사람에 대한 위해의 우려가 큰 때 3. 위력으로 교도관의 정당한 직무집행을 방해하는 때 4. 교정시설의 설비·기구 등을 손괴하거나 그 밖에 시설의 안전 또는 질서를 해칠 우려가 큰 때
보호침대 보호복	자살·자해의 우려가 큰 때

4. 보호장비의 사용절차(대통령령)

구분	내용
보호장비 사용	교도관은 소장의 명령 없이 수용자에게 보호장비를 사용하여서는 아니 된다. 다만, 소장의 명령을 받을 시간적 여유가 없는 경우에는 사용 후 소장에게 즉시 보고하여야 한다(시행령 제120조 제1항).
수용자 알림	보호장비를 사용하는 경우에는 수용자에게 그 사유를 알려주어야 한다(시행령 제122조). [2016. 9급]
계호상 독거	보호장비를 착용 중인 수용자는 특별한 사정이 없으면 계호상 독거수용한다(시행령 제123조).
의무관의 수시확인	교도관이 교정시설의 안에서 수용자에 대하여 보호장비를 사용한 경우 의무관은 그 수용자의 건강상태를 수시로 확인하여야 한다(법 제97조 제3항). [2019. 7급 승진]
의무관의 소장보고	의무관은 수용자에게 보호장비를 계속 사용하는 것이 건강상 부적당하다고 인정하는 경우에는 소장에게 즉시 보고하여야 한다. 이 경우 소장은 특별한 사유가 없으면 보호장비 사용을 즉시 중지하여야 한다(시행령 제121조 제1항). [2016. 5급 승진]
의무관 대행	의무관이 출장·휴가, 그 밖의 부득이한 사유로 보호장비를 착용한 수용자의 건강상태를 수시 확인의 직무를 수행할 수 없을 때에는 그 교정시설에 근무하는 의료관계 직원에게 대행하게 할 수 있다(시행령 제121조 제2항).
수용자 사유 알림	보호장비를 사용하는 경우에는 수용자에게 그 사유를 알려주어야 한다(시행령 제122조). [2016. 9급]
소장의 수시확인	소장은 보호장비의 사용을 명령한 경우에는 수시로 그 사용 실태를 확인·점검하여야 한다(시행령 제124조 제1항).
정기점검	지방교정청장은 소속 교정시설의 보호장비 사용 실태를 정기적으로 점검하여야 한다(시행령 제124조 제2항). [2018. 8급 승진]

5. 보호장비 사용의 중단(시행규칙 제184조)

(1) 교도관은 보호장비 사용 사유가 소멸한 경우에는 소장의 허가를 받아 지체 없이 보호장비 사용을 중단하여야 한다. 다만, 소장의 허가를 받을 시간적 여유가 없을 때에는 보호장비 사용을 중단한 후 지체 없이 소장의 승인을 받아야 한다.

(2) 교도관은 보호장비 착용 수용자의 목욕, 식사, 용변, 치료 등을 위하여 필요한 경우에는 보호장비 사용을 일시 중지하거나 완화할 수 있다. [2013. 7급 승진]

6. 보호장비 남용 금지(법 제99조)

(1) 교도관은 필요한 최소한의 범위에서 보호장비를 사용하여야 하며, 그 사유가 없어지면 사용을 지체 없이 중단하여야 한다. [2019. 7급 승진]

(2) 보호장비는 징벌의 수단으로 사용되어서는 아니 된다. [2020. 5급 승진] 총 3회 기출

제2절 강제력 행사 및 보호실과 진정실

1 강제력 행사(보안장비의 사용 요건)(동법 100조)

1. 의의

(1) 교도관은 수용자 또는 수용자 외의 사람이 다음의 어느 하나에 해당하면 강제력을 행사할 수 있다(법 제100조 제1항 · 제2항).

(2) 강제력을 행사하는 경우에는 보안장비를 사용할 수 있다(법 제100조 제3항). [2019. 8급 승진]

2. 강제력 행사 대상 [2019. 9급] 총 5회 기출

수용자에 행사	수용자 外에 행사
1. 도주하거나 도주하려고 하는 때 2. 자살하려고 하는 때 [2022. 9급] 3. 자해하거나 자해하려고 하는 때 [2011. 9급] 4. 다른 사람에게 위해를 끼치거나 끼치려고 하는 때 [2019. 9급] 5. 위력으로 교도관의 정당한 직무집행을 방해하는 때 [2022. 9급] 총 2회 기출 6. 교정시설의 설비 · 기구 등을 손괴하거나 손괴하려고 하는 때 [2022. 9급] 7. 그 밖에 시설의 안전 또는 질서를 크게 해치는 행위를 하거나 하려고 하는 때	1. 수용자를 도주하게 하려고 하는 때 2. 교도관 또는 수용자에게 위해를 끼치거나 끼치려고 하는 때 [2017. 9급] [2017. 5급 승진] 3. 위력으로 교도관의 정당한 직무집행을 방해하는 때 4. 교정시설의 설비 · 기구 등을 손괴하거나 하려고 하는 때 5. 교정시설에 침입하거나 하려고 하는 때 6. 교정시설의 안(교도관이 교정시설의 밖에서 수용자를 계호하고 있는 경우 그 장소를 포함)에서 교도관의 퇴거요구를 받고도 이에 따르지 아니하는 때

2 보안장비

1. 보안장비의 종류(동법 제100조 제4항)

"보안장비"란 교도봉 · 가스분사기 · 가스총 · 최루탄 등 사람의 생명과 신체의 보호, 도주의 방지 및 시설의 안전과 질서유지를 위하여 교도관이 사용하는 장비와 기구를 말한다.

법 제100조 제4항	시행규칙 제186조
1. 교도봉 2. 가스분사기 3. 가스총 4. 최루탄	1. 교도봉(접이식을 포함) 2. 전기교도봉 3. 가스분사기 4. 가스총(고무탄 발사겸용을 포함) 5. 최루탄: 투척용, 발사용(그 발사장치를 포함) 6. 전자충격기 7. 그 밖에 법무부장관이 정하는 보안장비

▶ 교도봉 · 가스분사기 · 가스총 · 최루탄: 보안장비 사용 요건의 어느 하나에 해당하는 경우 사용
▶ 전기교도봉 · 전자충격기: 보안장비 사용 요건의 어느 하나에 해당하는 경우로서 상황이 긴급하여 교도봉 · 가스분사기 · 가스총 · 최루탄만으로는 그 목적을 달성할 수 없는 때 사용
▶ 그 밖에 법무부장관이 정하는 보안장비의 사용은 법무부장관이 정하는 바에 따른다.

2. 보안장비의 절차와 한계

(1) 강제력을 행사하려면 사전에 상대방에게 이를 경고하여야 한다. 다만, 상황이 급박하여 경고할 시간적인 여유가 없는 때에는 그러하지 아니하다(법 제100조 제5항). [2019. 7급 승진] 총 2회 기출

(2) 강제력의 행사는 필요한 최소한도에 그쳐야 한다(법 제100조 제6항).

(3) 교도관은 소장의 명령 없이 강제력을 행사해서는 아니 된다. 다만, 그 명령을 받을 시간적 여유가 없는 경우에는 강제력을 행사한 후 소장에게 즉시 보고하여야 한다(시행령 제125조). [2017. 9급] 총 3회 기출

3 무기의 사용(동법 시행규칙 제189조)

1. 교도관이 사용할 수 있는 무기의 종류는 다음과 같다(시행규칙 제189조).

[무기의 종류]

1. 권총 2. 소총 3. 기관총 4. 그 밖에 법무부장관이 정하는 무기

2. 무기의 사용 요건(동법 제101조)

교도관은 다음 각 호의 어느 하나에 해당하는 사유가 있으면 수용자에 대하여 무기를 사용할 수 있다. [2019. 8급 승진] 총 11회 기출

수용자에 대한 무기사용(제1항)	수용자 外의 사람에 대한 무기사용(제2항)
1. 수용자가 다른 사람에게 중대한 위해를 끼치거나 끼치려고 하여 그 사태가 위급한 때 2. 수용자가 폭행 또는 협박에 사용할 위험물을 지니고 있어 교도관이 버릴 것을 명령하였음에도 이에 따르지 아니하는 때 3. 수용자가 폭동을 일으키거나 일으키려고 하여 신속하게 제지하지 아니하면 그 확산을 방지하기 어렵다고 인정되는 때 4. 도주하는 수용자에게 교도관이 정지할 것을 명령하였음에도 계속하여 도주하는 때 [2022. 9급] 5. 수용자가 교도관의 무기를 탈취하거나 탈취하려고 하는 때 6. 그 밖에 사람의 생명·신체 및 설비에 대한 중대하고도 뚜렷한 위험을 방지하기 위하여 무기의 사용을 피할 수 없는 때 ⬇ 무기 종류별 사용(시행규칙 제190조 제1항) ① **권총·소총**: 수용자에 대한 무기사용 요건(법 제101조 제1항) 중 어느 하나에 해당하는 경우에 사용할 수 있다. ② **기관총**: 수용자가 폭동을 일으키거나 일으키려고 하여 신속하게 제지하지 아니하면 그 확산을 방지하기 어렵다고 인정되는 경우(법 제101조 제1항 제3호)에 사용할 수 있다.	교도관은 교정시설의 안(교도관이 교정시설의 밖에서 수용자를 계호하고 있는 경우 그 장소를 포함)에서 1. 자기 또는 타인의 생명·신체를 보호하기 위하여 급박하다고 인정되는 상당한 이유가 있는 때 2. 수용자의 탈취를 저지하기 위하여 급박하다고 인정되는 상당한 이유가 있는 때 3. 건물 또는 그 밖의 시설과 무기에 대한 위험을 방지하기 위하여 급박하다고 인정되는 상당한 이유가 있는 때 ⬇ 수용자 외의 사람에 대하여도 무기를 사용할 수 있다. ⬇ 무기 종류별 사용(시행규칙 제190조 제2항) ① **권총·소총**: 수용자 외의 사람에 대한 무기사용 요건(법 제101조 제2항) 중 어느 하나에 해당하는 경우에 사용할 수 있다. ② **기관총**: 수용자 외의 사람에 대한 무기사용 요건(법 제101조 제2항)에 해당하는 경우로서 권총·소총만으로는 그 목적을 달성할 수 없다고 인정하는 경우에 사용할 수 있다.

3. 무기사용 절차와 한계

구분	내용
소장의 명령	교도관은 소장 또는 그 직무를 대행하는 사람의 명령을 받아 무기를 사용한다. 다만, 그 명령을 받을 시간적 여유가 없으면 그러하지 아니하다(법 제101조 제3항). [2019. 8급 승진] 총 3회 기출
최후의 수단	무기의 사용은 필요한 최소한도에 그쳐야 하며, 최후의 수단이어야 한다(법 제101조 제5항). [2018. 5급 승진]
사전경고	무기를 사용하려면 공포탄을 발사하거나 그 밖에 적당한 방법으로 사전에 상대방에 대하여 이를 경고하여야 한다(법 제101조 제4항). [예외없음 – 반드시 사전경고]
사용순서	교도관이 총기를 사용하는 경우에는 구두경고, 공포탄 발사, 위협사격, 조준사격의 순서에 따라야 한다. 다만, 상황이 긴급하여 시간적 여유가 없을 때에는 예외로 한다(시행규칙 제192조). [구두경고 ➡ 공포탄발사 ➡ 위협사격 ➡ 조준사격] [2018. 5급 승진]
무기사용보고	교도관이 무기를 사용한 경우에는 소장에게 즉시 보고하고, 보고를 받은 소장은 그 사실을 법무부장관에게 즉시 보고하여야 한다(시행령 제126조).
위임규정	사용할 수 있는 무기의 종류, 무기의 종류별 사용요건 및 사용절차 등에 관하여 필요한 사항은 법무부령으로 정한다(법 제101조 제6항).

4 보호실과 진정실 수용 [2024. 9급] 총 25회 기출

구분	보호실(법 제95조)	진정실(법 제96조)
정의	자살 및 자해 방지 등의 설비를 갖춘 거실	일반 수용거실로부터 격리되어 있고 방음설비 등을 갖춘 거실
요건	소장은 수용자가 다음의 어느 하나에 해당하면 의무관의 의견을 고려하여 보호실에 수용할 수 있다(제1항). ① 자살 또는 자해의 우려가 있는 때 ② 신체적·정신적 질병으로 인하여 특별한 보호가 필요한 때	소장은 수용자가 다음의 어느 하나에 해당하는 경우로서 강제력을 행사하거나 보호장비를 사용하여도 그 목적을 달성할 수 없는 경우에만 진정실에 수용할 수 있다(제1항). ① 교정시설의 설비 또는 기구 등을 손괴하거나 손괴하려고 하는 때 ② 교도관의 제지에도 불구하고 소란행위를 계속하여 다른 수용자의 평온한 수용생활을 방해하는 때
기간 및 연장	① 수용자의 보호실 수용기간은 15일 이내로 한다. 다만, 소장은 특히 계속하여 수용할 필요가 있으면 의무관의 의견을 고려하여 1회당 7일의 범위에서 기간을 연장할 수 있다(제2항). ② 수용자를 보호실에 수용할 수 있는 기간은 계속하여 3개월을 초과할 수 없다(제3항).	① 수용자의 진정실 수용기간은 24시간 이내로 한다. 다만, 소장은 특히 계속하여 수용할 필요가 있으면 의무관의 의견을 고려하여 1회당 12시간의 범위에서 기간을 연장할 수 있다(제2항). ② 수용자를 진정실에 수용할 수 있는 기간은 계속하여 3일을 초과할 수 없다(제3항).
고지	소장은 수용자를 보호실/진정실에 수용하거나 수용기간을 연장하는 경우에는 그 사유를 본인에게 알려 주어야 한다(제4항).	
확인 및 조치	① 의무관은 보호실/진정실 수용자의 건강상태를 수시로 확인하여야 한다(제5항). ② 소장은 보호실/진정실 수용사유가 소멸한 경우에는 보호실/진정실 수용을 즉시 중단하여야 한다(제6항).	
수용중지	① 보호실 수용자의 수시 건강상태 확인 및 진정실 수용자의 건강상태 수시확인에 따라 의무관이 보호실이나 진정실 수용자의 건강을 확인한 결과 보호실 또는 진정실에 계속 수용하는 것이 부적당하다고 인정하는 경우에는 소장에게 즉시 보고하여야 한다. 이 경우 소장은 특별한 사유가 없으면 보호실 또는 진정실 수용을 즉시 중지하여야 한다(시행령 제119조 제1항). ② 소장은 의무관이 출장·휴가, 그 밖의 부득이한 사유로 보호실 수용자의 수시 건강상태 확인 및 진정실 수용자의 건강상태 수시확인 직무를 수행할 수 없을 때에는 그 교정시설에 근무하는 의료관계 직원에게 대행하게 할 수 있다(시행령 제119조 제2항).	

제3절 재난 시의 조치 등

1 응급용무와 긴급이송

<table>
<tr><th>구분</th><th colspan="2">내용</th></tr>
<tr><td>응급용무의 보조</td><td colspan="2">① 천재지변이나 그 밖의 재해가 발생하여 시설의 안전과 질서유지를 위하여 긴급한 조치가 필요하면 소장은 수용자로 하여금 피해의 복구나 그 밖의 응급용무를 보조하게 할 수 있다(법 제102조 제1항).
② 소장은 응급용무의 보조를 위하여 교정성적이 우수한 수형자를 선정하여 필요한 훈련을 시킬 수 있다(시행령 제127조 제1항).</td></tr>
<tr><td rowspan="5">긴급이송 및 일시석방</td><td>이송</td><td>소장은 교정시설의 안에서 천재지변이나 그 밖의 사변에 대한 피난의 방법이 없는 경우에는 수용자를 다른 장소로 이송할 수 있다(법 제102조 제2항). [긴급이송]</td></tr>
<tr><td>일시석방</td><td>소장은 긴급이송이 불가능하면 수용자를 일시 석방할 수 있다(법 제102조 제3항).</td></tr>
<tr><td>출석</td><td>일시 석방된 사람은 석방 후 24시간 이내에 교정시설 또는 경찰관서에 출석하여야 한다(법 제102조 제4항). [2024. 9급]</td></tr>
<tr><td>장소</td><td>소장은 수용자를 일시 석방하는 경우에는 출석 시한(24시간 이내 출석)과 장소를 알려주어야 한다(시행령 제127조 제2항).</td></tr>
<tr><td>출석의무</td><td>정당한 사유 없이 일시석방 후 24시간 이내에 교정시설 또는 경찰관서에 출석하지 아니한 수용자는 1년 이하의 징역에 처한다(법 제134조 제1호).
✓ 천재지변 발생 ➡ 1차적 이송실시 ➡ 이송이 불가능한 경우: 일시 석방 ➡ 출석 시한과 장소 알림
✓ 일시 석방 기간은 형기에 산입된다.</td></tr>
</table>

2 수용을 위한 체포

<table>
<tr><th>구분</th><th colspan="2">내용</th></tr>
<tr><td>도주자의 체포와 체포시한 (법 제103조 제1항)</td><td colspan="2">① 도주의 개념: 교도관은 수용자가 도주 또는 출석의무 위반, 귀휴·외부통근·그 밖의 사유로 소장의 허가를 받아 교도관의 계호 없이 교정시설 밖으로 나간 후에 정당한 사유 없이 기한까지 돌아오지 아니하는 행위(도주 등)를 한 경우이다.
② 체포시한: 도주 후 또는 출석기한이 지난 후 72시간 이내에만 그를 체포할 수 있다. [2018. 6급 승진] 총 3회 기출</td></tr>
<tr><td rowspan="4">체포를 위한 질문과 영업장 출입권</td><td>교도관의 질문</td><td>교도관은 도주수용자의 체포를 위하여 긴급히 필요하면 도주 등을 하였다고 의심할 만한 상당한 이유가 있는 사람 또는 도주 등을 한 사람의 이동경로나 소재를 안다고 인정되는 사람을 정지시켜 질문할 수 있다(법 제103조 제2항). [2024. 9급] 총 4회 기출
질문 外에 소지품 검사 및 신분증의 제시요구 등을 하지 못함.</td></tr>
<tr><td>신분증 제시와 설명</td><td>교도관은 질문을 할 때에는 그 신분을 표시하는 증표를 제시하고 질문의 목적과 이유를 설명하여야 한다(법 제103조 제3항).</td></tr>
<tr><td>영업장 출입</td><td>교도관은 도주수용자의 체포를 위하여 영업시간 내에 공연장·여관·음식점·역, 그 밖에 다수인이 출입하는 장소의 관리자 또는 관계인에게 그 장소의 출입이나 그 밖에 특히 필요한 사항에 관하여 협조를 요구할 수 있다(법 제103조 제4항). [2024. 9급] 총 3회 기출</td></tr>
<tr><td>신분증 제시</td><td>교도관은 영업장 등 필요한 장소에 출입하는 경우에는 그 신분을 표시하는 증표를 제시하여야 하며, 그 장소의 관리자 또는 관계인의 정당한 업무를 방해하여서는 아니 된다(법 제103조 제5항).</td></tr>
<tr><td rowspan="2">도주·체포 시 조치</td><td>경찰관서 통보</td><td>소장은 수용자가 도주하거나 출석의무 위반, 귀휴·외부통근 후 정당한 사유 없이 기한까지 돌아오지 아니하는 행위(도주 등)를 한 경우에는 교정시설의 소재지 및 인접지역 또는 도주 등을 한 사람(도주자)이 숨을 만한 지역의 경찰관서에 도주자의 사진이나 인상착의를 기록한 서면을 첨부하여 그 사실을 지체 없이 통보하여야 한다(시행령 제128조 제1항).</td></tr>
<tr><td>장관보고</td><td>소장은 수용자가 도주 등을 하거나 도주자를 체포한 경우에는 법무부장관에게 지체 없이 보고하여야 한다(시행령 제128조 제2항). [2018. 6급 승진] 총 2회 기출</td></tr>
</table>

제10장 규율과 상벌 및 형사벌칙

제1절 상우제도(행형상의 이익이 되는 처분)

1 현행법상 상우제도(동법 106조)

형집행법에 포상제도를 동법 시행규칙에서 포상기준을 명문화하여 수용자의 적극적인 수용 생활을 도모하고 있다.

포상 기준(시행규칙 제214조의2) [2017. 5급 승진] 총 2회 기출

포상사유	포상
1. 사람의 생명을 구조하거나 도주를 방지한 때 2. 응급용무에 공로가 있는 때	소장표창 및 가족만남의 집 이용 대상자 선정(응급 구조 집)
3. 시설의 안전과 질서유지에 뚜렷한 공이 인정되는 때 4. 수용생활에 모범을 보이거나 건설적이고 창의적인 제안을 하는 등 특히 포상할 필요가 있다고 인정되는 때	소장표창 및 가족만남의 날 행사 참여 대상자 선정(안전 모범 날)

제2절 징벌제도(행형상의 불이익처분)

1 현행법상 징벌제도

1. 징벌제도 운영상의 원칙

명확성의 원칙	징벌의 요건·절차·내용 등을 법률이나 권한 있는 행정기관의 규칙으로 정확히 명시하여야 한다.
필요최소한의 원칙	구금의 목적과 질서유지를 위해 필요한 최소한에 그쳐야 한다.
보충성의 원칙	정서적 긴장감의 해소에 의한 미연방지에 중점을 두어 질서유지를 위해 달리 다른 방법이 없는 경우에 과해져야 한다.
비례의 원칙	징벌이 과해지는 경우에 있더라도 위반원인과 내용에 대한 정확한 분석을 통해 처벌 내용의 적정을 기하도록 해야 한다.

2. 징벌의 부과 사유(동법 제107조)

소장은 수용자가 다음 각 호의 어느 하나에 해당하는 행위를 하면 제111조의 징벌위원회의 의결에 따라 징벌을 부과할 수 있다. [2013. 9급] 총 5회 기출

1. 「형법」, 「폭력행위 등 처벌에 관한 법률」, 그 밖의 형사 법률에 저촉되는 행위
2. 수용생활의 편의 등 자신의 요구를 관철할 목적으로 자해하는 행위
3. 정당한 사유 없이 작업·교육·교화프로그램 등을 거부하거나 태만히 하는 행위
4. 제92조의 금지물품을 지니거나 반입·제작·사용·수수·교환·은닉하는 행위
5. 다른 사람을 처벌받게 하거나 교도관의 직무집행을 방해할 목적으로 거짓 사실을 신고하는 행위
6. 그 밖에 시설의 안전과 질서유지를 위하여 법무부령으로 정하는 규율을 위반하는 행위

3. 규율(동법 시행규칙 제214조)

수용자는 다음 각 호에 해당하는 행위를 해서는 안 된다.

1. 교정시설의 안전 또는 질서를 해칠 목적으로 다중(多衆)을 선동하는 행위
2. 허가되지 아니한 단체를 조직하거나 그에 가입하는 행위
3. 교정장비, 도주방지시설, 그 밖의 보안시설의 기능을 훼손하는 행위
4. 음란한 행위를 하거나 다른 사람에게 성적(性的) 언동 등으로 성적 수치심 또는 혐오감을 느끼게 하는 행위
5. 다른 사람에게 부당한 금품을 요구하는 행위

5의2. 허가 없이 다른 수용자에게 금품을 교부하거나 수용자 외의 사람을 통하여 다른 수용자에게 금품을 교부하는 행위

6. 작업·교육·접견·집필·전화통화·운동, 그 밖에 교도관의 직무 또는 다른 수용자의 정상적인 일과 진행을 방해하는 행위
7. 문신을 하거나 이물질을 신체에 삽입하는 등 의료 외의 목적으로 신체를 변형시키는 행위
8. 허가 없이 지정된 장소를 벗어나거나 금지구역에 출입하는 행위
9. 허가 없이 다른 사람과 만나거나 연락하는 행위
10. 수용생활의 편의 등 자신의 요구를 관철할 목적으로 이물질을 삼키는 행위
11. 인원점검을 회피하거나 방해하는 행위
12. 교정시설의 설비나 물품을 고의로 훼손하거나 낭비하는 행위
13. 고의로 수용자의 번호표, 거실표 등을 지정된 위치에 붙이지 아니하거나 그 밖의 방법으로 현황파악을 방해하는 행위
14. 큰 소리를 내거나 시끄럽게 하여 다른 수용자의 평온한 수용생활을 현저히 방해하는 행위
15. 허가 없이 물품을 지니거나 반입·제작·변조·교환 또는 주고받는 행위
16. 도박이나 그 밖에 사행심을 조장하는 놀이나 내기를 하는 행위
17. 지정된 거실에 입실하기를 거부하는 등 정당한 사유 없이 교도관의 직무상 지시나 명령을 따르지 아니하는 행위
18. 공연히 다른 사람을 해할 의사를 표시하는 행위

4. 징벌대상자 분리수용

소장은 징벌사유에 해당하는 행위를 하였다고 의심할 만한 상당한 이유가 있는 수용자(징벌대상자)가 다음의 어느 하나(1. 증거를 인멸할 우려가 있는 때, 2. 다른 사람에게 위해를 끼칠 우려가 있거나 다른 수용자의 위해로부터 보호할 필요가 있는 때)에 해당하면 조사기간 중 분리하여 수용할 수 있다(법 제110조 제1항). [2021. 9급] 총 4회 기출

5. 조사기간 등(시행규칙 제220조)

수용자의 징벌대상행위에 대한 조사기간(조사를 시작한 날부터 징벌위원회의 의결이 있는 날까지를 말한다)은 10일 이내로 한다. 다만, 특히 필요하다고 인정하는 경우에는 1회에 한하여 7일을 초과하지 아니하는 범위에서 그 기간을 연장할 수 있다. [2018. 7급 승진] 총 6회 기출

6. 징벌의 종류(동법 제108조) [2019. 8급 승진] 총 7회 기출

<table>
<tr><th>종 류</th><th>집 행</th><th>병 과</th><th>가 중</th></tr>
<tr><td>① 경고</td><td rowspan="13">동시
집행가능</td><td rowspan="3"></td><td></td></tr>
<tr><td>② 50시간 이내의 근로봉사</td><td rowspan="13">장기
1/2 가중
가능</td></tr>
<tr><td>③ 3개월 이내의 작업장려금 삭감</td></tr>
<tr><td>④ 30일 이내의 공동행사 참가 정지</td><td rowspan="10">병과가능</td></tr>
<tr><td>⑤ 30일 이내의 신문열람 제한(도서열람 제한 ×)</td></tr>
<tr><td>⑥ 30일 이내의 텔레비전 시청 제한</td></tr>
<tr><td>⑦ 30일 이내의 자비 구매 물품(의사가 치료를 위하여 처방한 의약품 제외) 사용 제한</td></tr>
<tr><td>⑧ 30일 이내의 작업 정지(신청에 의한 작업 한정)</td></tr>
<tr><td>⑨ 30일 이내의 전화통화 제한</td></tr>
<tr><td>⑩ 30일 이내의 집필 제한</td></tr>
<tr><td>⑪ 30일 이내의 편지수수 제한</td></tr>
<tr><td>⑫ 30일 이내의 접견 제한</td></tr>
<tr><td>⑬ 30일 이내의 실외운동 정지</td></tr>
<tr><td>⑭ 30일 이내의 금치</td><td></td><td></td></tr>
</table>

- 징벌의 종류가 아닌 것: 보관금 삭감, 작업장려금 전부 또는 일부 삭감, 도서열람의 제한, 라디오 청취 제한
- ⑭: 처우제한(④ ~ ⑫)이 함께 부과된다.

7. 징벌의 부과

(1) 징벌 부과기준

부과기준(규칙 제215조)	실효	근거	징벌대상 행위
21일 이상 30일 이하의 금치에 처할 것 다만, 위반의 정도가 경미한 경우 그 기간의 2분의 1의 범위에서 감경할 수 있다.	2年 6月	법 제107조	1. 「형법」, 「폭력행위 등 처벌에 관한 법률」, 그 밖의 형사법률에 저촉되는 행위 4. 금지물품을 지니거나 반입·제작·사용·수수·교환·은닉하는 행위
		규칙 제214조	1. 교정시설의 안전 또는 질서를 해칠 목적으로 다중을 선동하는 행위 2. 허가되지 아니한 단체를 조직하거나 그에 가입하는 행위 3. 교정장비, 도주방지시설, 그 밖의 보안시설의 기능을 훼손하는 행위
가. 16일 이상 20일 이하의 금치 다만, 위반의 정도가 경미한 경우 그 기간의 2분의 1의 범위에서 감경할 수 있다. 나. 3개월의 작업장려금 삭감	2年	법 제107조	5. 다른 사람을 처벌받게 하거나 교도관의 직무집행을 방해할 목적으로 거짓 사실을 신고하는 행위
		규칙 제214조	4. 음란한 행위를 하거나 다른 사람에게 성적 언동 등으로 성적 수치심 또는 혐오감을 느끼게 하는 행위 5. 다른 사람에게 부당한 금품을 요구하는 행위 5의2. 허가 없이 다른 수용자에게 금품을 교부하거나 수용자 외의 사람을 통하여 다른 수용자에게 금품을 교부하는 행위 6. 작업·교육·접견·집필·전화통화·운동, 그 밖에 교도관의 직무 또는 다른 수용자의 정상적인 일과 진행을 방해하는 행위 7. 문신을 하거나 이물질을 신체에 삽입하는 등 의료 외의 목적으로 신체를 변형시키는 행위 8. 허가 없이 지정된 장소를 벗어나거나 금지구역에 출입하는 행위
가. 10일 이상 15일 이하의 금치 나. 2개월의 작업장려금 삭감	1年 6月	법 제107조	2. 수용생활의 편의 등 자신의 요구를 관철할 목적으로 자해하는 행위 3. 정당한 사유 없이 작업·교육·교화프로그램 등을 거부하거나 태만히 하는 행위
		규칙 제214조	9. 허가 없이 다른 사람과 만나거나 연락하는 행위 10. 수용생활의 편의 등 자신의 요구를 관철할 목적으로 이물질을 삼키는 행위 11. 인원점검을 회피하거나 방해하는 행위 12. 교정시설의 설비나 물품을 고의로 훼손하거나 낭비하는 행위 13. 고의로 수용자의 번호표, 거실표 등을 지정된 위치에 붙이지 아니하거나 그 밖의 방법으로 현황파악을 방해하는 행위 14. 큰 소리를 내거나 시끄럽게 하여 다른 수용자의 평온한 수용생활을 현저히 방해하는 행위

가. 9일 이하의 금치 나. 30일 이내의 실외운동 및 공동행사참가 정지 다. 30일 이내의 접견·편지수수·집필 및 전화통화 제한 라. 30일 이내의 텔레비전시청 및 신문열람 제한 마. 1개월의 작업장려금 삭감	1年	규칙 제214조	15. 허가 없이 물품을 지니거나 반입·제작·변조·교환 또는 주고받는 행위 16. 도박이나 그 밖에 사행심을 조장하는 놀이나 내기를 하는 행위 17. 지정된 거실에 입실하기를 거부하는 등 정당한 사유 없이 교도관의 직무상 지시나 명령을 따르지 아니하는 행위 18. 공연히 다른 사람을 해할 의사를 표시하는 행위
가. 30일 이내의 접견 제한 나. 30일 이내의 편지수수 제한 다. 30일 이내의 집필 제한 라. 30일 이내의 전화통화 제한 마. 30일 이내의 작업정지 바. 30일 이내의 자비구매물품 사용 제한 사. 30일 이내의 텔레비전 시청 제한 아. 30일 이내의 신문 열람 제한 자. 30일 이내의 공동행사 참가 정지 차. 50시간 이내의 근로봉사 카. 경고	6月	규칙 제215조 제5호	징벌대상행위를 하였으나 그 위반 정도가 경미한 경우

(2) 징벌의 병과 · 가중 · 시효 등

구분	내용
병과	법 제108조 제4호(30일 이내의 공동행사 참가 정지)부터 제13호(30일 이내의 실외운동 정지)까지의 처분은 함께 부과할 수 있다(법 제109조 제1항).
징벌의 가중	① 수용자가 다음의 어느 하나(1. 2 이상의 징벌사유가 경합하는 때, 2. 징벌 집행 중에 있는 자가 다시 징벌사유에 해당하는 행위를 한 때, 3. 징벌의 집행이 끝난 후 또는 집행이 면제된 후 6개월 내에 다시 징벌사유에 해당하는 행위를 한 때)에 해당하면 법 제108조 제2호(50시간 이내의 근로봉사)부터 제14호(30일 이내의 금치)까지의 규정에서 정한 징벌의 장기의 2분의 1까지 가중할 수 있다(법 제109조 제2항). [경고 제외] [2021. 9급] 총 6회 기출 ② 징벌대상행위의 경합(시행규칙 제218조) : 둘 이상의 징벌대상행위가 경합하는 경우에는 각각의 행위에 해당하는 징벌 중 가장 중한 징벌의 2분의 1까지 가중할 수 있다. [2019. 7급 승진] 총 3회 기출
일사부재리의 원칙 및 비례의 원칙	징벌은 동일한 행위에 관하여 거듭하여 부과할 수 없으며, 행위의 동기 및 경중, 행위 후의 정황, 그 밖의 사정을 고려하여 수용목적을 달성하는 데에 필요한 최소한도에 그쳐야 한다(법 제109조 제3항). [2018. 8급 승진] 총 4회 기출
징벌부과 시효	징벌사유가 발생한 날부터 2년이 지나면 이를 이유로 징벌을 부과하지 못한다(법 제109조 제4항). [2020. 6급 승진] 총 8회 기출
이송된 사람의 징벌 부과	수용자가 이송 중에 징벌대상 행위를 하거나 다른 교정시설에서 징벌대상 행위를 한 사실이 이송된 후에 발각된 경우에는 그 수용자를 인수한 소장이 징벌을 부과한다(시행령 제136조). [2021. 9급] 총 3회 기출
교사와 방조 (시행규칙 제217조)	① 다른 수용자를 교사하여 징벌대상행위를 하게 한 수용자에게는 그 징벌대상행위를 한 수용자에게 부과되는 징벌과 같은 징벌을 부과한다. [2019. 7급 승진] 총 4회 기출 ② 다른 수용자의 징벌대상행위를 방조한 수용자에게는 그 징벌대상행위를 한 수용자에게 부과되는 징벌과 같은 징벌을 부과하되, 그 정황을 고려하여 2분의 1까지 감경할 수 있다. [2019. 7급] 총 5회 기출

8. 징벌의 집행

구분	내용
집행절차	① 징벌은 소장이 집행한다(법 제112조 제1항). ② 소장은 징벌의결의 통고를 받은 경우에는 징벌을 지체 없이 집행하여야 한다(시행령 제133조 제1항). ③ 소장은 징벌집행을 위하여 필요하다고 인정하면 수용자를 분리하여 수용할 수 있다(법 제112조 제2항). ④ 30일 이내의 금치(제14호)의 처분을 받은 사람에게는 그 기간 중 30일 이내의 공동행사 참가 정지(제4호)부터 30일 이내의 접견 제한(제12호)까지의 처우제한이 함께 부과된다. 다만, 소장은 수용자의 권리구제, 수형자의 교화 또는 건전한 사회복귀를 위하여 특히 필요하다고 인정하면 집필·편지수수 또는 접견을 허가할 수 있다(법 제112조 제3항). [2018. 7급]
금치 집행 중 실외운동의 제한	① 소장은 30일 이내의 금치(제14호)의 처분을 받은 사람에게 다음의 어느 하나에 해당하는 사유가 있어 필요하다고 인정하는 경우에는 건강유지에 지장을 초래하지 아니하는 범위에서 실외운동을 제한할 수 있다(법 제112조 제4항). [2018. 7급] 총 3회 기출 [형집행법상 실외운동 제한사유] 1. 도주의 우려가 있는 경우 2. 자해의 우려가 있는 경우 3. 다른 사람에게 위해를 끼칠 우려가 있는 경우 4. 그 밖에 시설의 안전 또는 질서를 크게 해칠 우려가 있는 경우로서 법무부령으로 정하는 경우 ② "법무부령으로 정하는 경우"란 다음과 같다(시행규칙 제215조의2) [법무부령으로 정한 실외운동 제한사유] 1. 다른 사람으로부터 위해를 받을 우려가 있는 경우 2. 위력으로 교도관의 정당한 직무집행을 방해할 우려가 있는 경우 3. 소란행위를 계속하여 다른 수용자의 평온한 수용생활을 방해할 우려가 있는 경우 4. 교정시설의 설비·기구 등을 손괴할 우려가 있는 경우 ③ 소장은 30일 이내의 실외운동 정지를 부과하는 경우 또는 ①에 따라 실외운동을 제한하는 경우라도 수용자가 매주 1회 이상 실외운동을 할 수 있도록 하여야 한다(법 제112조 제5항).
징벌집행 순서 (시행규칙 제231조)	① 금치와 그 밖의 징벌을 집행할 경우에는 금치를 우선하여 집행한다. 다만, 작업장려금의 삭감과 경고는 금치와 동시에 집행할 수 있다. ② 같은 종류의 징벌은 그 기간이 긴 것부터 집행한다. ③ 금치를 제외한 두 가지 이상의 징벌을 집행할 경우에는 함께 집행할 수 있다. ④ 두 가지 이상의 금치는 연속하여 집행할 수 없다. 다만, 두 가지 이상의 금치 기간의 합이 45일 이하인 경우에는 그렇지 않다.

9. 징벌집행의 정지 등과 유예

구분	내용
징벌집행의 정지 · 면제 · 감경 · 계속	① 소장은 질병이나 그 밖의 사유로 징벌집행이 곤란하면 그 사유가 해소될 때까지 그 집행을 일시 정지할 수 있다(법 제113조 제1항). [2022. 9급] ② 소장은 징벌집행을 일시 정지한 경우 그 정지사유가 해소되었을 때에는 지체 없이 징벌집행을 재개하여야 한다. 이 경우 집행을 정지한 다음날부터 집행을 재개한 전날까지의 일수는 징벌기간으로 계산하지 아니한다(시행령 제135조). ③ 소장은 징벌집행 중인 사람이 뉘우치는 빛이 뚜렷한 경우에는 그 징벌을 감경하거나 남은 기간의 징벌집행을 면제할 수 있다(법 제113조 제2항). [2020. 6급 승진] [2022. 9급] 총 3회 기출 ④ 소장은 징벌집행을 받고 있거나 집행을 앞둔 수용자가 같은 행위로 형사 법률에 따른 처벌이 확정되어 징벌을 집행할 필요가 없다고 인정하면 징벌집행을 감경하거나 면제할 수 있다(시행규칙 제231조 제4항). [2017. 5급 승진] 총 2회 기출 ⑤ **징벌집행의 계속**: 징벌의 종류 중 30일 이내의 공동행사 참가 정지(제4호)부터 30일 이내의 금치(제14호)까지의 징벌 집행 중인 수용자가 다른 교정시설로 이송되거나 법원 또는 검찰청 등에 출석하는 경우에는 징벌집행이 계속되는 것으로 본다(시행령 제134조). [2018. 5급 승진] 총 3회 기출
징벌집행의 유예 (법 제114조)	① 징벌위원회는 징벌을 의결하는 때에 행위의 동기 및 정황, 교정성적, 뉘우치는 정도 등 그 사정을 고려할 만한 사유가 있는 수용자에 대하여 2개월 이상 6개월 이하의 기간 내에서 징벌의 집행을 유예할 것을 의결할 수 있다. [2022. 9급] 총 9회 기출 ② 소장은 징벌집행의 유예기간 중에 있는 수용자가 다시 징벌대상행위를 하여 징벌이 결정되면 그 유예한 징벌을 집행한다. [2019. 7급] ③ 수용자가 징벌집행을 유예 받은 후 징벌을 받음이 없이 유예기간이 지나면 그 징벌의 집행은 종료된 것으로 본다.
징벌의 실효	① 소장은 징벌의 집행이 종료되거나 집행이 면제된 수용자가 교정성적이 양호하고 법무부령으로 정하는 기간 동안(2년 6월~6월) 징벌을 받지 아니하면 법무부장관의 승인을 받아 징벌을 실효시킬 수 있다(법 제115조 제1항). [2013. 9급] ② 소장은 수용자가 교정사고 방지에 뚜렷한 공로가 있다고 인정되면 분류처우위원회의 의결을 거친 후 법무부장관의 승인을 받아 징벌을 실효시킬 수 있다(법 제115조 제2항) (징벌의 실효기간에 관계없이 실효시킬 수 있음). ③ 소장은 징벌을 실효시킬 필요가 있으면 징벌실효기간이 지나거나 분류처우위원회의 의결을 거친 후에 지체 없이 법무부장관에게 그 승인을 신청하여야 한다(시행규칙 제234조 제2항). ④ 소장은 실효된 징벌을 이유로 그 수용자에게 처우상 불이익을 주어서는 아니 된다(시행규칙 제234조 제3항).

제3절 형사벌칙 제도

형사벌칙 정리

금지물품	금지물품 지닌 경우	금지물품 반입한 경우
무인비행장치, 전자·통신기기	2년 이하의 징역 또는 2천만원 이하의 벌금	3년 이하의 징역 또는 3천만원 이하의 벌금
	금지물품 몰수	
주류·담배·화기·현금·수표 (반입금지대상: 음란물·사행행위 사용 물품)	1년 이하의 징역 또는 1천만원 이하의 벌금	1년 이하의 징역 또는 1천만원 이하의 벌금 상습 시 2년이하 징역, 2천만원 이하 벌금
	미수범 처벌, 금지물품 몰수	
내부 녹화·촬영	1년 이하의 징역 또는 1천만원 이하의 벌금	
	미수범 처벌	
출석의무 위반	1년 이하의 징역	

제 03 편

미결수용자와 사형확정자

이준 마법교정학
요약 필독서

합격까지 박문각

PART 03

미결수용자와 사형확정자

제1장 미결수용자와 사형확정자 처우

제1절 미결수용자의 처우

1 현행법상 미결수용자의 처우

구분	내용
미결수용자의 특례	① 구분수용의 원칙: 미결수용자는 구치소에 수용한다(법 제11조 제1항 제3호). ② 구분수용의 예외: 다음의 어느 하나에 해당하는 사유가 있으면 교도소에 미결수용자를 수용할 수 있다(법 제12조 제1항). [2020. 6급 승진] 총 7회 기출 [구분수용의 예외] 1. 관할 법원 및 검찰청 소재지에 구치소가 없는 때 2. 구치소의 수용인원이 정원을 훨씬 초과하여 정상적인 운영이 곤란한 때 3. 범죄의 증거인멸을 방지하기 위하여 필요하거나 그 밖에 특별한 사정이 있는 때
미결수용자 처우의 원칙	미결수용자는 무죄의 추정을 받으며 그에 합당한 처우를 받는다(법 제79조). [2020. 9급]
미결수용시설의 설비 및 계호의 정도	미결수용자를 수용하는 시설의 설비 및 계호의 정도는 일반경비시설에 준한다(시행령 제98조). [2020. 6급 승진] 총 6회 기출
법률구조 지원	소장은 미결수용자가 빈곤하거나 무지하여 수사 및 재판 과정에서 권리를 충분히 행사하지 못한다고 인정하는 경우에는 법률구조에 필요한 지원을 할 수 있다(시행령 제99조). [2016. 5급 승진] 총 2회 기출
참관금지	미결수용자가 수용된 거실은 참관할 수 없다(법 제80조). [2020. 9급] 총 11회 기출
분리수용 및 공범분리	① 소장은 미결수용자로서 사건에 서로 관련이 있는 사람은 분리수용하고 서로 간의 접촉을 금지하여야 한다(법 제81조). [2020. 9급] 총 6회 기출 ② 소장은 이송이나 출정, 그 밖의 사유로 미결수용자를 교정시설 밖으로 호송하는 경우에는 해당 사건에 관련된 사람과 호송 차량의 좌석을 분리하는 등의 방법으로 서로 접촉하지 못하게 하여야 한다(시행령 제100조). [2020. 9급]
사복착용	미결수용자는 수사 · 재판 · 국정감사 또는 법률로 정하는 조사에 참석할 때에는 사복을 착용할 수 있다. 다만, 소장은 도주우려가 크거나 특히 부적당한 사유가 있다고 인정하면 교정시설에서 지급하는 의류를 입게 할 수 있다(법 제82조). [2018. 7급 승진] 총 6회 기출
이발	미결수용자의 머리카락과 수염은 특히 필요한 경우가 아니면 본인의 의사에 반하여 짧게 깎지 못한다(법 제83조). [2016. 5급 승진] 총 5회 기출

변호인과의 접견 및 편지수수(법 제84조)	① 미결수용자와 변호인과의 접견에는 교도관이 참여하지 못하며 그 내용을 청취 또는 녹취하지 못한다. 다만, 보이는 거리에서 미결수용자를 관찰할 수 있다(제1항). [2019. 8급 승진] 총 11회 기출 ② 미결수용자와 변호인 간의 접견은 시간과 횟수를 제한하지 아니한다(제2항). [2019. 8급 승진] 총 3회 기출 ③ 미결수용자가 변호인(변호인이 되려고 하는 사람을 포함)과 접견하는 경우에는 접촉차단시설이 설치되지 아니한 장소에서 접견하게 한다(법 제41조 제2항 제1호). ④ 미결수용자와 변호인 간의 편지는 교정시설에서 상대방이 변호인임을 확인할 수 없는 경우를 제외하고는 검열할 수 없다(제3항). [2019. 8급 승진] 총 7회 기출
조사 등에서의 특칙	소장은 미결수용자가 징벌대상자로서 조사받고 있거나 징벌집행 중인 경우에도 소송서류의 작성, 변호인과의 접견·편지수수, 그 밖의 수사 및 재판 과정에서의 권리행사를 보장하여야 한다(법 제85조). [2017. 9급] 총 5회 기출
접견 횟수와 접견의 예외	① 미결수용자의 접견 횟수는 매일 1회로 하되, 변호인과의 접견은 그 횟수에 포함시키지 않는다(시행령 제101조). [2022. 9급] 총 3회 기출 ② 소장은 미결수용자의 처우를 위하여 특히 필요하다고 인정하면 접견 시간대 외에도 접견하게 할 수 있고, 변호인이 아닌 사람과 접견하는 경우에도 접견시간을 연장하거나 접견 횟수를 늘릴 수 있다(시행령 제102조).
작업과 교화	① 소장은 미결수용자에 대하여는 신청에 따라 교육 또는 교화프로그램을 실시하거나 작업을 부과할 수 있다(법 제86조 제1항). [2020. 9급] 총 13회 기출 ② 미결수용자에 대한 교육·교화프로그램 또는 작업은 교정시설 밖에서 행하는 것은 포함하지 아니한다(시행령 제103조 제1항). [2019. 6급 승진] 총 7회 기출 ③ 소장은 작업이 부과된 미결수용자가 작업의 취소를 요청하는 경우에는 그 미결수용자의 의사, 건강 및 교도관의 의견 등을 고려하여 작업을 취소할 수 있다(시행령 제103조 제2항). [2020. 9급] 총 3회 기출 ④ 미결수용자에게 교육 또는 교화프로그램을 실시하거나 작업을 부과하는 경우에는 교육, 교화프로그램, 작업의 부과, 집중근로에 따른 처우, 작업시간 등, 작업의 면제, 작업수입, 위로금·조위금, 다른 보상·배상과의 관계, 위로금·조위금을 지급받을 권리의 보호 규정을 준용한다(법 제86조 제2항). [2018. 6급 승진] 총 2회 기출
경찰서 유치장	① 경찰관서에 설치된 유치장은 교정시설의 미결수용실로 보아 이 법을 준용한다(법 제87조). [2016. 5급 승진] ② 경찰관서에 설치된 유치장에는 수형자를 30일 이상 수용할 수 없다(시행령 제107조). [2019. 5급 승진] 총 3회 기출
징벌대상행위에 관한 양형 참고자료 통보	소장은 미결수용자에게 징벌을 부과한 경우에는 그 징벌대상행위를 양형 참고자료로 작성하여 관할 검찰청 검사 또는 관할 법원에 통보할 수 있다(법 제111조의2). [2016. 5급 승진] 총 2회 기출

도주 · 사망 등 통보	① 소장은 미결수용자가 도주하거나 도주한 미결수용자를 체포한 경우에는 그 사실을 검사에게 통보하고, 기소된 상태인 경우에는 법원에도 지체 없이 통보하여야 한다(시행령 제104조). [2020. 9급] 총 2회 기출 ② 소장은 미결수용자가 위독하거나 사망한 경우에는 그 사실을 검사에게 통보하고, 기소된 상태인 경우에는 법원에도 지체 없이 통보하여야 한다(시행령 제105조). [2020. 9급] 총 4회 기출
미결수용자의 관심대상수용자 지정 및 해제 (시행규칙 제211조)	① 소장은 관심대상수용자 지정대상의 어느 하나에 해당하는 미결수용자에 대하여는 교도관회의의 심의를 거쳐 관심대상수용자로 지정할 수 있다. ② 소장은 관심대상 미결수용자의 수용생활태도 등이 양호하여 지정사유가 해소되었다고 인정하는 경우에는 교도관회의의 심의를 거쳐 그 지정을 해제한다.
외부의사의 진찰	미결수용자가 외부의사의 진료를 받는 경우에는 교도관이 참여하고 그 경과를 수용기록부에 기록하여야 한다(시행령 제106조).
수형자로서의 처우 개시 (시행령 제82조)	① 소장은 미결수용자로서 자유형이 확정된 사람에 대하여는 검사의 집행 지휘서가 도달된 때부터 수형자로 처우할 수 있다. ② 검사는 집행 지휘를 한 날부터 10일 이내에 재판서나 그 밖에 적법한 서류를 소장에게 보내야 한다.

제2절 사형확정자의 처우

1 현행법상 사형확정자의 처우

구분	내용
사형확정자의 수용	① 독거수용의 원칙: 사형확정자는 독거수용한다(법 제89조 제1항). ② 혼거수용 ㉠ 자살방지, 교육·교화프로그램, 작업, 그 밖의 적절한 처우를 위하여 필요한 경우에는 법무부령으로 정하는 바에 따라 혼거수용할 수 있다(법 제89조 제1항 단서). [2011. 9급] 총 2회 기출 ㉡ 소장은 사형확정자의 자살·도주 등의 사고를 방지하기 위하여 필요한 경우에는 사형확정자와 미결수용자를 혼거수용할 수 있고, 사형확정자의 교육·교화프로그램, 작업 등의 적절한 처우를 위하여 필요한 경우에는 사형확정자와 수형자를 혼거수용할 수 있다(시행규칙 제150조 제3항). [2019. 7급 승진] [2022. 9급] 총 11회 기출
구분수용과 예외	① 사형확정자는 사형집행시설이 설치되어 있는 교정시설에 수용하되, 다음과 같이 구분하여 수용한다(시행규칙 제150조 제1항). [2018. 7급 승진] ㉠ 교도소: 교도소 수용 중 사형이 확정된 사람, 교도소에서 교육·교화프로그램 또는 신청에 따른 작업을 실시할 필요가 있다고 인정되는 사람 ㉡ 구치소: 구치소 수용 중 사형이 확정된 사람, 교도소에서 교육·교화프로그램 또는 신청에 따른 작업을 실시할 필요가 없다고 인정되는 사람 ② 사형확정자의 심리적 안정 도모 또는 교정시설의 안전과 질서유지를 위하여 특히 필요하다고 인정하는 경우에는 교도소에 수용할 사형확정자를 구치소에 수용할 수 있고, 구치소에 수용할 사형확정자를 교도소에 수용할 수 있다(시행규칙 제150조 제2항). [2019. 7급 승진] 총 2회 기출
사형확정자 처우 특례	① 수용시설의 설비 및 계호의 정도: 사형확정자를 수용하는 시설의 설비 및 계호의 정도는 일반경비시설 또는 중경비시설에 준한다(시행령 제108조). [2019. 6급 승진] 총 7회 기출 ② 사형확정자가 수용된 거실은 참관할 수 없다(법 제89조 제2항). [2016. 9급] 총 6회 기출 ③ 사형확정자의 번호표 및 거실표의 색상은 붉은색으로 한다(시행규칙 제150조 제4항). [2014. 7급] 총 4회 기출
사형확정자의 교육·교화 프로그램·작업 등	① 소장은 사형확정자의 심리적 안정 및 원만한 수용생활을 위하여 교육 또는 교화프로그램을 실시하거나 신청에 따라 작업을 부과할 수 있다(법 제90조 제1항). [2016. 9급] 총 5회 기출 ② 사형확정자에 대한 교육·교화프로그램, 작업, 그 밖의 처우에 필요한 사항은 법무부령으로 정한다(법 제90조 제2항). ③ 작업(시행규칙 제153조) ㉠ 소장은 사형확정자가 작업을 신청하면 교도관회의의 심의를 거쳐 교정시설 안에서 실시하는 작업을 부과할 수 있다. 이 경우 부과하는 작업은 심리적 안정과 원만한 수용생활을 도모하는 데 적합한 것이어야 한다. [2020. 7급] 총 3회 기출 ㉡ 소장은 작업이 부과된 사형확정자에 대하여 교도관회의의 심의를 거쳐 사형확정자의 번호표 및 거실표의 색상을 붉은색으로 하지 아니할 수 있다. ㉢ 소장은 작업이 부과된 사형확정자가 작업의 취소를 요청하면 사형확정자의 의사·건강, 담당교도관의 의견 등을 고려하여 작업을 취소할 수 있다.

	㉣ 사형확정자에게 작업을 부과하는 경우에는 작업시간등, 작업의 면제, 작업수입, 위로금·조위금, 다른 보상·배상과의 관계, 위로금·조위금을 지급받을 권리의 보호(법 제71조 ~ 제76조), 수용자를 대표하는 직책 부여 금지(시행규칙 제200조)규정을 준용한다. ④ **교화프로그램**: 소장은 사형확정자에 대하여 심리상담, 종교상담, 심리치료 등의 교화프로그램을 실시하는 경우에는 전문가에 의하여 집중적이고 지속적으로 이루어질 수 있도록 계획을 수립·시행하여야 한다(시행규칙 제154조). ⑤ **상담(시행규칙 제152조)** ㉠ 소장은 사형확정자의 심리적 안정 및 원만한 수용생활을 위하여 소속 교도관으로 하여금 지속적인 상담을 하게 하여야 한다. [2019. 7급 승진] ㉡ 사형확정자에 대한 상담시기, 상담책임자 지정, 상담결과 처리절차 등에 관하여는 엄중관리대상자의 지속적인 상담(시행규칙 제196조)을 준용한다. ⑥ **전담교정시설 수용**: 사형확정자에 대한 교육·교화프로그램, 작업 등의 처우를 위하여 법무부장관이 정하는 전담교정시설에 수용할 수 있다(시행규칙 제155조). ⑦ **이송**: 소장은 사형확정자의 교육·교화프로그램, 작업 등을 위하여 필요하거나 교정시설의 안전과 질서유지를 위하여 특히 필요하다고 인정하는 경우에는 법무부장관의 승인을 받아 사형확정자를 다른 교정시설로 이송할 수 있다(시행규칙 제151조). ⑧ 형사사건으로 수사 또는 재판을 받고 있는 사형확정자에 대하여는 법 제82조(미결수용자의 사복착용), 제84조(미결수용자의 변호인과의 접견 및 편지수수) 및 법 제85조(미결수용자의 조사·징벌 중의 권리행사 보장 특칙)를 준용한다(법 제88조). [2018. 7급 승진]
사형확정자의 접견 및 전화통화	① 사형확정자의 접견 횟수는 매월 4회로 한다(시행령 제109조). [2019. 6급 승진] [2022. 9급] 총 4회 기출 ② 형사사건으로 수사 또는 재판을 받고 있는 사형확정자가 변호인(변호인이 되려는 사람 포함, 이하 같다)과 접견하는 경우에는 접촉차단시설이 설치되지 아니한 장소에서 접견하게 한다(법 제41조 제2항 제1호). ③ **접견의 예외**: 소장은 사형확정자의 교화나 심리적 안정을 도모하기 위하여 특히 필요하다고 인정하면 접견 시간대 외에도 접견을 하게 할 수 있고 접견시간을 연장하거나 접견 횟수를 늘릴 수 있다(시행령 제110조). [2019. 8급 승진] [2022. 9급] 총 5회 기출 ④ **전화통화**: 소장은 사형확정자의 심리적 안정과 원만한 수용생활을 위하여 필요하다고 인정하는 경우에는 월 3회 이내의 범위에서 전화통화를 허가할 수 있다(시행규칙 제156조). [2019. 7급 승진] 총 7회 기출

제 04 편

수형자의 처우

합격까지 박문각

PART 04

수형자의 처우

제1장 수형자의 처우

제1절 수형자 처우의 원칙과 분류

구분	내용
수형자 처우의 원칙 (동법 제55조)	수형자에 대하여는 교육 · 교화프로그램, 작업, 직업훈련 등을 통하여 교정교화를 도모하고 사회생활에 적응하는 능력을 함양하도록 처우하여야 한다.
수형자로서의 처우 개시 (시행령 제82조)	① 소장은 미결수용자로서 자유형이 확정된 사람에 대하여는 검사의 집행 지휘서가 도달된 때부터 수형자로 처우할 수 있다. ② 제1항의 경우 검사는 집행 지휘를 한 날부터 10일 이내에 재판서나 그 밖에 적법한 서류를 소장에게 보내야 한다.

1 이송 · 재수용 수형자의 개별처우계획 등(시행규칙 제60조)

구분	처우(시행규칙)
해당 교정시설의 특성 등을 고려하여 필요한 경우 다른 교정시설로부터 이송되어 온 수형자 [2017. 9급]	개별처우계획을 변경할 수 있다(제60조 제1항).
형집행정지 중에 있는 사람이 「자유형 등에 관한 검찰집행사무규칙」 제33조 제2항(주거지 이탈 소재불명되어 검사)에 따른 형집행정지의 취소로 재수용된 경우	석방 당시보다 한 단계 낮은 처우등급을 부여할 수 있다(제60조 제3항)
가석방의 취소로 재수용되어 잔형이 집행되는 경우 [2019. 7급] 총 3회 기출	석방 당시보다 한 단계 낮은 처우등급을 부여한다(제60조 제4항 본문).
형집행정지 중에 있는 사람이 기간만료 또는 그 밖의 정지사유가 없어져 재수용된 경우	석방 당시와 동일한 처우등급을 부여할 수 있다(제60조 제2항 · 제4항 단서).
「가석방자관리규정」 제5조 단서(천재지변, 질병, 부득이한 사유로 출석의무를 위반시)를 위반하여 가석방이 취소되는 등 가석방 취소사유에 특히 고려할 만한 사정이 있는 때 [2017. 9급]	
형집행정지 중이거나 가석방기간 중에 있는 사람이 형사사건으로 재수용되어 형이 확정된 경우 [2020. 6급 승진] 총 4회 기출	개별처우계획을 새로 수립하여야 한다(제60조 제5항, 제61조 제1항 · 제2항).
「국제수형자이송법」에 따라 외국으로부터 이송되어 온 수형자 [2018. 6급 승진] 총 2회 기출	
군사법원에서 징역형 또는 금고형이 확정되거나 그 형의 집행 중에 있는 사람이 이송되어 온 경우 [2018. 6급 승진]	

제2절 수형자 분류제도

1 분류개념의 발달

1. 전통적 의미의 분류[유럽의 분류 : 집단적 분류, 수용(관리)분류에 중점]

(1) **의의** : 근대적 자유형의 탄생과 함께 출발한 것으로 교도소의 질서유지·관리와 악성감염 방지라는 소극적 목적으로 수형자를 특성에 따라 유형별(동질적인 그룹)로 구분하여 수용하고 시설 내에서도 몇 개의 집단으로 세분화하여 처우하는 것을 말한다.

(2) **연혁**

1595년	네덜란드 암스테르담 노역장	① 노동을 통한 개선을 목표로 하는 최초의 자유형 집행시설 ② 1597년 : 암스테르담 징치장 內 여자조사장(성별분류의 시초) ③ 1603년 : 암스테르담 징치장 內 불량청소년 숙식소(연령별 분류의 시초)
1704년	로마 산 미켈레 감화원	① 교황 클레멘스는 소년에 대한 감화교육을 강조하면서 감화원 설치 ② 구금보다는 종교적 개선에 중점을 둔 소년을 위한 감화교육시설로 소년수용자들을 연령 및 범죄성의 정도에 따라 분류수용(연령별 분류의 시초)
1775년	벨기에 간트 교도소	① 분류수용이 보다 과학적으로 시행되었고 시설면에서 가장 모범적인 근대 교도소의 효시로 평가 ② 주간혼거와 야간독거 실시(오번제도의 시초)
1777년	영국 존 하워드	킹즈벤치(Kings Bench)교도소 시찰 후 남녀혼금의 폐해 지적

2. 현대적 의미의 분류[미국의 분류 : 개별적 분류, 처우분류에 중점]

(1) **의의**

① 19세기 이후 수용자의 관리 및 재사회화를 목적으로 수용자를 일정한 기준에 따라 과학적으로 구분하여 각 집단에 대한 처우계획을 수립하고 이를 기초로 처우와 지도를 행하는 일련의 절차를 말한다.

② 실질적인 개별처우를 위한 분류로 전통적 분류를 수용분류라고 한다면 현대적 분류를 처우중심의 분류라고 한다.

(2) **연혁**

벨기에	1907년 포레스트(Forest) 교도소 : 현대적 분류제도를 시행한 대표적 시설로 과학적 인격조사 시도
미국	1909년 뉴욕주 싱싱(Sing Sing)교도소 : 클리어링하우스 1918년 뉴저지주 토렌톤(Trenton)교도소 : 분류클리닉 1936년 로벨 빅스비에 의해 뉴저지주에서 분류제도 확립
제12회 국제형법 및 형무회의	1950년 '개별화' 승인, 분류 및 수형제도의 차별화 등 분류의 기본원칙 마련
UN피구금자처우 최저기준규칙	1955년 남·녀, 기·미결, 민사·형사, 성년·소년 분리수용 원칙 마련

3. 우리나라

(1) 분류전담시설의 운영

① 최초의 분류전담시설로 1984년 안양교도소를 시작으로 현재 서울구치소 등 18개 교정시설에 분류심사과를 두고 분류심사과가 없는 시설은 보안과의 분류심사실에서 수형자분류업무를 관장하고 있다.

② 법무부장관은 수형자를 과학적으로 분류하기 위하여 분류심사를 전담하는 교정시설을 지정·운영할 수 있도록 하고(법 제61조), 분류심사를 전담하는 교정시설을 지정·운영하는 경우에는 지방교정청별로 1개소 이상이 되도록 하였다(시행령 제86조). [2019. 9급] 총 2회 기출

4. 수형자분류의 목적

(1) 소극적 목적으로서 악성감염의 방지를 위하여 인정된다.

(2) 적극적 목적으로서 수형자 처우를 개별적·능률적·합리적으로 운영하기 위하여 인정된다.

(3) 수형자분류는 수형자의 개인적 특성에 부합하고 교화개선에 효과가 높은 개별처우를 가능하게 하여 수형자의 교화개선과 원만한 사회복귀에 도움을 준다. [2019. 7급]

제3절 누진처우제도

1 의의

(1) 자유형의 기간 내에 수개의 계급을 두고 수형자의 개선정도에 따라 상위계급으로 진급함에 따라 점차 처우를 완화하는 제도를 말한다.

(2) 수형자 자신의 노력 여하에 따라 누진계급이 올라가고 계급에 따라 혜택도 주어지는 반면, 수형성적이 좋지 못한 수형자에게는 계급과 처우에 있어서 불이익을 감수하도록 함으로써 일종의 동전경제(token economy), 즉 토큰을 보수로 주는 행동요법에 해당하는 제도로 볼 수 있다. [2017. 9급]

2 채점제 : 고사제와 점수제

1. 고사제(考査制, Probation System, 기간제, 심사제) [2022. 9급]

종류	내용
의의	① 1842년 영국의 식민장관인 로드 스탠리(Lord Stanly)와 내무장관인 제임스 그레이엄(James Graham)에 의해 창안된 제도로 일정기간이 경과하였을 때에 그 기간 내의 행형(교정)성적을 담당교도관의 보고에 의하여 교도위원회가 심사하여 진급을 결정하는 방식이다. [2019. 7급] ② 일정한 기간이 경과되었을 때 행형성적을 상세히 조사하여 진급을 결정하는 것이므로 기간제라고도 하며, 심사에 의한 진급이므로 심사제라고도 한다. [2014. 7급]
장·단점	누진처우로 자력개선의 희망을 주는 반면에, 심사에 의하므로 교도관의 주관적 의지가 개입될 가능성과 관계직원이 공평을 저하시킬 우려가 있다. [2021. 7급] 총 2회 기출

2. 점수제(Mark System) [2022. 9급]

(1) 의의

① 마코노키의 "만일 죄수가 그 자신의 감옥의 열쇠를 얻었다면 곧 그것으로 감옥의 문을 열기 위해 노력할 것이다"라는 사상에 기초한 것으로 각 수형자에게 그 형기를 기준으로 책임점수를 산정하여 부여하고 이를 행장·작업·면학 정도에 따라 소각하여 전 책임점수를 완전히 소각하면 석방하는 제도로, 점수소각제라고도 한다.

② 자력적 개선을 촉진할 수 있는 반면에, 규정점수를 소각만 하면 진급이 되므로 형식에 흐르기 쉽고 부적격자가 진급하는 사례가 발생할 수 있다.

③ 점수제는 시간제(time system)를 노동제(task system)로 대체하고, 그 노동을 측정하는 데에 점수제도를 활용하고 있다는 점에서 고사제와 구별된다.

④ 잉글랜드제 ➡ 아일랜드제 ➡ 엘마이라제로 발전하였다.

(2) 종류

① 잉글랜드제 vs 아일랜드제

구분	잉글랜드제	아일랜드제
창시자	마코노키	크로프톤
소득점수 계산	매일 계산	매월 계산
처우단계	독거(9개월) ➡ 혼거 ➡ 가석방	독거(9개월) ➡ 혼거 ➡ 중간교도소 ➡ 가석방
누진계급	5계급 처우: 고사급 ➡ 제3급 ➡ 제2급 ➡ 제1급 ➡ 최상급(특별급)	
최상급자 처우	가석방	중간교도소 이송
가석방자 경찰감시	불필요	휴가증제도를 시행하여 경찰감시 실시

▶ 마코노키는 석방 후 범죄자에 대한 경찰의 감시는 경찰에 예속을 초래한다고 보아 반대한 반면, 크로프톤은 가석방자에 대한 감시·관찰은 완전한 개선효과를 위해 필요하다고 보았다.

② 엘마이라제(Elmira System) [2022. 9급]

구분	내용
의의	① 자력적 개선에 중점을 둔 행형제도로서 일명 감화제라고도 하는데, 1876년 소년시설로 개설된 뉴욕의 엘마이라 감화원에서 브록웨이(Brockway)에 의해서 시도된 새로운 누진제도이다. [2017. 9급] ② 마코노키의 잉글랜드제, 크로프톤의 아일랜드제 및 부정기형제도를 결합하여 최고형기를 설정한 일종의 상대적 부정기형하에서 행형성적에 따라 진급하는 누진제를 채택하고 수형자의 발분노력을 통한 자력 개선에 초점을 두었다. [2014. 9급] 총 4회 기출 ③ 수형자 분류와 누진처우의 점수제, 부정기형, 보호관찰부 가석방(Parole)과 함께 운용되었다. ④ 정상 시민으로의 복귀준비를 위해서 엘마이라에서는 학과교육, 직업훈련, 도덕교육 등의 과정을 제공하고 학교와 같은 분위기를 만들고자 하였다.
대상	16세에서 30세까지의 초범자(소년과 성인 모두 대상) [2021. 7급] 총 2회 기출
최초 시설 및 기원	① 엘마이라 감화원(최초의 상대적 부정기형 실시) ② 기원: 1870년 드와이트(Dwight), 와인즈(Wines), 브록웨이(Brockway), 산본(Sanborn), 후벨(Hubbell) 등이 "그대의 잃어버린 자유는 그대의 근면과 선행에서 찾으라"는 신시내티 행형원칙의 채택에서 그 기원을 찾는다(신시내티 선언에서 채택된 원칙에 따라 도입된 구금방식). ③ 누진처우, 부정기형, 가석방제도의 결합이라는 점에서 19C 행형사상의 결정체로 인정받고 있다.

제2장 분류심사제도

제1절 분류심사

1 분류심사의 종류

구분	신입심사	재심사
의의	형이 확정된 경우에 개별처우계획을 수립하기 위하여 하는 심사를 말한다(법 제59조 제2항). [2015. 9급] 총 4회 기출	일정한 형기가 지나거나(정기재심사) 상벌 또는 그 밖의 사유가 발생한 경우에(부정기재심사) 개별처우계획을 조정하기 위하여 하는 심사로 구분한다(법 제59조 제2항). [2015. 9급] 총 4회 기출
시기	개별처우계획을 수립하기 위한 분류심사(신입심사)는 매월 초일부터 말일까지 형집행지휘서가 접수된 수형자를 대상으로 하며, 그 다음 달까지 완료하여야 한다. 다만, 특별한 사유가 있는 경우에는 그 기간을 연장할 수 있다(시행규칙 제64조). [2019. 9급] 총 4회 기출	소장은 재심사를 할 때에는 그 사유가 발생한 달의 다음 달까지 완료하여야 한다(시행규칙 제68조 제1항). [2017. 7급] 총 3회 기출

2 정기재심사와 부정기재심사

구분	내용
정기재심사 (시행규칙 제66조)	① 정기재심사는 다음의 어느 하나에 해당하는 경우에 한다. 다만, 형집행지휘서가 접수된 날부터 6개월이 지나지 아니한 경우에는 그러하지 아니하다. [2016. 5급 승진] 총 6회 기출 [정기재심사 사유] 1. 형기의 3분의 1에 도달한 때 2. 형기의 2분의 1에 도달한 때 3. 형기의 3분의 2에 도달한 때 4. 형기의 6분의 5에 도달한 때 ② 부정기형의 재심사 시기는 단기형을 기준으로 한다. [2022. 9급] 총 5회 기출 ③ 무기형과 20년을 초과하는 징역형·금고형의 재심사 시기를 산정하는 경우에는 그 형기를 20년으로 본다. [2022. 9급] 총 5회 기출 ④ 2개 이상의 징역형 또는 금고형을 집행하는 수형자의 재심사 시기를 산정하는 경우에는 그 형기를 합산한다. 다만, 합산한 형기가 20년을 초과하는 경우에는 그 형기를 20년으로 본다. [2019. 7급 승진] 총 4회 기출

부정기재심사 (시행규칙 제67조) [2019. 5급 승진] [2022. 9급] 총 4회 기출	[부정기재심사 사유] 1. 분류심사에 오류가 있음이 발견된 때 2. 수형자가 교정사고(교정시설에서 발생하는 화재, 수용자의 자살·도주·폭행·소란, 그 밖에 사람의 생명·신체를 해하거나 교정시설의 안전과 질서를 위태롭게 하는 사고)의 예방에 뚜렷한 공로가 있는 때 3. 수형자를 징벌하기로 의결한 때 4. 수형자가 집행유예의 실효 또는 추가사건(현재 수용의 근거가 된 사건 외의 형사사건)으로 금고 이상의 형이 확정된 때 5. 수형자가 「숙련기술장려법」 제20조 제2항에 따른 전국기능경기대회 입상, 기사 이상의 자격취득, 학사 이상의 학위를 취득한 때 6. 그 밖에 수형자의 수용 또는 처우의 조정이 필요한 때

3 분류심사 제외자 및 유예자(시행규칙 제62조)

구분	내용
분류심사 제외자	다음(1. 징역형·금고형이 확정된 사람으로서 집행할 형기가 형집행지휘서 접수일부터 3개월 미만인 사람, 2. 구류형이 확정된 사람)의 사람에 대해서는 분류심사를 하지 아니한다. [2022. 9급] 총 15회 기출
분류심사 유예자	① 소장은 수형자가 다음의 어느 하나(1. 질병 등으로 분류심사가 곤란한 때, 2. 징벌대상행위의 혐의가 있어 조사 중이거나 징벌집행 중인 때, 3. 그 밖의 사유로 분류심사가 특히 곤란하다고 인정하는 때)에 해당하는 사유가 있으면 분류심사를 유예한다. [2020. 5급 승진] 총 6회 기출 ② 소장은 분류심사 유예사유가 소멸한 경우에는 지체 없이 분류심사를 하여야 한다. 다만, 집행할 형기가 사유 소멸일부터 3개월 미만인 경우에는 분류심사를 하지 아니한다. [2020. 5급 승진] [2022. 9급] 총 4회 기출
분류전담시설	① 법무부장관은 수형자를 과학적으로 분류하기 위하여 분류심사를 전담하는 교정시설을 지정·운영할 수 있다(법 제61조). [2015. 9급] ② 법무부장관은 분류심사를 전담하는 교정시설을 지정·운영하는 경우에는 지방교정청별로 1개소 이상이 되도록 하여야 한다(시행령 제86조). [2019. 9급] 총 2회 기출

제2절 분류조사와 분류검사

1 분류조사

1. 의의

(1) 소장은 분류심사를 위하여 수형자를 대상으로 상담 등을 통한 신상에 관한 개별사안의 조사, 심리·지능·적성 검사, 그 밖에 필요한 검사를 할 수 있다(법 제59조 제3항). [2013. 7급]

(2) 소장은 분류심사를 위하여 외부전문가로부터 필요한 의견을 듣거나 외부전문가에게 조사를 의뢰할 수 있다(법 제59조 제4항). [2017. 5급 승진]

2. 분류조사 사항(시행규칙 제69조)

신입심사	재심사
① 성장과정	① 교정사고 유발 및 징벌 관련 사항
② 학력 및 직업경력	② 소득점수를 포함한 교정처우의 성과
③ 생활환경	③ 교정사고 예방 등 공적 사항
④ 건강상태 및 병력사항	④ 추가사건 유무
⑤ 심리적 특성	⑤ 재범의 위험성
⑥ 마약·알코올 등 약물중독 경력	⑥ 처우계획 변경에 관한 사항 [2016. 5급 승진]
⑦ 가족 관계 및 보호자 관계	⑦ 그 밖에 재심사를 위하여 필요한 사항
⑧ 범죄경력 및 범행내용	
⑨ 폭력조직 가담여부 및 정도	
⑩ 교정시설 총 수용기간	※ 신입심사 시 조사사항 중 변동된 사항 포함
⑪ 교정시설 수용(과거에 수용된 경우를 포함) 중에 받은 징벌 관련 사항	
⑫ 도주(음모, 예비 또는 미수에 그친 경우를 포함) 또는 자살기도 유무와 횟수	
⑬ 상담관찰 사항	
⑭ 수용생활태도	
⑮ 범죄피해의 회복 노력 및 정도	
⑯ 석방 후의 생활계획	
⑰ 재범의 위험성	
⑱ 처우계획 수립에 관한 사항 [2016. 5급 승진]	
⑲ 그 밖에 수형자의 처우 및 관리에 필요한 사항	

2 분류검사

1. 의의

(1) 소장은 분류심사를 위하여 수형자를 대상으로 상담 등을 통한 신상에 관한 개별사안의 조사, 심리·지능·적성 검사, 그 밖에 필요한 검사를 할 수 있다(법 제59조 제3항). [2019. 9급] 총 3회 기출

(2) 소장은 분류심사를 위하여 수형자의 인성, 지능, 적성 등의 특성을 측정·진단하기 위한 검사를 할 수 있다(시행규칙 제71조 제1항).

2. 인성검사

(1) 인성검사는 신입심사 대상자 및 그 밖에 처우상 필요한 수형자를 대상으로 한다. 다만, 수형자가 다음의 어느 하나(1. 분류심사가 유예된 때, 2. 그 밖에 인성검사가 곤란하거나 불필요하다고 인정되는 사유가 있는 때)에 해당하면 인성검사를 하지 아니할 수 있다(시행규칙 제71조 제2항).

(2) 이해력의 현저한 부족 등으로 인하여 인성검사를 하지 아니한 경우에는 상담 내용과 관련 서류를 토대로 인성을 판정하여 경비처우급 분류지표를 결정할 수 있다(시행규칙 제71조 제3항).

(3) **지능·적성 검사**(시행규칙 제71조 제4항)

① 지능 및 적성 검사는 인성검사 제외사유의 어느 하나에 해당하지 아니하는 신입심사 대상자로서 집행할 형기가 형집행지휘서 접수일부터 1년 이상이고 나이가 35세 이하인 경우에 한다.

② 다만, 직업훈련 또는 그 밖의 처우를 위하여 특히 필요한 경우에는 예외로 할 수 있다.

제3장 수형자 처우등급

제1절 경비등급과 처우등급

1 시설의 경비등급

1. 분류 처우(동법 제57조)

수형자는 분류심사의 결과에 따라 그에 적합한 교정시설에 수용되며, 개별처우계획에 따라 그 특성에 알맞은 처우를 받는다.

2. 경비등급에 따른 교정시설의 구분

교정시설은 도주방지 등을 위한 수용설비 및 계호의 정도(이하 "경비등급"이라 한다)에 따라 다음 각 호로 구분한다. 다만, 동일한 교정시설이라도 구획을 정하여 경비등급을 달리할 수 있다.

1. 개방시설: 도주방지를 위한 통상적인 설비의 전부 또는 일부를 갖추지 아니하고 수형자의 자율적 활동이 가능하도록 통상적인 관리·감시의 전부 또는 일부를 하지 아니하는 교정시설
2. 완화경비시설: 도주방지를 위한 통상적인 설비 및 수형자에 대한 관리·감시를 일반경비시설보다 완화한 교정시설
3. 일반경비시설: 도주방지를 위한 통상적인 설비를 갖추고 수형자에 대하여 통상적인 관리·감시를 하는 교정시설
4. 중(重)경비시설: 도주방지 및 수형자 상호 간의 접촉을 차단하는 설비를 강화하고 수형자에 대한 관리·감시를 엄중히 하는 교정시설

2 처우의 구분

1. 수형자의 처우

(1) 수형자에 대한 처우는 교화 또는 건전한 사회복귀를 위하여 교정성적에 따라 상향 조정될 수 있으며, 특히 그 성적이 우수한 수형자는 개방시설에 수용되어 사회생활에 필요한 적정한 처우를 받을 수 있다(동법 제57조 제3항).

(2) "교정성적"이란 수형자의 수용생활 태도, 상벌 유무, 교육 및 작업의 성과 등을 종합적으로 평가한 결과를 말한다(시행령 제84조 제1항).

2. 전담교정시설에 의한 처우

학과교육생·직업훈련생·외국인·여성·장애인·노인·환자·소년(19세 미만인 자를 말한다), 제4항에 따른 처우(이하 "중간처우"라 한다)의 대상자, 그 밖에 별도의 처우가 필요한 수형자는 법무부장관이 특히 그 처우를 전담하도록 정하는 시설(이하 "전담교정시설"이라 한다)에 수용되며, 그 특성에 알맞은 처우를 받는다. 다만, 전담교정시설의 부족이나 그 밖의 부득이한 사정이 있는 경우에는 예외로 할 수 있다.

3 수형자의 처우등급 부여

(1) 소장은 수형자의 처우수준을 개별처우계획의 시행에 적합하게 정하거나 조정하기 위하여 교정성적에 따라 처우등급을 부여할 수 있다(시행령 제84조 제2항).

(2) "처우등급"이란 수형자의 처우 및 관리와 관련하여 수형자를 수용할 시설, 수형자에 대한 계호의 정도, 처우의 수준 및 처우의 내용을 구별하는 기준을 말한다(시행규칙 제2조 제5호).

4 수형자 처우등급

1. 처우등급의 기준(시행규칙 제72조)

구분	내용
기본수용급	성별 · 국적 · 나이 · 형기 등에 따라 수용할 시설 및 구획 등을 구별하는 기준
경비처우급	도주 등의 위험성에 따라 수용시설과 계호의 정도를 구별하고, 범죄성향의 진전과 개선정도, 교정성적에 따라 처우수준을 구별하는 기준
개별처우급	수형자의 개별적인 특성에 따라 중점처우의 내용을 구별하는 기준

2. 처우등급의 세부기준

(1) **기본수용급**(시행규칙 제73조) **및 개별처우급**(시행규칙 제76조)

기본수용급(시행규칙 제73조) [2024. 9급]	개별처우급(시행규칙 제76조)
① 여성수형자	① 직업훈련
② 외국인수형자	② 학과교육
③ 금고형수형자	③ 생활지도
④ 19세 미만의 소년수형자	④ 작업지도
⑤ 23세 미만의 청년수형자	⑤ 운영지원작업
⑥ 65세 이상의 노인수형자	⑥ 의료처우
⑦ 형기가 10년 이상인 장기수형자	⑦ 자치처우
⑧ 정신질환 또는 장애가 있는 수형자	⑧ 개방처우
⑨ 신체질환 또는 장애가 있는 수형자	⑨ 집중처우

(2) **경비처우급**(시행규칙 제74조) [2023. 9급] 총 8회 기출

구분	개념	작업기준
개방 처우급	개방시설에 수용되어 가장 높은 수준의 처우가 필요한 수형자	외부통근작업 및 개방지역작업 가능
완화경비 처우급	완화경비시설에 수용되어 통상적인 수준보다 높은 수준의 처우가 필요한 수형자	개방지역작업 및 필요시 외부통근작업 가능
일반경비 처우급	일반경비시설에 수용되어 통상적인 수준의 처우가 필요한 수형자	구내작업 및 필요시 개방지역작업 가능
중(重)경비 처우급	중(重)경비시설에 수용되어 기본적인 처우가 필요한 수형자	필요시 구내작업 가능

(3) **처우등급별 수용**(시행규칙 제83조)
① 소장은 수형자를 기본수용급별·경비처우급별로 구분하여 수용하여야 한다. 다만 처우상 특히 필요하거나 시설의 여건상 부득이한 경우에는 기본수용급·경비처우급이 다른 수형자를 함께 수용하여 처우할 수 있다. [2020. 6급 승진] 총 2회 기출
② 소장은 수형자를 처우등급별 수용하는 경우 개별처우의 효과를 증진하기 위하여 경비처우급·개별처우급이 같은 수형자 집단으로 수용하여 처우할 수 있다. [2020. 7급]

제2절 경비처우급의 조정과 처우

1 개요

1. 의의와 조정

(1) **의의**: 도주 등의 위험성에 따라 수용시설과 계호의 정도를 구별하고, 범죄성향의 진전과 개선정도, 교정성적에 따라 처우수준을 구별하는 기준(시행규칙 제72조 제2호)
(2) **조정**: 경비처우급을 상향 또는 하향 조정하기 위하여 고려할 수 있는 평정소득점수의 기준은 다음과 같다. 다만, 수용 및 처우를 위하여 특히 필요한 경우 법무부장관이 달리 정할 수 있다(시행규칙 제81조). [2020. 7급] 총 4회 기출

상향 조정	8점 이상(형기의 6분의 5에 도달한 때에 하는 재심사의 경우에는 7점 이상)
하향 조정	5점 이하

(3) **재심사 조정**: 재심사에 따라 경비처우급을 조정할 필요가 있는 경우에는 한 단계의 범위에서 조정한다. 다만, 수용 및 처우를 위하여 특히 필요한 경우에는 두 단계의 범위에서 조정할 수 있다(시행규칙 제68조 제2항).

2. 조정된 처우등급의 처우(시행규칙 제82조)

(1) **확정된 다음 날**: 조정된 처우등급에 따른 처우는 그 조정이 확정된 다음 날부터 한다. 이 경우 조정된 처우등급은 그 달 초일부터 적용된 것으로 본다. [2020. 5급 승진] 총 6회 기출
(2) 소장은 수형자의 경비처우급을 조정한 경우에는 지체 없이 해당 수형자에게 그 사항을 알려야 한다. [2020. 7급]

2 조정을 위한 소득점수

1. 소득점수 평정 등(시행규칙 제80조)

(1) **재심사**: 소장은 정기재심사 및 부정기재심사를 하는 경우에는 그 때마다 소득점수 평가기간 및 방법에 따라 평가한 수형자의 소득점수를 평정하여 경비처우급을 조정할 것인지를 고려하여야 한다. 다만, 부정기재심사의 소득점수 평정대상기간은 사유가 발생한 달까지로 한다.
(2) **소득점수**: 소득점수를 평정하는 경우에는 평정 대상기간 동안 매월 평가된 소득점수를 합산하여 평정 대상기간의 개월 수로 나누어 얻은 점수(평정소득점수)로 한다. [2015. 7급]

2. 소득점수의 산정(시행규칙 제77조) [2018. 5급 승진]

수형생활 태도	5점 이내
작업 또는 교육 성적	5점 이내

3. 소득점수 평가 기간 및 방법(시행규칙 제78조)

(1) **소득점수 평가 기간**: 소장은 수형자(분류심사에서 제외되거나 유예되는 사람은 제외)의 소득점수를 소득점수 평가 및 통지서에 따라 매월 평가하여야 한다. 이 경우 대상기간은 매월 초일부터 말일까지로 한다.

(2) **소득점수 평가 방법** [2018. 5급 승진] 총 2회 기출 [2024. 7급]

수형생활 태도 (5점 이내)	품행·책임감 및 협동심의 정도에 따라 매우양호(수, 5점)·양호(우, 4점)·보통(미, 3점)·개선요망(양, 2점)·불량(가, 1점)으로 구분하여 채점한다.
작업 또는 교육 성적 (5점 이내)	부과된 작업·교육의 실적 정도와 근면성 등에 따라 매우우수(수, 5점)·우수(우, 4점)·보통(미, 3점)·노력요망(양, 2점)·불량(가, 1점)으로 구분하여 채점한다.

(3) **작업 등 평가**: 수형자의 작업 또는 교육 성적을 평가하는 경우에는 작업 숙련도, 기술력, 작업기간, 교육태도, 시험성적 등을 고려할 수 있다.

(4) **협의평가**: 보안·작업 담당교도관 및 수용관리팀(교정시설의 효율적인 운영과 수용자의 적정한 관리 및 처우를 위하여 수용동별 또는 작업장별로 나누어진 교정시설 안의 일정한 구역을 관리하는 조직을 말한다)의 팀장은 서로 협의하여 소득점수 평가 및 통지서에 해당 수형자에 대한 매월 초일부터 말일까지의 소득점수를 채점한다.

4. 소득점수 평가기준(시행규칙 제79조)

(1) 수형생활 태도 점수와 작업 또는 교육성적 점수는 소득점수 평가방법에 따라 채점하되, 수는 소속 작업장 또는 교육장 전체 인원의 10퍼센트를 초과할 수 없고, 우는 30퍼센트를 초과할 수 없다. 다만, 작업장 또는 교육장 전체인원이 4명 이하인 경우에는 수·우를 각각 1명으로 채점할 수 있다. [2020. 6급 승진] 총 4회 기출 [2024. 7급]

(2) 소장이 작업장 중 작업의 특성이나 난이도 등을 고려하여 필수 작업장으로 지정하는 경우 소득점수의 수는 5퍼센트 이내, 우는 10퍼센트 이내의 범위에서 각각 확대할 수 있다.

(3) 소장은 수형자가 부상이나 질병, 그 밖의 부득이한 사유로 작업 또는 교육을 받지 못한 경우에는 3점 이내의 범위에서 작업 또는 교육 성적을 부여할 수 있다. [2018. 9급] 총 2회 기출

3 경비처우급에 따른 처우

구분	내용
물품지급 (시행규칙 제84조)	① 차등지급: 소장은 수형자의 경비처우급에 따라 물품에 차이를 두어 지급할 수 있다. 다만, 주·부식, 음료, 그 밖에 건강유지에 필요한 물품은 그러하지 아니하다. [2020. 5급 승진] 총 5회 기출 ② 개방처우급: 의류를 지급하는 경우 수형자가 개방처우급인 경우에는 색상, 디자인 등을 다르게 할 수 있다. [2018. 8급 승진] 총 3회 기출

봉사원 선정 (시행규칙 제85조)	① 봉사원 선정: 소장은 개방처우급·완화경비처우급·일반경비처우급 수형자로서 교정성적, 나이, 인성 등을 고려하여 다른 수형자의 모범이 된다고 인정되는 경우에는 봉사원으로 선정하여 담당교도관의 사무처리와 그 밖의 업무를 보조하게 할 수 있다(제1항). [2019. 6급 승진] 총 7회 기출 ② 활동기간: 소장은 봉사원의 활동기간을 1년 이하로 정하되, 필요한 경우에는 그 기간을 연장할 수 있다(제2항). [2023. 6급 승진] ③ 취소: 소장은 봉사원의 활동과 역할 수행이 부적당하다고 인정하는 경우에는 그 선정을 취소할 수 있다(제3항). ④ 제1항부터 제3항까지에서 규정한 사항 외에 봉사원 선정, 기간연장 및 선정취소 등에 필요한 사항은 법무부장관이 정한다(제4항). [2023. 6급 승진] ※ 법무부장관이 정하는 바에 따라 분류처우위원회의 심의·의결을 거쳐야 한다. (×)
자치생활 (시행규칙 제86조)	① 개별처우급: 우리나라는 교도관의 감독하에 부분적으로 자치생활을 보장하고 있다. 자치처우는 개별처우급의 구분에 해당한다(시행규칙 제76조). ② 자치대상자 ㉠ 소장은 개방처우급·완화경비처우급 수형자에게 자치생활을 허가할 수 있다(시행규칙 제86조 제1항). [2020. 6급 승진] 총 8회 기출 ㉡ 소장은 외부통근자의 사회적응능력을 기르고 원활한 사회복귀를 촉진하기 위하여 필요하다고 인정하는 경우에는 수형자 자치에 의한 활동을 허가할 수 있다(시행규칙 제123조). [2020. 5급 승진] 총 6회 기출 ③ 자치생활범위: 수형자 자치생활의 범위는 인원점검, 취미활동, 일정한 구역 안에서의 생활 등으로 한다(시행규칙 제86조 제2항). [2023. 6급 승진] 총 2회 기출 ④ 토론회 등 ㉠ 월 1회 이상 토론회: 소장은 자치생활 수형자들이 교육실, 강당 등 적당한 장소에서 월 1회 이상 토론회를 할 수 있도록 하여야 한다(시행규칙 제86조 제3항). [2020. 6급 승진] 총 6회 기출 ㉡ 월 2회 이내 경기 또는 오락회: 소장은 자치생활 수형자에 대하여 월 2회 이내에서 경기 또는 오락회를 개최하게 할 수 있다(시행규칙 제91조 제1항). [2018. 5급 승진] 총 6회 기출 [2024. 9급] ㉢ TV시청: 자치생활 수형자는 법무부장관이 정하는 방법에 따라 텔레비전을 시청할 수 있다(시행규칙 제41조 제1항 단서). ⑤ 취소: 소장은 자치생활 수형자가 법무부장관 또는 소장이 정하는 자치생활 중 지켜야 할 사항을 위반한 경우에는 자치생활 허가를 취소할 수 있다(시행규칙 제86조 제4항). [2012. 9급]
경기 또는 오락회 개최 (시행규칙 제91조)	① 대상 및 횟수: 소장은 개방처우급·완화경비처우급 또는 자치생활 수형자에 대하여 월 2회 이내에서 경기 또는 오락회를 개최하게 할 수 있다. 다만, 소년수형자에 대하여는 그 횟수를 늘릴 수 있다. [2018. 5급 승진] 총 6회 기출 ② 참석인원 등: 경기 또는 오락회가 개최되는 경우 소장은 해당 시설의 사정을 고려하여 참석인원, 방법 등을 정할 수 있다. ③ 외부강사 초빙: 경기 또는 오락회가 개최되는 경우 소장은 관련 분야의 전문지식과 자격을 가지고 있는 외부강사를 초빙할 수 있다.

사회적 처우 (시행규칙 제92조)	① 근거: 수형자는 교화 또는 건전한 사회복귀를 위하여 교정시설 밖의 적당한 장소에서 봉사활동·견학, 그 밖에 사회적응에 필요한 처우를 받을 수 있다(법 제57조 제5항). ② 대상과 내용: 소장은 개방처우급·완화경비처우급 수형자에 대하여 교정시설 밖에서 이루어지는 다음(1. 사회견학, 2. 사회봉사, 3. 자신이 신봉하는 종교행사 참석, 4. 연극, 영화, 그 밖의 문화공연 관람)에 해당하는 활동을 허가할 수 있다. 다만, 처우상 특히 필요한 경우에는 일반경비처우급 수형자에게도 이를 허가할 수 있다. [2018. 6급 승진] 총 7회 기출 ③ 착용의류: 사회적 처우를 허가하는 경우 소장은 별도의 수형자 의류를 지정하여 입게 한다. 다만, 처우상 필요한 경우에는 자비구매의류를 입게 할 수 있다. [2014. 7급] ④ 자비부담: 연극, 영화, 그 밖의 문화공연 관람에 필요한 비용은 수형자가 부담한다. 다만, 처우상 필요한 경우에는 예산의 범위에서 그 비용을 지원할 수 있다. [2014. 7급] ⑤ 소년수형자 등의 사회적 처우: 소장은 소년수형자 등의 나이·적성 등을 고려하여 필요하다고 인정하면 소년수형자 등에게 ②에 해당하는 활동을 허가할 수 있다. 이 경우 소장이 허가할 수 있는 활동에는 발표회 및 공연 등 참가 활동을 포함한다(시행규칙 제59조의6). [2020. 7급]
작업·교육 등의 지도보조	소장은 수형자가 개방처우급 또는 완화경비처우급으로서 작업·교육 등의 성적이 우수하고 관련 기술이 있는 경우에는 교도관의 작업지도를 보조하게 할 수 있다(시행규칙 제94조). [2019. 7급 승진] 총 6회 기출
개인작업 (시행규칙 제95조)	① 대상 및 시간: 소장은 수형자가 개방처우급 또는 완화경비처우급으로서 작업기술이 탁월하고 작업성적이 우수한 경우에는 수형자 자신을 위한 개인작업을 하게 할 수 있다. 이 경우 개인작업 시간은 교도작업에 지장을 주지 아니하는 범위에서 1일 2시간 이내로 한다. [2020. 5급 승진] 총 10회 기출 [2024. 9급] ② 용구관리: 소장은 개인작업을 하는 수형자에게 개인작업 용구를 사용하게 할 수 있다. 이 경우 작업용구는 특정한 용기에 보관하도록 하여야 한다. ③ 자비부담: 개인작업에 필요한 작업재료 등의 구입비용은 수형자가 부담한다. 다만, 처우상 필요한 경우에는 예산의 범위에서 그 비용을 지원할 수 있다. [2024. 9급] 총 2회 기출
외부 직업훈련 (시행규칙 제96조)	① 대상: 소장은 수형자가 개방처우급 또는 완화경비처우급으로서 직업능력 향상을 위하여 특히 필요한 경우에는 교정시설 외부의 공공기관 또는 기업체 등에서 운영하는 직업훈련을 받게 할 수 있다. [2018. 6급 승진] 총 4회 기출 [2022. 9급] ② 자비부담: 직업훈련의 비용은 수형자가 부담한다. 다만, 처우상 특히 필요한 경우에는 예산의 범위에서 그 비용을 지원할 수 있다. [2010. 7급]

처우 등 정리

1. 자치생활의 범위는 인원점검, 취미활동, 일정한 구역 안에서의 생활, 월 1회 이상 토론회
2. 경기·오락회 개최: 개방·완화경비처우급, 자치생활 수형자, 월 2회 이내 – 소년수형자 횟수 증가 가능
3. 개인작업: 1일 2시간 이내, 개인작업용구 사용가능
4. 봉사원 선정: 활동기간은 1년 이하, 기간 연장 가능
5. 가족 만남의 날 행사 등: 접견 허용횟수에 포함되지 않음
6. 사회적 처우: 별도의 수형자 의류를 지정하여 입게 한다. 자비구매의류 가능, 비용은 수형자부담 원칙

◐ 경비처우급별 처우기준

경비처우급	처우내용
개방처우급	① 의류를 지급하는 경우: 색상, 디자인 등을 다르게 가능(시행규칙 제84조 제2항) ② 접견횟수: 1일 1회(시행규칙 제87조 제1항) ③ 접촉차단시설이 설치된 장소 외의 적당한 곳에서 접견 가능(시행규칙 제88조) ④ 전화통화: 월 20회 이내(시행규칙 제90조 제1항)
개방 · 완화 경비처우급	① 자치생활(시행규칙 제86조 제1항) ② 경기 · 오락회 개최(시행규칙 제91조 제1항) ③ 작업 · 교육 등의 지도보조(시행규칙 제94조) ④ 개인작업(시행규칙 제95조 제1항) ⑤ 외부 직업훈련 대상자(시행규칙 제96조 제1항) ⑥ 중간처우 대상자(시행규칙 제93조 제1항)
완화경비처우급	① 접견횟수: 월 6회(시행규칙 제87조 제1항) – 1일 1회만 허용(처우상 특히 필요한 경우 예외 가능) ② 처우상 특히 필요하다고 인정하는 경우에는 접촉차단시설이 설치된 장소 외의 적당한 곳에서 접견 가능(시행규칙 제88조) ③ 전화통화: 월 10회 이내(시행규칙 제90조 제1항)
개방 · 완화 일반	① 봉사원 선정(시행규칙 제85조 제1항) ② 방송통신대학과정 · 전문대학 위탁교육과정 · 외국어 교육과정 교육대상자(시행규칙 제111조~제113조) ③ 개방지역 작업대상자, 그 외 수형자 가능(시행규칙 제120조 제2항, 제3항) ④ 전화통화 허용횟수를 늘릴 수 있다(시행규칙 제90조 제2항)
개방 · 완화(원칙) 일반(필요시 가능)	① 가족 만남의 날 행사 참여 · 가족 만남의 집 이용(시행규칙 제89조 제1항, 제3항) ② 사회적 처우: 사회견학, 사회봉사, 자신이 신봉하는 종교행사 참석, 연극 · 영화 · 문화공연 관람(시행규칙 제92조 제1항) ③ 일반귀휴 허가요건(시행규칙 제129조 제2항)
개방 · 완화(원칙) 그 외(필요시 가능)	외부통근작업 대상자(시행규칙 제120조 제1항, 제3항)
일반경비처우급	① 접견횟수: 월 5회(시행규칙 제87조 제1항) – 1일 1회만 허용(처우상 특히 필요한 경우 예외 가능) ② 처우상 특히 필요하다고 인정하는 경우에는 접촉차단시설이 설치된 장소 외의 적당한 곳에서 접견 가능(시행규칙 제88조) ③ 전화통화: 월 5회 이내(시행규칙 제90조 제1항)
중경비처우급	① 접견횟수: 월 4회(시행규칙 제87조 제1항) – 1일 1회만 허용(처우상 필요시 예외 가능) ② 처우상 특히 필요하다고 인정하는 경우에는 접촉차단시설이 설치된 장소 외의 적당한 곳에서 접견 가능(시행규칙 제88조) ③ 전화통화: 처우상 특히 필요한 경우 월 2회 이내 허용(시행규칙 제90조 제1항)

제4장 교육과 교화프로그램

제1절 교육과 교화

1 교육

1. 의의

교육형주의의 궁극목적은 범죄자에 대한 교정교화 작용을 통하여 그 범죄적 심성을 근원적으로 순화하여 재범에 이르지 않고 선량한 시민으로 사회에 복귀시키는 데 있다. 이를 위하여 그동안 교도소에서는 수용자 각자의 개성과 특질에 적합한 교정교육을 실시함으로써 교정 효과를 극대화하고 있다.

2. 교육관리 기본원칙(시행규칙 제101조)

(1) 소장은 교육대상자를 소속기관(소장이 관할하고 있는 교정시설)에서 선발하여 교육한다. 다만, 소속기관에서 교육대상자를 선발하기 어려운 경우에는 다른 기관에서 추천한 사람을 모집하여 교육할 수 있다. [2018. 6급 승진]

(2) 소장은 교육대상자의 성적불량, 학업태만 등으로 인하여 교육의 목적을 달성하기 어려운 경우에는 교육대상자 선발을 취소할 수 있다.

(3) 소장은 교육대상자 및 시험응시 희망자의 학습능력을 평가하기 위하여 자체 평가시험을 실시할 수 있다.

(4) 소장은 교육의 효과를 거두지 못하였다고 인정하는 교육대상자에 대하여 다시 교육을 할 수 있다. [2018. 7급 승진]

(5) 소장은 기관의 교육전문인력, 교육시설, 교육대상인원 등의 사정을 고려하여 단계별 교육과 자격취득 목표를 설정할 수 있으며, 자격취득·대회입상 등을 하면 처우에 반영할 수 있다.

3. 교육의 종류

<table>
<tr><th>과정</th><th>선발요건</th><th>경비처우급</th><th>비용</th></tr>
<tr><td>검정고시반</td><td>조건 없음</td><td rowspan="3">수형자</td><td>규정 없음</td></tr>
<tr><td>방송통신고</td><td>중학교 졸업 또는 이와 동등한 수준의 학력이 인정되는 자</td><td>예산범위 내 지원가능</td></tr>
<tr><td>독학에 의한 학위 취득과정(학사고시반)</td><td rowspan="3">① 고등학교 졸업 또는 이와 동등한 수준 이상의 학력이 인정될 것
② 교육개시일을 기준으로 형기의 3분의 1(21년 이상의 유기형 또는 무기형의 경우에는 7년)이 지났을 것
③ 집행할 형기가 2년 이상일 것 [2024. 7급]</td><td rowspan="5">(특별한 사정이 없으면) 자비부담</td></tr>
<tr><td>방송통신대학과정</td><td rowspan="2">개방·완화·일반</td></tr>
<tr><td>전문대학 위탁교육과정</td></tr>
<tr><td>정보화 교육과정</td><td rowspan="2">조건 없음</td><td>수형자</td></tr>
<tr><td>외국어 교육과정</td><td>개방·완화·일반</td></tr>
</table>

교육과정

경비처우급 규정을 적용받지 않는 교육과정	개방 · 완화 · 일반경비처우급 수형자 대상 교육과정
① 검정고시반 ② 방송통신고등학교 ③ 독학에 의한 학위 취득과정 ④ 정보화 교육과정	① 방송통신대학 ② 전문대학 위탁교육과정 ③ 외국어 교육과정

2 교화

1. 의의

수형자의 소질을 발굴하고 적성에 맞는 특기를 개발함으로써 건전한 정신과 사회적응력을 배양시키기 위하여 전문가의 협조를 받아 수형자 상담을 실시하고, 또한 재능이 있는 자에 대하여 각종 운동, 서예, 회화, 악기연주, 문예 등 예 · 체능교육과 교양지 발간 등 정서 활동을 전개하며, 아울러 종교생활을 통한 심성개선의 분위기를 조성하는 데 힘쓰고 있다.

PART 04

2. 교화프로그램의 종류(시행규칙 제114조)

종류	내용
문화프로그램	소장은 수형자의 인성 함양, 자아존중감 회복 등을 위하여 음악, 미술, 독서 등 문화예술과 관련된 다양한 프로그램을 도입하거나 개발하여 운영할 수 있다(시행규칙 제115조).
문제행동 예방프로그램	소장은 수형자의 죄명, 죄질 등을 구분하여 그에 따른 심리측정 · 평가 · 진단 · 치료 등의 문제행동예방프로그램을 도입하거나 개발하여 실시할 수 있다(시행규칙 제116조).
가족관계 회복프로그램	① 소장은 수형자와 그 가족의 관계를 유지 · 회복하기 위하여 수형자의 가족이 참여하는 각종 프로그램을 운영할 수 있다. 다만, 가족이 없는 수형자의 경우 교화를 위하여 필요하면 결연을 맺었거나 그 밖에 가족에 준하는 사람의 참여를 허가할 수 있다(시행규칙 제117조 제1항). ② 대상 수형자는 교도관회의의 심의를 거쳐 선발하고, 참여인원은 5명 이내의 가족으로 한다. 다만, 특히 필요하다고 인정하는 경우에는 참여인원을 늘릴 수 있다(시행규칙 제117조 제2항).
교화상담	① 소장은 수형자의 건전한 가치관 형성, 정서안정, 고충해소 등을 위하여 교화상담을 실시할 수 있다(시행규칙 제118조 제1항). ② 소장은 교화상담을 위하여 교도관이나 교정참여인사를 교화상담자로 지정할 수 있으며, 수형자의 안정을 위하여 결연을 주선할 수 있다(시행규칙 제118조 제2항). [2014. 7급]

3 교정처우기법

1. 심리요법(Psychotherapy)

(1) 의의

① 심리요법이란 수용자를 범인성으로 이끌었던 저변의 감정적 또는 심리학적 문제를 상담 · 치료하는 처우방법으로 범죄자는 이러한 심리요법을 통해 자신을 범죄로 이끌었던 갈등과 비양심적인 욕구를 해결하는 데 도움이 되는 통찰력을 얻게 된다.

② 현대 교정에 있어서 가장 보편적이고 광범위하게 활용되는 범죄자 처우는 심리학적 처우인데, 그 이유는 범죄성의 일차적인 원인이 정신적 결함에 있다는 전제에서 출발하기 때문이다.

③ 그러나 오늘날 범죄의 중요한 원인으로 사회환경적 요인을 중시하므로 이러한 가정은 더 이상 타당하다고 할 수가 없다.

④ 그럼에도 불구하고 대부분의 교정처우가 심리학적 기법에 의존하고 있는 것은 개인의 변화를 전제로 해야만 사회적응력의 배양을 위한 사회요법도 가능하고 환경조정의 효과도 나타낼 수 있기 때문이다.

(2) 분류

① 개별심리요법

㉠ 현실요법(Reality Therapy)

ⓐ 선택이론 또는 통제이론이라고 하는 것으로 글래저(Glasser)가 주장한 이것은 갈등이나 문제상황에 봉착한 내담자가 성공적인 정체성을 가지고 자기 삶을 바람직한 방향으로 통제하며 건강한 행동으로 유도하는 상담기법을 말한다.

ⓑ 현실요법은 인간의 존엄성과 잠재가능성의 믿음을 전제로 과거보다는 현재를, 무의식적 경험보다는 의식적 경험을 중시하며 책임감과 성실성, 통제력 결여로 인한 부적응을 개선시키고자 하는 노력이다.

ⓒ 상담과정은 관계형성단계(진실되고 따뜻하며 관심 어린 친밀한 관계형성)와 행동변화단계(WDEP)를 거쳐 현실적인 상황에서 최선의 선택과 행동을 실천하여 궁극적으로 자기존중감을 증진시키고 성공적인 정체감형성을 돕는다.

ⓓ 동기보다 행위 중시 : 왜 하는가(why)를 강조하기보다는 무엇을 하는가(what)를 중시한다.

ⓔ 상담자는 일관성 있는 훈육과 사랑으로 수용자의 교화개선과 재활에 필요한 통제, 재교육, 사회재통합의 조치를 실시하고 범죄자가 책임 있는 행동을 보여줄 때 보호관찰부 가석방 추천 등을 해야 한다.

㉡ 교류분석(Transactional Analysis) : 에릭 번(Eric Berne)이 창안한 것으로 과거의 경험을 회상하게 하고 반성하게 하며 스스로 과거의 부정적인 장면을 삭제하게 하여 새로운 삶에 대한 확신을 주는 처우기법이다.

부모 · 성인 · 아동의 자아 내재, 부모는 판단 · 통제역할, 성인은 성숙되고 현실적이며 윤리적 역할, 아동은 유희적이고 의존적이며 버릇이 없는 역할을 담당한다. 따라서 성인과 관련되는 성격으로 이끄는 상담기법이다.

ⓐ 심리분석학파와 유사한 인성이론을 이용한다.

ⓑ 인성은 세 가지 분야로 구성된다.

Parents	Adults	Child
초자아(superego)와 유사	자아(ego)와 유사	본능(id)과 유사

ⓒ 모든 요소가 내재하나 일부 특정 요소가 인성을 지배할 수 있다.

ⓓ 정상인은 아동의 욕구와 부모의 자제가 균형을 이룬 인성이다(쾌락과 책임 균형).

ⓔ 범죄자는 화난 부모나 연약한 아동으로 세상에 접근할 때 문제를 야기한다.

ⓕ 수용자로 하여금 과거경험이 현재 행위에 미친 영향을 녹음을 재생하듯 되돌려 보도록 하는 것이다(되돌아본 자신은 패배자). 따라서 과거에 대한 부정적 장면을 지우고 승자가 될 수 있다는 확신을 주는 것이다.

② 집단심리요법

㉠ 의의: 집단요법이란 자신들이 공유한 개인적 또는 사회적 문제를 해결할 목적으로 3~4명이 집단적으로 벌이는 상담치료적 활동이다. 이렇게 개별요법 대신에 집단요법을 택하는 가장 중요한 이유는 전문인력자원의 부족 때문이다.

㉡ 집단지도상호작용(Guided Group Interaction)

ⓐ 주로 청소년범죄자에게 많이 적용되는 방법인데, 청소년 수형자들을 건전한 공동체에 합류시켜 캠퍼스와 같은 자율적인 환경에서 함께 생활하고 공부하는 가운데 자신의 인생사나 문제를 서로 나누고 자신이 문제에 빠지게 된 이유를 밝힌다.

ⓑ 시설이나 사회생활의 문제를 논의하게 하여 변화를 위한 자신의 계획을 구성하도록 유도하는 처우기법이다.

ⓒ 이 기법은 부분적인 것이 아니라 가치관, 행동, 신념을 전혀 새로운 구조로 바꾸는 종합적인 전략이라는 데 의의가 크다.

㉢ 심리극(Psychodrama)

ⓐ 자신의 감정이나 행동을 보여 주게 하는 역할연기상황에 놓이게 함으로써 자신의 문제를 표출시키게 유도하여 자신이 겪고 있는 갈등을 공개적으로 다루는 것을 학습하게 하는 처우기법이다.

ⓑ 심리극은 수용자로 하여금 사회적 상호작용의 기술을 배울 수 있게 해 주고, 포용력을 함양시켜 줌으로써 특히 격정범죄자에게 상당한 효과가 있는 것으로 평가되고 있다.

2. **행동수정**(Behavior Modification)**요법**

(1) **의의**: 수용자에게 당근과 채찍을 부여, 행동을 통제하고 변화시키려는 처우기법(동전경제)이다.

(2) **주요 내용**

① 태도보다 행동 중심

② 보상과 처벌 이용

③ 긍정적 재강화 요소는 물질적 보상과 사회적 칭찬 등

④ 비자발적·강제적 참여

⑤ Token Economy: 보상을 통하여 행위를 형성하는데, 수용자에게 중요한 보상일수록 효과적이다.

⑥ 한계: 현실세계는 통제된 환경이 아니어서 열심히 일한다고 다 성공할 수 없다. 즉, 현실적용의 한계가 있다.

3. **사회요법**(Social Therapy)

(1) **의의**: 범죄를 개인적 인격과 주변 환경의 복합적 상호작용의 산물로 인식, 지금까지의 심리요법 또는 행동수정 프로그램의 약점을 보완하기 위하여 등장하였다.

(2) **종류**

① 환경요법(Milieu Therapy): 모든 교정환경을 이용하여 수용자들 간의 상호작용의 수정을 도모하고 환경통제를 통해서 개별 수용자의 행동에 영향을 미치고자 하는 처우기법이다.

㉠ 요법처우공동체: 수형자의 구금보다는 자율적인 처우에 역점을 둔다(범죄자의 적절한 사회적 태도를 견지하고 법을 준수하는 생활양식을 함양할 수 있도록 수형자문화를 개발하고 모든 관행은 민주적으로 시행). - 수형자자치제

㉡ **남녀공용교도소제**: 미국의 남녀 분리수용에 따른 문제에 대응하는 것으로 거실이나 수용동은 분계, 시설의 공동사용과 처우의 공동참여 등을 통한 형태로 남녀를 통합하여 공동으로 교육·교화하는 교도소이다.

장점	단점
① 여성수용자에 대한 차별적 불이익 해소 ② 수용자 간의 폭력이나 동성애문제 해결 ③ 시설 내 질서유지에 긍정적임 ④ 수용자들의 자기존중심 고양, 사회재적응이라는 관점에 부합	① 국민의 법감정상 위배 ② 많은 계호인력에 따른 관리비용의 증대 ③ 남성수용자의 교화개선에 지장

② **긍정적 동료문화**(PPC : Positive Peer Culture)요법

㉠ 집단지도상호작용(GGI)을 모태로 하여 생산적인 청소년하위문화를 형성시켜 부정적인 동료집단을 생산적인 방향으로 전환시키는 전략이다.

㉡ PPC는 참여자에게 상호 배려하는 훈련을 중시하여 이러한 상호 보살핌의 확산을 통해 상호 해침을 소멸시키는 데 역점을 두었다.

㉢ PPC를 활용한 결과 청소년수용시설에서 수용사고가 적어지고 프로그램이 더욱 부드럽게 운영될 수 있다고 밝혀지고 있다.

상호 배려하는 훈련 중시 ➡ 상호 해침을 소멸시키는 데 역점 ➡ 긍정적인 효과 발생

4. 물리요법(Physical Therapy)

(1) 상담치료 등이 별로 효과가 없는 유전적인 범죄자나 생화학적 문제로 인한 범죄자에게 가장 효과적인 처우는 약물요법으로 대표되는 물리요법이다.

(2) 수형자의 동의에 관계없이 수형자에 대한 처우의 필요성과 목표를 결정하는 것으로 인권의 침해소지가 많다는 점에서 적용이 극히 한정되어야 한다.

(3) 현재 「성폭력범죄자의 성충동 약물치료에 관한 법률」 제정으로 성폭력범죄자에 대한 화학적 거세(치료명령)가 가능해졌다.

5. 가족요법(Family Therapy)

가족관계 혹은 가정문제가 범죄의 원인이 된 범죄자에게 가족 속의 개인이 아닌 가족을 하나의 단위로 생각하게 하고, 가족 간의 의사소통과 이해력 증진, 응집력 강화 등을 도모하는 기법이다.

제5장 교도작업과 직업훈련

제1절 교도작업

1 개요

1. 교도작업의 의의

교도작업이라 함은 교도소 등 교정시설에서 수용자에 대하여 교정・교화의 일환으로 부과하는 노역을 말한다. 교도작업은 본질적으로 「형법」에 의한 징역수형자의 정역의무로 인하여 교정시설에서 운영하는 작업에 강제로 수형자를 취업시켜, 건전한 근로정신과 기술력의 함양・습득 등 사회적응력을 배양하도록 함으로써 출소 후 재범을 방지하고자 한다. 예외적으로 금고 및 구류수형자, 미결수용자, 사형확정자인 경우에도 본인의 신청이 있을 경우에는 작업을 부과할 수 있다.

2. 교도작업의 목적

(1) **윤리적 측면**: 교도작업은 노동관습을 형성시켜 나태하던 그들의 습성을 교정하고 노동을 통하여 기술을 습득하게 하며 구금으로 인한 수형생활의 고독감을 제거하여 정신적・육체적 건강을 증진시킨다.

(2) **경제적 측면**: 교도작업을 통한 작업수입으로 교도소경비의 일부를 충당할 수 있고, 교도작업의 운영 및 특별회계에 관한 법률상의 수입금으로 편입되어 국고 수입을 늘릴 수 있다.

(3) **행정적 측면**: 교도작업은 수형자의 구금에 따른 여러 형태의 교정사고를 방지하고 교도소 내의 질서를 유지하는 데 효과가 있다.

2 교도작업의 종류

1. 작업의 성질(신청 여부)에 따른 분류

일반작업	징역수형자에게 과하는 작업으로 형벌로 과해진 노역을 말한다.
신청작업	① 금고수형자・구류수형자・미결수용자・사형확정자 중에서 작업에 취업할 의사가 있는 수용자가 교도소장에게 신청하는 작업을 말한다. ② 교도소장은 특별한 사정이 없는 한 교화목적과 심신의 안정을 위하여 신청에 의한 작업을 허가한다.

2. 작업의 목적에 따른 분류

생산작업	행형에 따른 경제적 비용 마련과 수형자에게 작업을 보도(출소 후 직업에 사용)하려는 목적에 따라 시장성이 있는 상품을 만들거나 서비스에 종사하도록 하는 작업이다.
운영지원작업	피수용자의 수용 및 시설의 유지・관리 등 교도소 자체의 기능유지를 위해 행해지는 내부작업으로 세입증대와는 무관하고 세출예산의 절감에 기여하는 효과가 있다. [2017. 7급]
직업훈련	수형자의 사회복귀와 기능인력의 양성을 목적으로 하는 작업이다.

운영지원작업은 작업의 목적에 따른 분류이지, 경영방식에 따른 분류가 아님에 유의해야 한다.

3. 경영방식에 따른 분류

(1) **직영**(관사)**작업**: 직영작업은 교도소에서 일체의 시설 · 기계 · 기구 · 재료 · 노무 및 경비를 부담하여 물건 및 자재를 생산하고 판매하는 작업으로써 교도작업 관용주의에 가장 적합한 제도이다. [2021. 7급]

직영작업의 장 · 단점 [2016. 9급] 총 5회 기출

장점	단점
① 교도작업관용주의에 가장 적합하다. ② 형벌집행의 통일과 작업에 대한 통제가 용이하다. ③ 사인의 관여를 금지할 수 있다. ④ 수형자의 적성에 맞는 작업을 부과할 수 있다. ⑤ 국고수입을 증대시키면서 자급자족할 수 있다. ⑥ 자유로이 작업종목을 선택할 수 있으므로 직업훈련이 용이하다. ⑦ 엄격한 규율을 유지(질서유지)하며 작업이 가능하다. ⑧ 자급자족으로 경기변동에 영향을 많이 받지 않는다. ⑨ 작업의 통일성을 유지할 수 있다.	① 기계 · 기구의 설비자금, 재료구입자금 등 많은 예산의 소요와 사무가 번잡하다. ② 관계법규의 제약으로 적절한 시기에 기계 · 기구 · 원자재 구입이 곤란하다. ③ 시장개척 및 경쟁의 곤란으로 제품판매가 용이치 않은 점 때문에 손실우려가 있다(일반사회와 경제경쟁에 불리). ④ 자유시장에 대량출하를 할 경우 민간기업체를 압박할 수 있다.

(2) **위탁**(단가)**작업**: 위탁작업이라 함은 외부 민간기업체 또는 개인 등의 위탁자로부터 작업에 사용할 시설 · 기계 · 기구 및 재료의 전부 또는 일부를 제공 받아 물건 및 자재를 생산 · 가공하거나 수선하여 위탁자에게 교부하고 그 대가를 받는 작업을 말한다.

위탁작업의 장 · 단점 [2013. 9급] 총 4회 기출

장점	단점
① 기계 · 기구의 설비자금, 원자재의 구입자금이 필요 없어 사무가 단순하다. ② 직영작업과 노무작업에 비하여 사기업의 압박이 덜하다. ③ 적은 비용으로 행할 수 있다. ④ 경제사정의 변화에 따른 직접적인 영향을 받지 않아 위험이 적다(생산해서 납품만 하면 되므로). ⑤ 재료의 구입, 제품의 판매와 관계없이 납품만 하면 되므로 제품처리에 문제가 없다. ⑥ 다수의 인원을 취업시킬 수 있어 불취업자를 해소할 수 있고 교정행정(행형)의 통일성을 유지할 수 있다. ⑦ 직영작업의 간격을 이용하여 시행할 수 있으므로 취업비의 부족으로 인한 작업중단을 방지할 수 있다.	① 부당경쟁의 사례가 생기기 쉽다. ② 업종이 다양하지 못하여 직업훈련에 부적합하다. ③ 위탁자의 경영사정에 따라 일시적 작업이 보통으로 교도작업의 목적과 부합하지 않을 수 있다. ④ 위탁업자의 잦은 공장출입으로 보안상의 문제점이 있다. ⑤ 경제적 이윤이 적다.

(3) **노무(수부, 임대)작업**: 노무작업이라 함은 교도소와 개인 간의 계약에 의하여 교도소는 개인에게 노무만을 제공하고 그 대가로 개인으로부터 공임을 징수하는 작업방식을 말한다.

노무작업의 장·단점 [2013. 7급 승진] [2022. 9급] 총 4회 기출

장점	단점
① 설비투자 등에 따른 부담이 없어 자본이 없어도 경제적인 효과(상당한 수익)가 크다. ② 경기변동에 큰 영향을 받지 않는다. ③ 취업비가 필요 없고 자본이 없어도 시행이 가능하다. ④ 제품처리의 문제가 없다.	① 사인관여 등으로 외부와의 부정가능성이 높다. [2021. 7급] ② 단순노동으로 기술습득 및 직업훈련에 적당치 못하다. ③ 교정행정(행형)의 통일성을 유지하기 곤란하여 수형자의 교화목적이 외면될 우려가 있다. ④ 외부인의 수용자에 대한 통제력 행사가 가장 크다.

(4) **도급작업**: 도급작업이라 함은 기업체나 사인과 일괄 도급계약에 의하여 기일 내에 준공하는 작업을 말하는데, 교도소가 기업체나 사인 간의 계약에 의하여 수형자의 취업인원과 취업일수에 따라 정한 보수를 받고 노동력·재료·비용 등을 부담하며, 그 사용에 따른 지휘·감독을 사인에게 맡긴다.

도급작업의 장·단점 [2024. 7급] 총 5회 기출

장점	단점
① 작업의 대형성으로 높은 수익을 가능하게 한다. ② 대량작업을 전제로 하므로 수형자의 대규모 취업을 가능하게 하여 불취업자 해소에 유리하다.	① 전문지식과 경험부족으로 큰 손실을 입을 수 있다. ② 구외작업으로 인한 계호부담이 크고 민간기업 압박의 우려가 크다. ③ 작업수준에 맞는 기술자의 확보가 곤란하다.

3 구외작업

1. 의의

(1) 구외작업(담장 외 작업)이란 구내작업(담장 내 작업)에 대립되는 개념으로 교정시설 밖에서 행해지는 작업을 말한다. 외역 혹은 소외의 작업이라고 한다.

(2) 주로 교정시설에서 숙박하며 이루어지는 외부통근작업이 대표적이다.

(3) 도주의 위험이 없는 자를 개방시설에 수용하여 구외작업에 취업하게 하는 것이 통상적인 방법이다.

2. 구외작업의 장·단점

장점	단점
① 수형자의 사회적응훈련으로 유용하고 입소 전의 직업이 구외작업과 연계되면 석방 후 취업을 보장할 수 있다. ② 단기수형자에게는 원활한 사회복귀를 촉진시키고 장기수형자에게는 장기간의 수형생활에서 오는 정신적·신체적 장애를 제거할 수 있다. ③ 수형자와 교도관의 인간적 신뢰관계로 그들의 반사회성 교정에 기여하며 특히 장기수형자의 사회성 훈련에 도움이 된다.	① 다수 수형자가 함께하는 작업이 대부분이므로 혼거제의 폐해가 초래될 수 있다. ② 취업자와 계호자 사이에 정실이 개입되면 교화개선의 효과를 거두기 어렵다. ③ 도주 등 교정사고의 우려가 있어 계호의 부담이 가중되고 경비인력의 낭비를 초래한다.

PART 04

3. 현행법상 구외작업

(1) **개방지역작업**: 원칙적으로 개방처우급·완화경비처우급 수형자를 개방지역작업의 대상으로 하고 있으며, 일반경비처우급 수형자도 필요시 개방지역작업이 가능하도록 규정하고 있다(시행규칙 제74조 제2항). [2023. 9급] 총 7회 기출

개방처우급	외부통근작업 및 개방지역작업 가능
완화경비처우급	개방지역작업 및 필요시 외부통근작업 가능
일반경비처우급	구내작업 및 필요시 개방지역작업 가능

(2) **외부통근작업**

① 외부통근작업의 법적 근거(법 제68조)

㉠ 소장은 수형자의 건전한 사회복귀와 기술습득을 촉진하기 위하여 필요하면 외부기업체 등에 통근 작업하게 하거나 교정시설의 안에 설치된 외부기업체의 작업장에서 작업하게 할 수 있다. [2014. 7급] 총 5회 기출

㉡ 외부 통근 작업 대상자의 선정기준 등에 관하여 필요한 사항은 법무부령으로 정한다. [2016. 5급 승진] 총 3회 기출

② 외부통근자 선정기준(시행규칙 제120조) [2022. 9급] 총 13회 기출

외부기업체에 통근하며 작업하는 수형자 (외부통근작업자)	교정시설 안에 설치된 외부기업체의 작업장에 통근하며 작업하는 수형자(개방지역작업자)
① 18세 이상 65세 미만일 것 ② 해당 작업 수행에 건강상 장애가 없을 것 ③ 개방처우급·완화경비처우급에 해당할 것 ④ 가족·친지 또는 교정위원 등과 접견·편지수수·전화통화 등으로 연락하고 있을 것 ⑤ 집행할 형기가 7년 미만이고 가석방이 제한되지 아니할 것	① 18세 이상 65세 미만일 것 ② 해당 작업 수행에 건강상 장애가 없을 것 ③ 개방처우급·완화경비처우급·일반경비처우급에 해당할 것 ④ 가족·친지 또는 교정위원 등과 접견·서신수수·전화통화 등으로 연락하고 있을 것 ⑤ 집행할 형기가 10년 미만이거나 형기기산일부터 10년 이상이 지난 수형자

► 소장은 작업 부과 또는 교화를 위하여 특히 필요하다고 인정하는 경우에는 위의 수형자 외의 수형자에 대하여도 외부통근자로 선정할 수 있다.

③ **선정 취소**: 소장은 외부통근자가 법령에 위반되는 행위를 하거나 법무부장관 또는 소장이 정하는 지켜야 할 사항을 위반한 경우에는 외부통근자 선정을 취소할 수 있다(시행규칙 제121조). [2020. 5급 승진] 총 3회 기출 [2022. 9급]

④ **외부통근자 교육**: 소장은 외부통근자로 선정된 수형자에 대하여는 자치활동·행동수칙 ·안전수칙·작업기술 및 현장적응훈련에 대한 교육을 하여야 한다(시행규칙 제122조). [2019. 7급] 총 2회 기출

⑤ **자치활동**: 소장은 외부통근자의 사회적응능력을 기르고 원활한 사회복귀를 촉진하기 위하여 필요하다고 인정하는 경우에는 수형자 자치에 의한 활동을 허가할 수 있다(시행규칙 제123조). [2020. 5급 승진] 총 6회 기출 [2022. 9급]

⑥ 소장은 미결수용자에 대하여는 신청에 따라 작업을 부과할 수 있으나(법 제86조 제1항), 교정시설 밖에서 행하는 것은 포함하지 아니한다(시행령 제103조 제1항). [2017. 9급] 총 14회 기출

⑦ 소장은 사형확정자의 심리적 안정 및 원만한 수용생활을 위하여 신청에 따라 작업을 부과할 수 있으며(법 제90조 제1항), 작업을 신청하면 교도관회의의 심의를 거쳐 교정시설 안에서 실시하는 작업을 부과할 수 있다(시행규칙 제153조 제1항). [2017. 9급] 총 7회 기출

제2절 교도작업 관용주의와 자급자족주의

1 교도작업 관용주의

교도작업으로 인하여 민간업체에 피해가 가지 않도록 하기 위하여 교도작업에 의하여 생산되는 물건 및 자재를 국가 또는 지방공공단체의 국방부 직할부대 및 기관이나 국영기업체 등에 우선적으로 공급·사용하도록 하는 제도이다.

장·단점

장점	단점
① 경기의 변동에 구애됨이 없이 장기적인 계획하에 작업을 계속할 수 있어 작업경영이 안전하다. ② 민업압박의 문제를 제거한다. ③ 관용주의의 기초가 된다. ④ 생산품을 원가에 공급하므로 교정비용을 절약할 수 있다.	① 제품의 질이 일반사회제품에 비하여 떨어질 우려가 있다. ② 제품의 공급이 적기에 행해지지 않을 우려가 있다. ③ 제품제작에 열의가 없고 신중성이 떨어질 수 있다. ④ 친절감이 희박할 우려가 있다. ⑤ 경영자의 열의가 없어질 우려가 있다.

2 자급자족주의

자급자족제도라 함은 광의로는 교정자족의 원칙, 즉 교도작업수익으로 교정비용을 완전충당시키는 것을 의미하며 협의적으로는 교도소에서 생산되는 제품을 교도소 내에서 이용·소비함으로써 사회일반기업으로부터 구입하여 사용되는 경제적 손실을 방지하고 제품의 시중판매로 인한 민업압박을 피하려는 경제활동을 말한다.

제3절 교도작업 관련제도

1 작업장려금제와 작업임금제

1. 작업장려금제

(1) **의의**: 수형자의 근로의욕 고취와 작업능력의 향상 그리고 출소 후의 생활자금을 조성해 주기 위해 작업의 종류·성적과 그 행장을 참작하여 국가가 수형자의 작업장려를 위하여 정책적으로 급부하는 공법적 성질을 가지며 청구권이 인정되지 않는 은혜적 급부로서의 성격을 가진다.

(2) **지급시기**: 작업장려금은 석방할 때에 본인에게 지급한다. 다만, 본인의 가족생활 부조, 교화 또는 건전한 사회복귀를 위하여 특히 필요하면 석방 전이라도 그 전부 또는 일부를 지급할 수 있다(법 제73조 제3항). (경비처우급에 따른 차별 없음) [2019. 7급] 총 10회 기출

2. 작업임금제

(1) 수형자가 작업에 취업하여 노무를 제공한 대가로 국가가 임금을 지급하는 제도이다.

(2) 교육형주의와 인권존중사상에 기초하여 작업임금에 대한 노동의 대가, 즉 취업자가 노무를 제공한 반대급부로 보수를 지급받는 것이므로 수형자는 보수를 권리로서 국가에 청구할 수 있다.

(3) 우리나라는 형사정책적 논의대상으로 삼고 있다.

3. 위로금 · 조위금(법 제74조)

(1) **위로금**: 소장은 수형자가 작업 또는 직업훈련으로 인한 부상 또는 질병으로 신체에 장해가 발생한 때에는 법무부장관이 정하는 바에 따라 위로금을 지급한다. [2019. 8급 승진] 총 3회 기출

(2) **조위금**: 소장은 수형자가 작업 또는 직업훈련 중에 사망하거나 그로 인하여 사망한 때에는 법무부장관이 정하는 바에 따라 조위금을 지급한다. [2018. 6급 승진] 총 4회 기출

(3) 위로금은 본인에게 지급하고, 조위금은 그 상속인에게 지급한다. [2019. 7급 승진] 총 5회 기출

4. 다른 보상 · 배상과의 관계

위로금 또는 조위금을 지급받을 사람이 국가로부터 동일한 사유로 「민법」이나 그 밖의 법령에 따라 위로금 또는 조위금에 상당하는 금액을 지급받은 경우에는 그 금액을 위로금 또는 조위금으로 지급하지 아니한다(법 제75조). [2018. 7급 승진]

5. 위로금 · 조위금을 지급받을 권리의 보호(법 제76조)

(1) 위로금 또는 조위금을 지급받을 권리는 다른 사람 또는 법인에게 양도하거나 담보로 제공할 수 없으며, 다른 사람 또는 법인은 이를 압류할 수 없다. [2017. 9급] 총 3회 기출

(2) 지급받은 금전을 표준으로 하여 조세와 그 밖의 공과금을 부과하여서는 아니 된다. [2019. 8급 승진] 총 2회 기출

2 현행법상 교도작업

1. 작업의 의무(동법 제66조)

수형자는 자신에게 부과된 작업과 그 밖의 노역을 수행하여야 할 의무가있다.

2. 작업의 부과(동법 제65조)

(1) 수형자에게 부과하는 작업은 건전한 사회복귀를 위하여 기술을 습득하고 근로의욕을 고취하는 데에 적합한 것이어야 한다.

(2) **작업 부과 시 고려사항**(동법 제65조 제2항): 소장은 수형자에게 작업을 부과하려면 나이 · 형기 · 건강상태 · 기술 · 성격 · 취미 · 경력 · 장래생계, 그 밖의 수형자의 사정을 고려하여야 한다. 죄명은 작업부과 시 참작사유가 아니다.

(3) **작업의 종류**(시행령 제89조): 소장은 법무부장관의 승인을 받아 수형자에게 부과하는 작업의 종류를 정한다.

(4) **작업의 고지**(시행령 제91조)

① 소장은 수형자에게 작업을 부과하는 경우에는 작업의 종류 및 작업과정을 정하여 고지하여야 한다.

② 작업과정은 작업성적, 작업시간, 작업의 난이도 및 숙련도를 고려하여 정한다. 작업과정을 정하기 어려운 경우에는 작업시간을 작업과정으로 본다.

③ 작업과정 고지 시 작업성적, 작업시간, 작업의 난이도, 작업의 숙련도를 고려하여야 한다.

(5) **작업실적의 확인**(시행령 제92조): 소장은 교도관에게 매일 수형자의 작업실적을 확인하게 하여야 한다.

3. 신청에 따른 작업

(1) 신청 작업의 부과

① 소장은 금고형 또는 구류형의 집행 중에 있는 사람에 대하여는 신청에 따라 작업을 부과할 수 있다(법 제67조). [2019. 7급] 총 13회 기출

② 소장은 미결수용자에 대하여는 신청에 따라 작업을 부과할 수 있으나(법 제86조 제1항), 작업은 교정시설 밖에서 행하는 것은 포함하지 아니한다(시행령 제103조 제1항). [2020. 9급] 총 13회 기출

③ 소장은 사형확정자의 심리적 안정 및 원만한 수용생활을 위하여 신청에 따라 작업을 부과할 수 있으나(법 제90조 제1항), 교정시설 안에서 실시하는 작업을 부과할 수 있다(시행규칙 제153조 제1항). [2020. 7급] 총 5회 기출

(2) 신청 작업의 취소

① 소장은 작업이 부과된 수형자가 작업의 취소를 요청하는 경우에는 그 수형자의 의사, 건강 및 교도관의 의견 등을 고려하여 작업을 취소할 수 있다(시행령 제93조). [2014. 9급] 총 3회 기출

② 소장은 작업이 부과된 미결수용자가 작업의 취소를 요청하는 경우에는 그 미결수용자의 의사, 건강 및 교도관의 의견 등을 고려하여 작업을 취소할 수 있다(시행령 제103조 제2항). [2020. 9급] 총 3회 기출

③ 소장은 작업이 부과된 사형확정자가 작업의 취소를 요청하면 사형확정자의 의사·건강, 담당교도관의 의견 등을 고려하여 작업을 취소할 수 있다(시행규칙 제153조 제3항).

4. 집중근로에 따른 처우 제한

(1) **집중근로**: 집중적인 근로가 필요한 작업이란 수형자의 신청에 따라 1일 작업시간 중 접견·전화통화·교육 및 공동행사 참가 등을 하지 아니하고 휴게시간을 제외한 작업시간 내내 하는 작업을 말한다(시행령 제95조). [2020. 7급] 총 2회 기출

(2) 소장은 수형자의 신청에 따라 외부통근작업, 외부직업훈련, 그 밖에 집중적인 근로가 필요한 작업을 부과하는 경우에는 접견·전화통화·교육·공동행사 참가 등의 처우를 제한할 수 있다(법 제70조 제1항 본문). [2015. 9급] 총 6회 기출

(3) 다만, 접견 또는 전화통화를 제한한 때에는 휴일이나 그 밖에 해당 수용자의 작업이 없는 날에 접견 또는 전화통화를 할 수 있게 하여야 한다(법 제70조 제1항 단서). [2016. 9급]

(4) 소장은 작업을 부과하거나 훈련을 받게 하기 전에 수형자에게 제한되는 처우의 내용을 충분히 설명하여야 한다(법 제70조 제2항).

5. 작업시간 등(법 제71조)

(1) 1일의 작업시간(휴식 · 운동 · 식사 · 접견 등 실제 작업을 실시하지 않는 시간을 제외한다)은 8시간을 초과할 수 없다(제1항).

(2) (1)에도 불구하고 취사 · 청소 · 간병 등 교정시설의 운영과 관리에 필요한 작업의 1일 작업시간은 12시간 이내로 한다(제2항).

(3) 1주의 작업시간은 52시간을 초과할 수 없다. 다만, 수형자가 신청하는 경우에는 1주의 작업시간을 8시간 이내의 범위에서 연장할 수 있다(제3항). [2024. 7급]

(4) (2) 및 (3)에도 불구하고 19세 미만 수형자의 작업시간은 1일에 8시간을, 1주에 40시간을 초과할 수 없다(제4항).

(5) 공휴일 · 토요일과 대통령령으로 정하는 휴일에는 작업을 부과하지 아니한다. 다만, 다음의 어느 하나에 해당하는 경우(1. 취사 · 청소 · 간병 등 교정시설의 운영과 관리에 필요한 작업을 하는 경우, 2. 작업장의 운영을 위하여 불가피한 경우, 3. 공공의 안전이나 공공의 이익을 위하여 긴급히 필요한 경우, 4. 수형자가 신청하는 경우)에는 작업을 부과할 수 있다(제5항). [2020. 9급] 총 10회 기출

(6) 그 밖의 휴일이란 「각종 기념일 등에 관한 규정」에 따른 교정의 날 및 소장이 특히 지정하는 날을 말한다(시행령 제96조). [2019. 7급] 총 2회 기출

6. 작업의 면제(동법 제72조)

(1) 소장은 수형자의 가족(배우자, 직계존속 · 비속, 형제자매) 또는 배우자의 직계존속이 사망하면 2일간, 부모 또는 배우자의 제삿날에는 1일간 해당 수형자의 작업을 면제한다. 다만, 수형자가 작업을 계속하기를 원하는 경우는 예외로 한다. [2023. 9급] 총 13회 기출

(2) 소장은 수형자에게 부상 · 질병, 그 밖에 작업을 계속하기 어려운 특별한 사정이 있으면 그 사유가 해소될 때까지 작업을 면제할 수 있다. [2018. 9급] 총 2회 기출

(3) 교육대상자에게는 작업 · 직업훈련 등을 면제한다(시행규칙 제107조 제1항). [2016. 7급]

(4) 소장은 신입자거실에 수용된 사람에게는 작업을 부과해서는 아니 된다(시행령 제18조 제2항).

7. 개인작업

(1) 강제노역의 성격을 지니지 아니하므로 엄밀한 의미의 교도작업에 해당하지 않는다. [2011. 7급]

(2) 수입은 개인의 수입으로 한다. 이는 임금제적 성격을 띠고 있는 것으로 평가한다.

(3) 소장은 수형자가 개방처우급 또는 완화경비처우급으로서 작업기술이 탁월하고 작업성적이 우수한 경우에는 수형자 자신을 위한 개인작업을 하게 할 수 있다. 이 경우 개인작업 시간은 교도작업에 지장을 주지 아니하는 범위에서 1일 2시간 이내로 한다(시행규칙 제95조 제1항). [2020. 5급 승진] 총 9회 기출, [2024. 7급] 총 2회 기출

(4) 소장은 개인작업을 하는 수형자에게 개인작업 용구를 사용하게 할 수 있다. 이 경우 작업용구는 특정한 용기에 보관하도록 하여야 한다(시행규칙 제95조 제2항). [2024. 9급]

(5) 개인작업에 필요한 작업재료 등의 구입비용은 수형자가 부담한다. 다만, 처우상 필요한 경우에는 예산의 범위에서 그 비용을 지원할 수 있다(시행규칙 제95조 제3항). [2024. 9급] 총 2회 기출

8. 작업 · 교육 등의 지도보조

소장은 수형자가 개방처우급 또는 완화경비처우급으로서 작업 · 교육 등의 성적이 우수하고 관련 기술이 있는 경우에는 교도관의 작업지도를 보조하게 할 수 있다(시행규칙 제94조). [2019. 7급 승진] 총 6회 기출 [2024. 7급]

9. 작업수입

작업수입은 국고수입으로 한다(법 제73조 제1항). [2018. 7급] 총 9회 기출

10. 작업 · 교육 등의 지도보조

소장은 수형자가 개방처우급 또는 완화경비처우급으로서 작업 · 교육 등의 성적이 우수하고 관련 기술이 있는 경우에는 교도관의 작업지도를 보조하게 할 수 있다(시행규칙 제94조). [2019. 7급 승진] 총 6회 기출

제4절 교도작업 특별회계

1 교도작업 특별회계 법제

1. 목적과 용어의 정의

(1) 이 법은 교도작업의 관리 및 교도작업특별회계의 설치 · 운용에 관한 사항을 규정함으로써 효율적이고 합리적인 교도작업의 운영을 도모함을 목적으로 한다(법 제1조).

(2) 교도작업이란 교정시설의 수용자에게 부과하는 작업을 말한다(법 제2조 제1호).

2. 생산공급계획의 보고

교도작업으로 생산되는 제품(교도작업제품)을 생산하는 교정시설의 장(소장)은 국가, 지방자치단체 또는 공공기관(수요기관)의 수요량과 해당 지역의 생산실태 등을 조사하여 법무부령으로 정하는 사항이 포함된 다음 연도의 생산공급계획을 수립하여 매년 10월 30일까지 법무부장관에게 보고하여야 한다(시행령 제3조).

3. 법무부장관의 교도작업제품 공고

(1) 법무부장관은 교도작업으로 생산되는 제품의 종류와 수량을 회계연도 개시 1개월 전까지 공고하여야 한다(법 제4조). [2020. 6급 승진] 총 6회 기출

(2) 법무부장관은 수요기관에 대하여 공고에 필요한 자료의 제출을 요청할 수 있으며, 요청을 받은 수요기관은 지정된 기간 내에 필요한 자료를 성실하게 작성하여 제출하여야 한다(시행령 제4조).

(3) 법무부장관은 소장이 제출한 생산공급계획과 수요기관이 제출한 자료를 검토하고 다음의 사항을 고려하여 회계연도 개시 1개월 전까지 다음 연도에 생산할 교도작업제품의 종류와 수량을 결정하여 공고하여야 한다(시행령 제5조 제1항). [2019. 5급 승진]

교도작업제품의 종류와 수량결정 시 고려사항 【시행령 제5조 제1항】

1. 교정시설의 자체 수요품이 우선적으로 포함될 것
2. 국민생활에 도움이 될 것
3. 특별회계의 건전한 운영에 도움을 줄 수 있을 것

(4) 법무부장관은 교도작업제품을 공급할 수 없을 때에는 해당 지역 또는 해당 수요기관을 미리 공고하여야 한다(시행령 제5조 제2항).

4. 교도작업의 종류

(1) 소장은 다음의 사항을 고려하여 법무부장관의 승인을 받아 교도작업의 시행방법에 따른 교도작업의 종류를 교도작업제품별로 정한다. 교도작업의 종류를 변경하는 경우에도 또한 같다(시행령 제6조 제1항).

교도작업 종류결정 및 변경 시 고려사항【시행령 제6조 제1항】
1. 교도작업의 운영 여건에 적합할 것
2. 수용자의 근로의식을 함양할 수 있을 것
3. 수용자의 안정적 사회복귀와 기술 습득에 도움을 줄 수 있을 것

(2) 교도작업의 종류 및 그 승인 절차는 법무부령으로 정한다(시행령 제6조 제2항).

(3) 교도작업의 종류는 다음과 같다(시행규칙 제6조 제1항). [2019. 9급]

교도작업의 종류【교도작업법 시행규칙 제6조】
1. 직영작업: 민간기업의 참여 없이 교도작업제품을 생산하는 작업
2. 위탁작업: 교도작업에 참여한 민간기업을 통하여 교도작업제품을 생산하는 작업
3. 노무작업: 수용자의 노무를 제공하여 교도작업제품을 생산하는 작업
4. 도급작업: 국가와 제3자 간의 공사 도급계약에 따라 수용자에게 부과하는 작업

(4) 소장은 교도작업을 중지하려면 지방교정청장의 승인을 받아야 한다(시행규칙 제6조 제2항). [2019. 9급]

5. 교도작업제품의 우선구매

국가, 지방자치단체 또는 공공기관은 그가 필요로 하는 물품이 법 제4조에 따라 공고된 것인 경우에는 공고된 제품 중에서 우선적으로 구매하여야 한다(법 제5조). [2017. 7급]

6. 교도작업에의 민간참여

(1) 법무부장관은 수형자가 외부기업체 등에 통근 작업하거나 교정시설의 안에 설치된 외부기업체의 작업장에서 작업할 수 있도록 민간기업을 참여하게 하여 교도작업을 운영할 수 있다(법 제6조 제1항). [2018. 5급 승진] 총 3회 기출

(2) 교정시설의 장은 민간기업이 참여할 교도작업(민간참여작업)의 내용을 해당 기업체와의 계약으로 정하고 이에 대하여 법무부장관의 승인(재계약의 경우에는 지방교정청장의 승인)을 받아야 한다. 다만, 법무부장관이 정하는 단기의 계약에 대하여는 그러하지 아니하다(법 제6조 제2항). [2020. 6급 승진] 총 4회 기출

(3) 법무부장관이 정하는 단기의 계약이란 계약기간이 2개월 이하인 계약을 말한다(시행규칙 제5조 제1항). [2019. 9급]

(4) 소장은 단기의 계약을 체결한 경우에는 지체 없이 법무부장관에게 보고하여야 한다(시행규칙 제5조 제2항).

(5) 민간기업의 참여 절차, 민간참여작업의 종류, 그 밖에 민간참여작업의 운영에 필요한 사항은 「형의 집행 및 수용자의 처우에 관한 법률」 제68조 제1항의 사항을 고려하여 법무부장관이 정한다(법 제6조 제3항). [2011. 7급]

(6) 교도작업에 참여하려는 민간기업은 참여신청서를 법무부장관에게 제출하여야 하며, 교도작업에 참여하려는 민간기업은 경영상태가 양호하고, 취업지원을 하는 등 수형자의 사회복귀에 도움이 될 수 있어야 한다(시행규칙 제4조).

7. 일반경쟁계약 및 수의계약

(1) **일반경쟁계약**: 특별회계의 세입·세출의 원인이 되는 계약을 담당하는 공무원(계약담당자)은 다음의 어느 하나에 해당하는 계약으로서 추정가격[추정가격=예정가격-부가가치세]이 「국가를 당사자로 하는 계약에 관한 법률 시행령」 제26조 제1항 제5호 가목에 따른 추정가격의 2배를 초과하는 계약을 하려는 경우에는 일반경쟁에 부쳐야 한다(시행령 제9조). [2017. 5급 승진]

수의계약 대상임에도 추정가격의 2배를 초과하여 일반경쟁계약의 대상이 되는 경우 【시행령 제9조】
1. 고정자산에 속하거나 속하게 될 재산의 매매
2. 유동자산에 속하는 물건의 구입
3. 잡수입 과목으로 처리되는 물건의 매도
4. 손실 과목으로 처리되는 물건의 구입

(2) **수의계약**: 경쟁이나 입찰하지 않고 상대편을 임의로 선택하여 체결하는 계약

① 계약담당자는 (1)에도 불구하고 다음의 어느 하나에 해당하는 경우에는 수의계약으로 할 수 있다(시행령 제10조).

추정가격의 2배를 초과하더라도 수의계약이 가능한 경우 【시행령 제10조】
1. 계약의 성질 또는 목적이 특정된 조건을 필요로 하거나 특정인의 기술 또는 지능이 계약의 성취요건이 되어 대체할 수 없어 경쟁을 할 수 없는 경우
2. 수요기관과 계약을 하는 경우
3. 예산 또는 자금의 배정 지연으로 인하여 경쟁에 부칠 시간적 여유가 없어 교도작업 및 사업상 지장이 초래된다고 인정되는 경우

② 계약담당자는 계약을 수의계약으로 하려면 교도관회의의 심의를 거쳐야 한다(시행규칙 제9조 제1항). [2018. 5급 승진][2019. 9급]

③ 계약담당자가 계약을 수의계약으로 한 경우에는 법무부장관에게 보고하여야 한다(시행규칙 제9조 제2항).

8. 교도작업제품의 판매

(1) 교도작업으로 생산된 제품은 민간기업 등에 직접 판매하거나 위탁하여 판매할 수 있다(법 제7조). [2020. 9급] 총 6회 기출

(2) 법무부장관은 교도작업제품의 전시 및 판매를 위하여 필요한 시설을 설치·운영하거나 전자상거래 등의 방법으로 교도작업제품을 판매할 수 있다(시행령 제7조).

9. 교도작업특별회계

(1) 교도작업의 효율적인 운영을 위하여 교도작업특별회계(특별회계)를 설치한다(법 제8조 제1항). [2020. 9급] 총 2회 기출

(2) 특별회계는 법무부장관이 운용 · 관리한다(법 제8조 제2항). [2020. 6급 승진] 총 4회 기출

10. 특별회계의 세입 · 세출(법 제9조) [2019. 6급 승진] 총 2회 기출

특별회계의 세입	특별회계의 세출
① 교도작업으로 생산된 제품 및 서비스의 판매, 그 밖에 교도작업에 부수되는 수입금 ② 일반회계로부터의 전입금 ③ 차입금	① 교도작업의 관리, 교도작업 관련 시설의 마련 및 유지 · 보수, 그 밖에 교도작업의 운영을 위하여 필요한 경비 ② 작업장려금 ③ 위로금 및 조위금 ④ 수용자의 교도작업 관련 직업훈련을 위한 경비

11. 일반회계로부터의 전입

특별회계는 세입총액이 세출총액에 미달된 경우 또는 시설 개량이나 확장에 필요한 경우에는 예산의 범위에서 일반회계로부터 전입을 받을 수 있다(법 제10조). [2020. 9급] 총 2회 기출

12. 일시 차입 등

(1) 특별회계는 지출할 자금이 부족할 경우에는 특별회계의 부담으로 국회의 의결을 받은 금액의 범위에서 일시적으로 차입하거나 세출예산의 범위에서 수입금 출납공무원 등이 수납한 현금을 우선 사용할 수 있다(법 제11조 제1항). [2020. 9급]

(2) 일시적으로 차입하거나 우선 사용한 자금은 해당 회계연도 내에 상환하거나 지출금으로 대체납입하여야 한다(법 제11조 제2항).

13. 잉여금의 처리

특별회계의 결산상 잉여금은 다음 연도의 세입에 이입한다(법 제11조의2). [2020. 9급] 총 4회 기출

14. 예비비

특별회계는 예측할 수 없는 예산 외의 지출 또는 예산을 초과하는 지출에 충당하기 위하여 세출예산에 예비비를 계상할 수 있다(법 제12조).

제5절 직업훈련(직업능력개발훈련)

1 개요

직업훈련은 수형자의 건전한 사회복귀를 위하여 기술을 습득시키고, 가지고 있는 기술을 향상시키기보다 경쟁력을 갖춘 성공적인 사회복귀를 위한 교육훈련을 말한다.

2 현행법상 직업훈련(직업능력개발훈련)

1. 현형법상 직업능력개발훈련

(1) 소장은 수형자의 건전한 사회복귀를 위하여 기술 습득 및 향상을 위한 직업능력개발훈련을 실시할 수 있다(동법 제69조 제1항).

(2) 소장은 직업능력개발훈련을 하는 경우에는 그에 필요한 설비 및 실습 자재를 갖추어야 한다(시행령 제94조).

PART 04

2. 외부직업훈련

(1) **근거**: 소장은 수형자의 직업훈련을 위하여 필요하면 외부의 기관 또는 단체에서 훈련을 받게 할 수 있다(법 제69조 제2항). [2015. 7급]

(2) **대상**: 소장은 수형자가 개방처우급 또는 완화경비처우급으로서 직업능력 향상을 위하여 특히 필요한 경우에는 교정시설 외부의 공공기관 또는 기업체 등에서 운영하는 직업훈련을 받게 할 수 있다(시행규칙 제96조 제1항). [2022. 9급] 총 2회 기출

(3) **자비부담**: 외부직업훈련의 비용은 수형자가 부담한다. 다만, 처우상 특히 필요한 경우에는 예산의 범위에서 그 비용을 지원할 수 있다(시행규칙 제96조 제2항). [2016. 7급] 총 2회 기출

3. 직업훈련대상자 선정

(1) **직업훈련 대상자 선정기준**(동법 제69조 제3항): 직업훈련 대상자의 선정기준 등에 관하여 필요한 사항은 법무부령으로 정한다.

(2) **직업훈련 직종 선정**(시행규칙 제124조)

① 직업훈련 직종 선정 및 훈련과정별 인원은 법무부장관의 승인을 받아 소장이 정한다. [2022. 9급]

② 직업훈련 대상자는 소속기관의 수형자 중에서 소장이 선정한다. 다만, 집체직업훈련(직업훈련 전담 교정시설이나 그 밖에 직업 훈련을 실시하기에 적합한 교정시설에 수용하여 실시하는 훈련) 대상자는 집체직업훈련을 실시하는 교정시설의 관할 지방교정청장이 선정한다.

(3) **직업훈련 대상자 선정기준**(시행규칙 제125조)

① 소장은 수형자가 다음의 요건을 갖춘 경우에는 수형자의 의사, 적성, 나이, 학력 등을 고려하여 직업훈련 대상자로 선정할 수 있다.

㉠ 집행할 형기 중에 해당 훈련과정을 이수할 수 있을 것(기술숙련과정 집체직업훈련 대상자는 제외)

㉡ 직업훈련에 필요한 기본소양을 갖추었다고 인정될 것

㉢ 해당 과정의 기술이 없거나 재훈련을 희망할 것

㉣ 석방 후 관련 직종에 취업할 의사가 있을 것

② 소장은 소년수형자의 선도(善導)를 위하여 필요한 경우에는 선정기준 요건을 갖추지 못한 경우에도 직업훈련 대상자로 선정하여 교육할 수 있다.

(4) **직업훈련 대상자 선정의 제한**(시행규칙 제126조): 소장은 수형자가 다음 중 어느 하나에 해당하는 경우에는 직업훈련 대상자로 선정해서는 아니 된다. [2023. 9급] 총 2회 기출

① 15세 미만인 경우

② 교육과정을 수행할 문자해독능력 및 강의 이해능력이 부족한 경우

③ 징벌대상행위의 혐의가 있어 조사 중이거나 징벌집행 중인 경우

④ 작업, 교육·교화프로그램 시행으로 인하여 직업훈련의 실시가 곤란하다고 인정되는 경우

⑤ 질병·신체조건 등으로 인하여 직업훈련을 감당할 수 없다고 인정되는 경우

(5) **직업훈련 대상자 이송**(시행규칙 제127조)

① 법무부장관은 직업훈련을 위하여 필요한 경우에는 수형자를 다른 교정시설로 이송할 수 있다. [2017. 7급] 총 2회 기출

② 소장은 ①에 따라 이송된 수형자나 직업훈련 중인 수형자를 다른 교정시설로 이송해서는 아니 된다. 다만, 훈련취소 등 특별한 사유가 있는 경우에는 그러하지 아니하다. [2019. 5급 승진] 총 2회 기출

(6) **직업훈련의 보류 및 취소**(시행규칙 제128조)

① 소장은 직업훈련 대상자가 다음(1. 징벌대상행위의 혐의가 있어 조사를 받게 된 경우, 2. 심신이 허약하거나 질병 등으로 훈련을 감당할 수 없는 경우, 3. 소질·적성·훈련성적 등을 종합적으로 고려한 결과 직업훈련을 계속할 수 없다고 인정되는 경우, 4. 그 밖에 직업훈련을 계속할 수 없다고 인정되는 경우)의 어느 하나에 해당하는 경우에는 직업훈련을 보류할 수 있다. [2022. 9급] 총 2회 기출

② 소장은 직업훈련이 보류된 수형자가 그 사유가 소멸되면 본래의 과정에 복귀시켜 훈련하여야 한다. 다만, 본래 과정으로 복귀하는 것이 부적당하다고 인정하는 경우에는 해당 훈련을 취소할 수 있다.

직업훈련 비교·구분

직업훈련 대상자 선정기준	직업훈련 대상자 선정 제한사유	직업훈련 보류사유
① 집행할 형기 중에 해당 훈련과정을 이수할 수 있을 것(기술숙련과정 집체직업훈련 대상자는 제외) ② 직업훈련에 필요한 기본소양을 갖추었다고 인정될 것 ③ 해당 과정의 기술이 없거나 재훈련을 희망할 것 ④ 석방 후 관련 직종에 취업할 의사가 있을 것	① 15세 미만인 경우 ② 교육과정을 수행할 문자해독능력 및 강의 이해능력이 부족한 경우 ③ 징벌대상행위의 혐의가 있어 조사 중이거나 징벌집행 중인 경우 ④ 작업, 교육·교화프로그램 시행으로 인하여 직업훈련의 실시가 곤란하다고 인정되는 경우 ⑤ 질병·신체조건 등으로 인하여 직업훈련을 감당할 수 없다고 인정되는 경우	① 징벌대상행위의 혐의가 있어 조사를 받게 된 경우 ② 심신이 허약하거나 질병 등으로 훈련을 감당할 수 없는 경우 ③ 소질·적성·훈련성적 등을 종합적으로 고려한 결과 직업훈련을 계속할 수 없다고 인정되는 경우 ④ 그 밖에 직업훈련을 계속할 수 없다고 인정되는 경우

제6장 처우의 종료(수용자의 석방과 사망)

제1절 수용자의 석방

1 수용자의 석방제도

수형자 및 미결수용자, 「소년법」에 의한 시설수용보호처분자(소년분류심사원 및 소년원), 구 「사회보호법」에 의한 피보호감호자, 「치료감호 등에 관한 법률」에 의한 피치료감호자 등이 당해 시설에서의 처우를 모두 마치고 구금 또는 보호처분이 해체되어 시설로부터 사회로 합법적으로 복귀하거나 시설처우중 사망 또는 사형이 집행되는 것을 말한다.

2 시설내 처우의 종료형태

구분	법정사유	기타사유
수형자	형기 종료	가석방, 사면, 형의 집행정지 및 집행면제
미결수용자	구속기간의 종료, 무죄, 구속영장의 효력 상실	구속취소, 보석, 불기소, 구속집행정지, 면소, 공소기각
소년분류 심사원	위탁처우자 위탁기간 종료	심리불개시 또는 불처분 결정
소년원생	수용기간 종료(퇴원)	처분의 변경, 취소, 임시퇴원
피치료감호 청구자	기각 등의 선고	가종료, 치료위탁, 종료

3 석방 전 준비제도

1. 석방예정자의 처우

소장은 가석방 또는 형기 종료를 앞둔 수형자 중에서 법무부령으로 정하는 일정한 요건을 갖춘 사람에 대해서는 가석방 또는 형기 종료 전 일정 기간 동안 지역사회 또는 교정시설에 설치된 개방시설에 수용하여 사회적응에 필요한 교육, 취업지원 등의 적정한 처우를 할 수 있다(법 제57조 제4항).

2. 석방예정자 상담 · 지도 등

(1) **석방예정자 상담 · 지도**: 소장은 수형자의 건전한 사회복귀를 위하여 필요하다고 인정하면 석방 전 3일 이내의 범위에서 석방예정자를 별도의 거실에 수용하여 장래에 관한 상담과 지도를 할 수 있다(시행령 제141조). [2020. 6급 승진] 총 4회 기출

(2) **형기종료 석방예정자의 사전조사**: 소장은 형기종료로 석방될 수형자에 대하여는 석방 10일 전까지 석방 후의 보호에 관한 사항을 조사하여야 한다(시행령 제142조). [2018. 7급 승진] 총 3회 기출

(3) **형 또는 구속의 집행정지 사유의 통보**: 소장은 수용자에 대하여 건강상의 사유로 형의 집행정지 또는 구속의 집행정지를 할 필요가 있다고 인정하는 경우에는 의무관의 진단서와 인수인에 대한 확인서류를 첨부하여 그 사실을 검사에게, 기소된 상태인 경우에는 법원에도 지체 없이 통보하여야 한다(시행령 제21조).

(4) **석방예정자의 보호조치**: 소장은 수형자를 석방하는 경우 특히 필요하다고 인정하면 한국법무보호복지공단에 그에 대한 보호를 요청할 수 있다(시행령 제144조).

4 수용자의 석방사유

1. 의의

수용자의 구금상태를 적법하게 해제하여 사회에 복귀시키는 것을 말하며 시설내 처우의 최후단계이자 사회복귀의 최초단계를 의미한다.

2. 법정사유

(1) **수형자**: 형기의 종료

(2) **미결수용자**: 구속기간의 종료 및 무죄 등의 선고

3. 권한 있는 자의 명령에 의한 석방사유

(1) 가석방 결정으로 인한 석방

(2) 사면과 감형

사면법 제5조

일반사면	형 선고의 효력이 상실되며, 형을 선고받지 아니한 자에 대하여는 공소권이 상실된다. 다만, 특별한 규정이 있을 때에는 예외로 한다.
특별사면	형의 집행이 면제된다. 다만, 특별한 사정이 있을 때에는 이후 형 선고의 효력을 상실하게 할 수 있다.
일반에 대한 감형	특별한 규정이 없는 경우에는 형을 변경한다.
특정한 자에 대한 감형	형의 집행을 경감한다. 다만, 특별한 사정이 있을 때에는 형을 변경할 수 있다.
복권	형 선고의 효력으로 인하여 상실되거나 정지된 자격을 회복한다.

형의 선고에 따른 기성(旣成)의 효과는 사면, 감형 및 복권으로 인하여 변경되지 아니한다.

(3) **형의 집행면제**: 형의 선고를 받았으나 형의 집행을 하지 않거나 집행받을 의무를 소멸시키는 제도로 판결 자체에 있어서 형의 선고를 받지 않는 형의 면제와 구별된다.

(4) **형의 집행정지**

① 사형의 집행정지(형사소송법 제469조)

㉠ 사형의 선고를 받은 사람이 심신의 장애로 의사능력이 없는 상태이거나 임신중인 여자인 때에는 법무부장관의 명령으로 집행을 정지한다. [2018. 5급 승진]

㉡ 형의 집행을 정지한 경우에는 심신장애의 회복 또는 출산 후에 법무부장관의 명령에 의하여 형을 집행한다.

② 자유형의 집행정지(형사소송법 제470조 · 제471조)

필요적 집행정지	임의적 집행정지
① 징역, 금고 또는 구류의 선고를 받은 자가 심신의 장애로 의사능력이 없는 상태에 있는 때에는 형을 선고한 법원에 대응한 검찰청검사 또는 형의 선고를 받은 자의 현재지를 관할하는 검찰청검사의 지휘에 의하여 심신장애가 회복될 때까지 형의 집행을 정지한다. ② 형의 집행을 정지한 경우에는 검사는 형의 선고를 받은 자를 감호의무자 또는 지방공공단체에 인도하여 병원 기타 적당한 장소에 수용하게 할 수 있다. ③ 형의 집행이 정지된 자는 ②의 처분이 있을 때까지 교도소 또는 구치소에 구치하고 그 기간을 형기에 산입한다.	① 징역, 금고 또는 구류의 선고를 받은 자에 대하여 다음에 해당하는 사유가 있는 때에는 형을 선고한 법원에 대응한 검찰청검사 또는 형의 선고를 받은 자의 현재지를 관할하는 검찰청검사의 지휘에 의하여 형의 집행을 정지할 수 있다. • 형의 집행으로 인하여 현저히 건강을 해하거나 생명을 보전할 수 없을 염려가 있는 때 • 연령 70세 이상인 때 • 잉태 후 6월 이상인 때 • 출산 후 60일을 경과하지 아니한 때 • 직계존속이 연령 70세 이상 또는 중병이나 장애인으로 보호할 다른 친족이 없는 때 • 직계비속이 유년으로 보호할 다른 친족이 없는 때 • 기타 중대한 사유가 있는 때 ② 검사가 형의 집행정지의 지휘를 함에는 소속 고등검찰청검사장 또는 지방검찰청검사장의 허가를 얻어야 한다.

4. 미결수용자의 석방사유

구분	내용
무죄 등의 선고	무죄, 면소, 형의 면제, 형의 선고유예, 형의 집행유예, 공소기각 또는 벌금이나 과료를 과하는 판결이 선고된 때에는 구속영장은 효력을 잃는다(형사소송법 제331조).
구속의 취소	법원 또는 수사기관이 구속의 사유가 없거나 소멸된 때에 직권 또는 검사, 피고인, 변호인과 법정대리인 등의 청구에 의하여 구속된 피고인 또는 피의자를 석방하는 것을 말한다(형사소송법 제93조 · 제209조).
불기소	검사는 양형의 조건(형법 제51조)을 참작하여 기소편의주의에 입각하여 공소권을 행사하지 아니하는 처분을 할 수 있다. 검사의 불기소처분이 있으면 구속되었던 자는 석방된다.
보석	구속된 피고인에 대하여 보증금 납입 등을 조건으로 구속의 집행을 정지하여 피고인을 석방하는 제도이다. 보석에는 필요적 보석과 임의적 보석이 있으며 필요적 보석을 원칙으로 한다.
구속의 집행정지	① 법원 또는 수사기관이 상당한 이유가 있는 때에 결정으로 구속된 피고인 · 피의자를 친족, 보호단체 기타 적당한 자에게 부탁하거나 피고인 · 피의자의 주거를 제한하여 구속의 집행을 정지시키고 석방하는 제도이다. ② 구속의 집행정지결정에 대해서 검사는 즉시항고를 할 수 없고 보통항고의 방법으로 불복하여야 한다(헌재 2012.6.27. 2011헌가36).

5 현행법상 석방

1. 석방사유

소장은 사면・형기종료 또는 권한이 있는 사람의 명령에 따라 수용자를 석방한다(법 제123조).

2. 석방시기(법 제124조) [2020. 6급 승진] 총 11회 기출

(1) 사면, 가석방, 형의 집행면제, 감형에 따른 석방은 그 서류가 교정시설에 도달한 후 12시간 이내에 하여야 한다. 다만, 그 서류에서 석방일시를 지정하고 있으면 그 일시에 한다.

(2) 형기종료에 따른 석방은 형기종료일에 하여야 한다.

(3) 권한이 있는 사람의 명령에 따른 석방은 서류가 도달한 후 5시간 이내에 하여야 한다.

권한 있는 사람의 명령: 보석, 구속의 취소, 불기소, 구속의 집행정지, 형의 집행정지 등의 사유로 석방되는 경우를 말한다.

3. 피석방자의 보호

(1) **피석방자의 일시수용**: 소장은 피석방자가 질병이나 그 밖에 피할 수 없는 사정으로 귀가하기 곤란한 경우에 본인의 신청이 있으면 일시적으로 교정시설에 수용할 수 있다(법 제125조). [2020. 6급 승진] 총 3회 기출

(2) **귀가여비의 지급・대여**

① 소장은 피석방자에게 귀가에 필요한 여비 또는 의류가 없으면 법무부장관이 정하는 범위에서 이를 지급하거나 빌려 줄 수 있다(법 제126조). [2020. 6급 승진]

② 소장은 피석방자에게 귀가 여비 또는 의류를 빌려준 경우에는 특별한 사유가 없으면 이를 회수한다(시행령 제145조). [2020. 6급 승진]

제2절 수용자의 사망

사망 후의 조치

구분	내용
사망 알림	① 소장은 수용자가 사망한 경우에는 그 사실을 즉시 그 가족(가족이 없는 경우에는 다른 친족)에게 알려야 한다(법 제127조). [2016. 7급] ② 소장은 수용자의 사망 사실을 알리는 경우에는 사망 일시·장소 및 사유도 같이 알려야 한다(시행령 제146조).
검시	① 소장은 수용자가 사망한 경우에는 그 시신을 검사하여야 한다(시행령 제147조). ② **사형집행 후의 검시**: 소장은 사형을 집행하였을 경우에는 시신을 검사한 후 5분이 지나지 아니하면 교수형에 사용한 줄을 풀지 못한다(시행령 제111조).
사망 등 기록	① 의무관은 수용자가 질병으로 사망한 경우에는 사망장에 그 병명·병력·사인 및 사망일시를 기록하고 서명하여야 한다(시행령 제148조 제1항). ② 소장은 수용자가 자살이나 그 밖에 변사한 경우에는 그 사실을 검사에게 통보하고, 기소된 상태인 경우에는 법원에도 통보하여야 하며 검시가 끝난 후에는 검시자·참여자의 신분·성명과 검시 결과를 사망장에 기록하여야 한다(시행령 제148조 제2항).
미결수용자의 사망 등 통보	소장은 미결수용자가 위독하거나 사망한 경우에는 그 사실을 검사에게 통보하고, 기소된 상태인 경우에는 법원에도 지체 없이 통보하여야 한다(시행령 제105조).
사망자의 유류금품의 처리 (법 제28조)	① 소장은 사망자의 유류금품이 있으면 사망자의 경우에는 그 상속인에게 그 내용 및 청구 절차 등을 알려 주어야 한다. 다만, 썩거나 없어질 우려가 있는 것은 폐기할 수 있다. ② 소장은 상속인이 유류금품을 내어달라고 청구하면 지체 없이 내어주어야 한다. 다만, 알림을 받은 날(알려줄 수가 없는 경우에는 청구사유가 발생한 날)부터 1년이 지나도 청구하지 아니하면 그 금품은 국고에 귀속된다.
시신의 인도	① 소장은 사망한 수용자의 친족 또는 특별한 연고가 있는 사람이 그 시신 또는 유골의 인도를 청구하는 경우에는 인도하여야 한다. 다만, 자연장을 하거나 집단으로 매장을 한 후에는 그러하지 아니하다(법 제128조 제1항). ② 소장은 병원이나 그 밖의 연구기관이 학술연구상의 필요에 따라 수용자의 시신인도를 신청하면 본인의 유언 또는 상속인의 승낙이 있는 경우에 한하여 인도할 수 있다(법 제128조 제4항). [2016. 7급]
시신의 매장·화장	① 소장은 수용자가 사망한 사실을 알게 된 사람이 다음의 어느 하나에 해당하는 기간 이내에 그 시신을 인수하지 아니하거나 시신을 인수할 사람이 없으면 임시로 매장하거나 화장 후 봉안하여야 한다. 다만, 감염병 예방 등을 위하여 필요하면 즉시 화장하여야 하며, 그 밖에 필요한 조치를 할 수 있다(법 제128조 제2항). [2016. 7급] 1. **임시로 매장하려는 경우**: 사망한 사실을 알게 된 날부터 3일 2. **화장하여 봉안하려는 경우**: 사망한 사실을 알게 된 날부터 60일 ② 소장은 시신을 임시로 매장하거나 화장하여 봉안한 후 2년이 지나도록 시신의 인도를 청구하는 사람이 없을 때에는 다음의 구분에 따른 방법으로 처리할 수 있다(법 제128조 제3항). 1. **임시로 매장한 경우**: 화장 후 자연장을 하거나 일정한 장소에 집단으로 매장 2. **화장하여 봉안한 경우**: 자연장 ③ 소장은 시신을 인도, 화장, 임시 매장, 집단 매장 또는 자연장을 한 경우에는 그 사실을 사망장에 기록하여야 한다(시행령 제148조 제3항). ④ 소장은 수용자가 사망하면 법무부장관이 정하는 범위에서 화장·시신인도 등에 필요한 비용을 인수자에게 지급할 수 있다(법 제128조 제5항). [2016. 7급]

이준 마법교정학

요약 필독서

합격까지 박문각

제 05 편

처우의 사회화

PART 05

처우의 사회화

제1장 사회적 처우(개방처우)

제1절 개방처우

1 개방처우의 개념

사회적 처우(개방처우)란 기초는 수형자에 대한 신뢰와 수형자 각자의 자율에 두는 것으로, 시설내 처우에 기반을 두면서 시설의 폐쇄성을 완화하여 구금의 폐해를 최소화하고 그 생활조건을 일반 사회생활에 접근시킴으로써 수형자의 재사회화 내지 개선 효과를 얻고자 하는 처우 방법이다.

사회적 처우와 사회내 처우

사회적 처우	① 보안 상태나 행동의 자유에 대한 제한 등이 완화된 시설 또는 폐쇄시설이라도 시설내 처우와 연계되면서 사회생활의 준비가 필요한 수형자를 대상으로 사회 적응력을 배양시키려는 개방된 처우 형태이다. ② 귀휴제도, 외부통근제도, 가족만남의 집, 주말구금제도 등이 있다. [2020. 5급 승진]
사회내 처우	① 범죄자를 교정시설에 수용하지 않고 사회내에서 통상의 생활을 영위하도록 하면서 지도・개선 등에 의해 그 범죄자의 개선・사회복귀를 도모하는 제도를 말한다. ② 보호관찰제도, 가석방제도, 갱생보호제도, 사회봉사・수강명령, 선도조건부 기소유예, 판결 전 조사제도 등이 있다. [2020. 5급 승진]

2 개방처우의 장・단점

장점 [2011. 9급] 총 4회 기출	단점
① 완화된 시설과 감시가 수형자의 신체적・정신적 건강에 유리하게 작용한다. ② 교정당국에 대한 신뢰감 증가로 자발적 개선의욕을 촉진시킨다. ③ 가족이나 친지 등과의 유대감 지속으로 정서적 안정을 도모할 수 있다. ④ 통제와 감시에 소요되는 비용을 절감할 수 있다는 점에서 경제적이다. ⑤ 수형자의 사회적응력 향상에 적합하며 사회복귀를 촉진시킨다. ⑥ 형벌의 인도화에 기여한다.	① 통상적 형벌관념이나 일반국민의 법감정에 부합하지 않는다. ② 도주의 위험이 증가하며 완화된 계호와 감시를 이용하여 외부인과의 부정한 거래를 꾀할 수 있다. ③ 대상자 선정에 있어 사회의 안전을 지나치게 강조할 경우 수용의 필요성이 없는 수형자를 개방처우하게 되어 결과적으로 형사사법망의 확대를 초래할 수 있다.

제2절 개방처우의 종류

1 귀휴제도

1. 의의

귀휴제도는 일정기간 복역하고 행형성적이 우수한 수형자에 대하여 외출, 외박을 허가하는 제도로서 석방 후의 생활을 준비하고 가족과의 유대를 강화시켜 사회적응능력을 키워주려는 데 그 취지가 있다.

2. 현행법령상 귀휴제도

(1) **일반 귀휴**(동법 제77조 제1항)

① 소장은 6개월 이상 형을 집행 받은 수형자로서 그 형기의 3분의 1(21년 이상의 유기형 또는 무기형의 경우에는 7년)이 지나고 교정성적이 우수한 사람이 다음 각 호의 어느 하나에 해당하면 1년 중 20일 이내의 귀휴를 허가할 수 있다. [2024. 7급]

1. 가족 또는 배우자의 직계존속이 위독한 때
2. 질병이나 사고로 외부의료시설에의 입원이 필요한 때
3. 천재지변이나 그 밖의 재해로 가족, 배우자의 직계존속 또는 수형자 본인에게 회복할 수 없는 중대한 재산상의 손해가 발생하였거나 발생할 우려가 있는 때[2024. 7급]
4. 그 밖에 교화 또는 건전한 사회복귀를 위하여 법무부령으로 정하는 사유가 있는 때

법무부령으로 정하는 일반귀휴사유(시행규칙 제129조 제3항)

1. 직계존속, 배우자, 배우자의 직계존속 또는 본인의 회갑일이나 고희일인 때
2. 본인 또는 형제자매의 혼례가 있는 때
3. 직계비속이 입대하거나 해외 유학을 위하여 출국하게 된 때
4. 직업훈련을 위하여 필요한 때
5. 「숙련기술장려법」 제20조 제2항에 따른 국내기능경기대회의 준비 및 참가를 위하여 필요한 때
6. 출소 전 취업 또는 창업 등 사회 복귀 준비를 위하여 필요한 때
7. 입학식·졸업식 또는 시상식에 참석하기 위하여 필요한 때
8. 출석 수업을 위하여 필요한 때
9. 각종 시험에 응시하기 위하여 필요한 때
10. 그 밖에 가족과의 유대강화 또는 사회적응능력 향상을 위하여 특히 필요한 때

② 일반귀휴의 경우 형기를 계산할 때 부정기형은 단기를 기준으로 하고, 2개 이상의 징역 또는 금고의 형을 선고받은 수형자의 경우에는 그 형기를 합산한다. [2013. 9급 경채][2024. 7급]

(2) **특별귀휴**(동법 제77조 제2항): 소장은 다음 각 호의 어느 하나에 해당하는 사유가 있는 수형자에 대하여는 제1항에도 불구하고 5일 이내의 특별귀휴를 허가할 수 있다.

1. 가족 또는 배우자의 직계존속이 사망한 때
2. 직계비속의 혼례가 있는 때

(3) **귀휴 허가**

① 소장은 귀휴(일반귀휴 · 특별귀휴)를 허가하는 경우에는 귀휴심사위원회의 심사를 거쳐야 한다(시행규칙 제129조 제1항). [2019. 6급 승진] 총 2회 기출

② 소장은 토요일, 공휴일, 그 밖에 위원회의 소집이 매우 곤란한 때에 수형자의 가족 또는 배우자의 직계존속이 사망하여 특별귀휴의 사유가 발생한 경우에는 위원회의 심사를 거치지 아니하고 귀휴를 허가할 수 있다(시행규칙 제134조 제1항 본문).

③ 소장은 개방처우급 · 완화경비처우급 수형자에게 일반귀휴를 허가할 수 있다. 다만, 교화 또는 사회복귀 준비 등을 위하여 특히 필요한 경우에는 일반경비처우급 수형자에게도 이를 허가할 수 있다(시행규칙 제129조 제2항). [2019. 9급] 총 7회 기출

(4) **귀휴기간의 형기산입**: 일반귀휴와 특별귀휴의 기간은 형 집행기간에 포함한다(법 제77조 제4항). [2019. 9급 승진] 총 11회 기출

(5) **귀휴허가 후 조치**

① 귀휴허가증 발급: 소장은 귀휴를 허가한 때에는 귀휴허가부에 기록하고 귀휴허가를 받은 수형자(귀휴자)에게 귀휴허가증을 발급하여야 한다(시행규칙 제139조).

② 동행귀휴: 소장은 수형자에게 귀휴를 허가한 경우 필요하다고 인정하면 교도관을 동행시킬 수 있다(시행규칙 제141조 제1항). [2018. 7급] 총 2회 기출

③ 소장은 귀휴자의 가족 또는 보호관계에 있는 사람으로부터 보호서약서를 제출받아야 한다(시행규칙 제141조 제2항). [2024. 7급]

(6) **귀휴자에 대한 조치**(시행령 제97조)

① 소장은 2일 이상의 귀휴를 허가한 경우에는 귀휴를 허가받은 사람(귀휴자)의 귀휴지를 관할하는 경찰관서의 장에게 그 사실을 통보하여야 한다. [2018. 7급] 총 3회 기출

② 귀휴자는 귀휴 중 천재지변이나 그 밖의 사유로 자신의 신상에 중대한 사고가 발생한 경우에는 가까운 교정시설이나 경찰관서에 신고하여야 하고 필요한 보호를 요청할 수 있다.

③ 보호 요청을 받은 교정시설이나 경찰관서의 장은 귀휴를 허가한 소장에게 그 사실을 지체 없이 통보하고 적절한 보호조치를 하여야 한다.

(7) **귀휴비용**(시행규칙 제142조)

① 귀휴자의 여비와 귀휴 중 착용할 복장은 본인이 부담한다. [2019. 9급] 총 3회 기출

② 소장은 귀휴자가 신청할 경우 작업장려금의 전부 또는 일부를 귀휴비용으로 사용하게 할 수 있다. [2020. 6급 승진] 총 4회 기출

(8) **귀휴의 취소**: 소장은 귀휴 중인 수형자가 다음의 어느 하나에 해당하면 그 귀휴를 취소할 수 있다(법 제78조). [2020. 6급 승진] 총 9회 기출

[귀휴 취소사유]

1. 귀휴의 허가사유가 존재하지 아니함이 밝혀진 때
2. 거소의 제한이나 그 밖에 귀휴허가에 붙인 조건을 위반한 때

2 주말구금제도

1. 의의

(1) 주말구금제도란 형의 집행을 가정이나 직장생활을 하는 데 지장이 없는 토요일과 일요일인 주말에 실시하는 제도로 매 주말마다 형이 집행되는 형의 분할집행방법을 의미한다.

(2) 장기형의 수형자에게는 부적당한 제도로 단기형 및 경범자를 대상으로 한다.

(3) 우리나라에서는 시행하고 있지 않다.

2. 장 · 단점

장점	단점
① 경범죄자에 대한 명예감정을 자각시켜 자신의 범행에 대한 반성을 촉구할 수 있다. ② 단기자유형의 악성감염 등 폐해를 제거할 수 있다. ③ 기존의 직장생활과 가족과의 생활을 계속할 수 있어 생활의 안정을 유지할 수 있다. ④ 피해자에 대한 손해배상을 보다 쉽게 할 수 있다.	① 국민의 응보적 법감정에 부합하지 않는다. ② 장기수형자에게 부적합하다. ③ 피해자와의 접촉이 가능하여 법집행의 실효를 거둘 수 없다. ④ 휴일이 한정되어 있고 단기자유형이라 하더라도 상당한 형기를 주말구금으로 집행하게 되어 오히려 계속 집행보다 가혹할 수 있다. ⑤ 구금장소가 본래의 거주지로부터 원거리에 있을 경우 교통상의 불편함이 있다. ⑥ 주중에는 자유로운 생활이 가능하므로 도주의 우려가 있다.

3 보스탈(Borstal)제도

(1) 보스탈이란 보호 또는 피난시설이란 뜻을 갖고 있으며 영국 켄트지방의 Borstal이란 곳에서 이런 시설이 있었던 것에서 일반화되었다. [2020. 9급]

(2) 주로 16세부터 21세까지의 범죄소년을 1년 이상 3년 이하의 부정기간 수용하고 직업훈련 · 학과교육 등을 실시하여 교정 · 교화하는 것이다. [2024. 7급] 총2회 기출

4 외부통근제도

1. 의의

(1) 외부통근제란 교정성적이 우수한 시설구금 중인 수형자를 주간에는 교도관의 계호 없이 교정시설 밖의 외부기업체에서 사회일반근로자와 같은 조건에서 작업하도록 하고, 야간과 휴일에는 교정시설에서 일정규칙에 따라 생활하도록 하는 제도이다.

(2) 외부통근제는 야간이나 휴일은 시설 내에 구금하고, 주간에는 시설 외에서 자유로이 작업한다는 의미에서 반구금제 또는 반자유처우제도라고도 할 수 있다.

2. 외부통근제도의 유형(사법형 · 행정형 · 혼합형) [2013. 7급]

(1) 사법형 외부통근제

① 의의

㉠ '통근형'이라고도 하며, 법원이 형벌의 일종으로 유죄확정자에게 외부통근형을 선고하는 것을 말하며 미국의 많은 주에서 시행하고 있다.

ⓛ 수형자가 수형 초기부터 시설 외의 취업장으로 통근하는 것이기 때문에 석방 전 누진처우의 일환으로 행해지는 행정형 외부통근제와는 차이가 있다.
ⓒ 주로 경범죄자나 단기수형자가 그 대상이 된다.
ⓔ 본인이 원하고 판사가 대상자로서 적합하다고 판단되면 보호관찰관에게 조사를 명하게 되는데, 통상 시설에서 통근이 가능한 거리에 직장이 있고 고용주의 협력을 전제로 선고하는 것이 일반적이다.

② 장·단점

장점 [2016. 7급]	단점
① 단기자유형으로 인한 직장의 상실 없이 직장을 지속적으로 유지하는 것이 가능하다. ② 가족의 생계를 담당할 수 있고 단기구금형의 폐해를 방지할 수 있다. ③ 개인의 존엄을 유지하게 할 수 있다. ④ 주말구금이나 야간구금과 같은 반구금제도와 함께 활용할 수 있다.	① 행정형 외부통근제보다는 국민의 응보적 법감정에 부합하지 않는다. [2016. 7급]

(2) **행정형 외부통근제**(호스텔 제도)

① 의의
ⓖ 교도소 또는 가석방위원회 등과 같은 행정기관에 의하여 형의 종류로서가 아닌 석방 전 교육 및 사회복귀능력 향상의 일환으로 시행하는 통근제를 말하며 유럽 대부분의 국가와 우리나라, 일본 등에서 운영하고 있다. [2011. 9급] 총 2회 기출
ⓛ 주간에는 외부에서 자유로이 취업, 야간이나 공휴일에는 시설 내에 수용하기 때문에 반구금제 혹은 반자유제라고도 한다.
ⓒ 일정기간을 복역하고 행장이 양호한 수형자가 선정대상이 되며 장기수형자도 대상이 될 수 있다.

② 장·단점

장점	단점
① 장기수형자들에게 사회의 접촉기회를 증가시켜 타성적인 습성을 교정하고 사회인으로서의 자율성 배양을 가능하게 한다. ② 직장에 대한 애착심을 갖게 하고 출소 후에도 관련 직종에 계속적으로 종사할 수 있어 재범방지 및 사회적응촉진에 기여한다. ③ 가족과의 유대관계를 강화하여 출소 후 원만한 가족관계 유지 및 환경변화에서 오는 부작용을 최소화할 수 있다. ④ 새로운 기술을 습득할 기회를 부여하고 시설 내 작업보다 많은 보수를 받을 수 있어 출소 후 재활에 도움을 주며 주간의 수용경비절감에 기여한다.	① 계호의 완화에 따른 도주발생의 가능성이 높다. ② 국민의 응보적 법감정에 배치된다. ③ 사회 일반 근로자와의 부조화 및 마찰이 발생될 수 있다. ④ 외부통근에 적합한 수용자를 선별하기 어렵다. ⑤ 불경기일 경우 취업직종 선정에 곤란을 겪을 수 있다. ⑥ 취업직장의 경영상태에 따라 고용이 좌우되는 경우가 많아 취업의 안정을 기하기 어렵다.

(3) 혼합형 외부통근제

혼합형은 사법적 외부통근제와 행정적 외부통근제를 병행한 제도인데, 법원은 형벌의 일종으로서 통근형을 선고하고, 교도소가 가석방위원회 등의 허가를 얻어 외부통근을 실시하는 형태(미국의 노스캐롤라이나주)이다.

5 가족만남의 날과 가족만남의 집

구분	가족만남의 날	가족만남의 집
의의	가족 만남의 날은 수형자와 그 가족이 교정시설의 일정한 장소에서 다과와 음식을 함께 나누면서 대화의 시간을 갖는 행사를 말한다(시행규칙 제89조 제4항).	가족 만남의 집은 수형자와 그 가족이 숙식을 함께 할 수 있도록 교정시설에 수용동과 별도로 설치된 일반주택 형태의 건축물을 말한다(시행규칙 제89조 제4항). [2020. 7급] 총 3회 기출
일반대상자	소장은 개방처우급·완화경비처우급 수형자를 참여하게 할 수 있고, 특히 필요한 경우 일반경비처우급 수형자에게 허가할 수 있다(시행규칙 제89조 제1항). [2020. 7급] 총 8회 기출	소장은 개방처우급·완화경비처우급 수형자에 대하여 가족 만남의 집을 이용하게 할 수 있고, 특히 필요한 경우 일반경비처우급 수형자에게 허가할 수 있다(시행규칙 제89조 제1항, 제3항) [2020. 7급] 총 8회 기출
특별대상자	소장은 수용자가 시설의 안전과 질서유지에 뚜렷한 공이 인정되는 때 또는 수용생활에 모범을 보이거나 건설적이고 창의적인 제안을 하는 등 특히 포상할 필요가 있다고 인정되는 때에는 포상으로 가족만남의 날 행사 참여 대상자로 선정할 수 있다(법 제106조·시행규칙 제214조의2). [2017. 5급 승진] 총 2회 기출	소장은 수용자가 사람의 생명을 구조하거나 도주를 방지한 때 또는 응급용무에 공로가 있는 때에는 포상으로 가족만남의 집 이용 대상자로 선정할 수 있다(법 제106조·시행규칙 제214조의2). [2017. 5급 승진] 총 2회 기출
공통사항	① 가족 만남의 날 행사 참여는 접견 허용횟수에는 포함되지 아니한다(시행규칙 제89조 제1항). [2020. 7급] 총 8회 기출 ② 소장은 가족이 없는 수형자에 대하여는 결연을 맺었거나 그 밖에 가족에 준하는 사람으로 하여금 그 가족을 대신하게 할 수 있다(시행규칙 제89조 제2항). [2020. 7급] 총 4회 기출	

6 사회견학·봉사활동·외부종교행사 참석

1. 의의

(1) 사회견학이란 수형자로 하여금 경제, 사회, 문화적으로 급속히 변화하는 사회의 실상을 교정시설 밖의 사회현장에서 직접 체험하는 것을 말한다.

(2) 봉사활동이란 수형자로 하여금 자연재해 등으로 인한 피해현장의 복구, 사회의 소외된 계층에 대한 도우미의 형태로 시설 밖에서 활동하게 하는 것을 말한다.

(3) 외부종교행사 참석이란 수형자로 하여금 교정시설 외에 설치되어 있는 일반종교시설에서 행하는 종교의식이나 행사 등에 참여하게 하는 것을 말한다.

제2장 지역사회교정(사회내 처우)

제1절 지역사회 교정의 발전

1 의의

(1) 지역사회교정(community based correction)이란 지역사회와 범죄자와의 상호 의미 있는 유대라는 개념을 바탕으로 지역사회에서 행해지는 범죄자에 대한 다양한 제재와 비시설 내 교정프로그램을 말한다. [2016. 5급 승진]

(2) 지역사회교정은 범죄에 대한 사회적 책임을 강조하고 재통합 모델의 관점에서 사회내 처우 형태를 선호하며, 처우의 과학화보다는 처우의 사회화를 실현하는 제도이다.

(3) 범죄자에 대한 인도주의적 처우, 사회복귀의 긍정적 효과 그리고 교정경비의 절감과 재소자관리상 이익의 필요성 등의 요청에 의해 대두되었다. [2019. 9급]

(4) 현대 교정의 궁극적 목표는 범죄인의 교화개선과 사회재통합을 통한 사회복귀에 두고 있으므로 교정처우도 사회화 내지 개방화의 경향으로 변화하고 있다.

2 지역사회교정의 목표와 성과

1. 지역사회교정의 목표

지역사회의 보호	① 각 단계별 모든 처벌프로그램의 중요한 공동목표가 된다. ② 지역사회를 보호하기 위해 대상자의 범주와 자격기준을 적절히 지정하고 과학적으로 선발하면서 제약의 유형과 통제수단을 적절히 강구해야 한다.
처벌의 연속성 제공	① 구금과 보호관찰의 양극적인 처벌에 더한 다양한 처벌방식을 제공하여 범죄뿐만 아니라 범죄자에 따라 처벌을 의미 있게 차별화하여야 한다. ② 범죄에 상응한 다양한 처벌로써 범죄뿐만 아니라 범죄자에게도 적합하도록 연속적 처벌과 다양한 프로그램을 제공한다. ③ 전통적인 보호관찰이나 구금형에 대한 대안인 중간처벌로서의 기능과 보호관찰이나 가석방 철회 시 교도소에 재구금시키는 양형대안으로 사용한다.
사회복귀와 재통합 [2024. 9급]	① 범죄자의 사회내 처우를 통해 기존의 사회적 유대관계를 지속시키고 나아가 새롭고 보다 긍정적인 사회관계를 개발하도록 원조하는 데 그 목표가 있다. ② 1970년대 이후 재통합에 대한 열망은 상당히 감소되었다.
비용효과	최소비용으로 지역사회의 보호와 사회복귀를 달성하는 것이 비구금적인 지역사회교정의 가장 적절한 목표이다.
목표들 간의 갈등해소	지역사회교정 프로그램의 여러 목표 간에는 갈등요소들이 내재되어 있고 이는 각 프로그램의 구체적인 목표달성 여부를 확인하기 어렵게 한다는 문제가 있다.

2. 지역사회교정의 실현 형태

지역사회교정은 대체로 전환(diversion)・옹호(advocacy)・재통합(reintegration)의 형태로 시행되고 있다. [2021. 9급] 총 3회 기출

전환	낙인의 영향을 최소화하고 범죄자의 사회복귀를 용이하게 하기 위해서 범죄자를 공식적인 형사사법절차와 과정으로부터 비공식적인 절차와 과정으로 우회시키는 제도로서 대부분의 지역사회교정은 최소한 이러한 전환을 전제로 한다. [2016. 5급 승진]
옹호	범죄자의 변화보다는 사회의 변화를 더 강조하는 것으로서, 단순히 기존의 자원에 범죄자를 위탁하는 것만으로는 충분치 못하고 필요한 자원이 부적절하다면 그 자원을 개발하고 기존의 자원이 활용하기 어려운 것이라면 이용 가능하도록 만들어야 한다.
재통합	범죄와 사회의 공동의 변화를 추구하는 것으로, 대표적으로 중간처우소(Halfway house)와 집단가정(group house) 등을 들 수 있다. 지역사회와 교정프로그램의 연계, 프로그램에 대한 범죄자의 참여 등과 같은 지역사회와 교정프로그램의 상호작용을 극대화하는 노력이 중요한 가치로 평가된다. [2020. 5급 승진] 총 2회 기출

3. 지역사회교정의 장・단점 [2024. 9급] 총 4회 기출

장점	단점
① 시설내 처우로 인한 사회단절과 악풍감염의 폐해를 줄이고 범죄배양효과 내지는 낙인효과를 피하게 해준다. ② 전환제도로 이용되면 형사시설의 과밀화 방지에 기여하여 형사사법기관의 부담을 감소시킬 수 있다. ③ 교정시설 수용에 비해 일반적으로 비용과 재정부담이 감소되고 교도소 과밀수용 문제를 해소할 수 있다. ④ 대상자에게 가족, 지역사회, 집단 등과 유대관계를 유지하게 하여 범죄자의 지역사회 재통합 가능성을 높여 줄 수 있다. ⑤ 단기자유형의 폐해극복 및 범죄인 처우를 위한 국가비용을 절감할 수 있다. ⑥ 통상의 형사재판절차에 처해질 알코올중독자, 마약사용자, 경범죄자 등의 범죄인에 대한 전환 방안으로 활용할 수 있다. ⑦ 사회내 재범가능자들을 감시하고 지도함으로써 지역사회의 안전과 보호에 기여한다.	① 지역사회의 반대 등으로 사회내 처우시설의 유치가 곤란하고, 국민법감정과 배치되고, 사회방위를 침해할 수 있다. ② 시설내 구금의 한계를 극복하기 위한 신종의 사회통제전략으로 형사사법망의 확대에 불과하다. ③ 사회내 처우는 형식적으로는 구금이 아니나, 사회내 처우 관련기관들이 개입하므로 실질적으로 구금기능을 할 수 있다.

3 지역사회교정의 비판

지역사회교정의 확대는 과거에는 범죄통제의 대상이 되지 않았던 대상자를 범죄의 통제대상이 되게 함으로써 형사사법망 확대(net widening)를 초래한다는 비판을 받고 있다. [2024. 9급] 총 3회 기출

지역사회교정으로 인한 형사사법망의 확대 유형

망의 확대(wider nets)	국가에 의해서 통제되고 규제되는 시민의 비율이 증가되는 현상, 즉 더 많은 사람을 잡을 수 있도록 그물망을 키워왔다.
망의 강화(stronger nets)	범죄자에 대한 개입의 강도를 높힘으로써 범죄자에 대한 통제를 강화시켰다.
상이한 망(different nets)의 설치	범죄자를 사법기관이 아닌 다른 기관으로 위탁하여 실제로는 더 많은 사람을 범죄의 통제대상이 되게 한다.

제3장 중간처우제도

제1절 개관

1 의의

일반 사회와 수형자 간의 교류 확대를 통하여 수형자의 사회 복귀를 용이하게 하기 위한 제도로서 시설내 처우와 사회내 처우의 중간 형태 내지 결합 형태라고 할 수 있으며 시설 자체나 시설과 연계된 다른 장소에서 폭넓은 자유를 허용하는 처우방식을 말한다.

구분	내용
분류	수형자에 대한 과학적 분류가 전제되어야 한다.
장점	형사제재의 연속성을 가져올 수 있고, 시설수용 내지 석방의 충격을 완화할 수 있으며, 지역사회 보호의 목표를 달성할 수 있다.
단점	국민의 응보적 법감정에 부합하지 않는다.
사례	미국의 중간처우의 집(Halfway house), 영국의 호스텔(Hostel)

2 중간처우시설의 구분

교정시설 내 처우의 사회화 (시설내 중간처우)	외부방문, 귀휴, 외부통근작업 및 외부통학제도 등 개방처우	
지역사회 내 주거시설 (사회내 중간처우)	구금 전 단계	보석대상자, 피해자 없는 범죄자 등을 중간처우시설에 단기간 강제 거주
	구금 후 단계	만기 혹은 가석방에 의해 출소되기 전까지 잔여형기 동안의 과도기적 장소

제2절 중간처우의 종류

1 중간처우의 집(Halfway house)

1. 의의

(1) 교정시설 밖에 설치된 소규모 독립생활공간을 말하며 이곳에는 출소일이 가까운 수형자를 대상으로 구금생활과 사회생활의 중간에 해당하는 처우를 실시한다. 영국에서는 일반적으로 호스텔 형태로 운영된다.

2. 종류

석방 전 중간처우의 집 (Halfway－out House)	미국의 중간처우의 집은 1950년 최초로 미시간주와 콜로라도주의 교도소에서 채택되어 교도소로부터 떨어진 독립된 시설을 두고 석방준비단계의 수형자들을 수용한다. 일반적으로 중간처우라 함은 석방 전 중간처우소를 말한다.
입소 전 중간처우의 집 (Halfway－in House)	범죄인이 교정시설에 입소하기 전에 일정기간 중간시설에 수감된 후 교정시설에 수용하여 구금의 충격을 완화시켜 주는 제도이다.

2 사회내 처우센터(Community Treatment Center)

1. 의의

중간처우의 집과 마찬가지로 석방 이전에 수형자의 사회복귀를 준비시키기 위하여 교정시설과 사회의 중간에 설치한 처우시설이다.

2. 유형

석방 전 지도센터 (Prerelease Guidance Center)	① 형기만료 수 주일 전에 수용되어 전문상담가의 상담·지도·보호를 통해 취업, 작업훈련 등 교정시설과 일반사회의 중간처우를 실시하는 곳이다. ② 수용되는 사람은 수형자인 동시에 지역사회의 일원으로서 새로운 환경에 적응하기 위한 훈련을 받게 되는데 교정시설의 직원은 심리학이나 사회사업학을 전공한 자를 선발하여 석방준비, 개별지도 등을 책임있는 사회의 일원으로 복귀하도록 지도한다.
석방 전 호스텔 (Pre-discharged Hostel)	대부분 교도소 외각의 일부에 별도로 설치·운영된다. 이곳에 이송된 자들은 자신의 기능에 맞는 기업체에 취업할 수 있으므로 사회복귀에 필요한 재원마련은 물론 장차 복귀할 사회사정에도 익숙하게 되어 석방대비에 많은 도움이 되고 있다.
보호관찰부 가석방 및 보호관찰 호스텔 (Parole & Probation Hostel)	① **가석방 호스텔(Parole Hostel)**: 가석방자의 사회생활적응능력을 함양하기 위한 것으로 미국에서 주로 종교단체나 자선단체에 의해 운영되는데 우리나라에서는 한국법무보호복지공단에서 이와 유사한 기능을 수행한다. ② **보호관찰부 거주호스텔**: 보호관찰을 조건으로 하는 석방자의 처우를 위한 거주시설로 미국에서는 보호행정을 담당하는 카운티나 주에서 실시한다(즉 정부에서 운영). ③ **보호관찰부 비거주호스텔**: 보호관찰을 조건으로 하는 비거주호스텔제도로 15~17세 소년을 대상으로 4~6개월 동안 주간에는 학업이나 마을의 잡역을 하고 이를 마친 후에는 센터에 모여 경험사실에 대해 토론한 다음 오후 7시 귀가하는 형태이다.
다목적센터 (Community Diagnostic and Treatment Center)	재정이 영세한 군정부(카운티)는 한 가지 목적만을 위하여 독립된 시설을 운영하기 어렵기 때문에 재정적 부담을 덜기 위해 주로 소년을 대상으로 여러 가지 목적에 부응하기 위해 만들어진 시설을 말하며, 우리나라에서는 소년분류심사원이 이와 유사한 기능을 수행한다.
엠마우스 하우스 (Emmaus House)	주거식 소규모 처우시설로 여성수용자 출신의 사회복귀에 도움을 주는 시설이다.
개방센터 (Opening Center)	비거주식으로 취업알선 위주의 소극적 처우시설이다.

제3절 현행법상 중간처우

1 우리나라의 중간처우

1. 법적 근거

소장은 가석방 또는 형기 종료를 앞둔 수형자 중에서 법무부령으로 정하는 일정한 요건을 갖춘 사람에 대해서는 가석방 또는 형기 종료 전 일정 기간 동안 지역사회 또는 교정시설에 설치된 개방시설에 수용하여 사회적응에 필요한 교육, 취업지원 등의 적정한 처우를 할 수 있다(동법 제57조 제4항).

2. 대상자

중간처우(시행규칙 제93조) [2024. 7급]

<table>
<tr><th>교정시설 설치 개방시설 수용
사회적응 필요교육, 취업지원 등 적정처우 대상자①</th><th>지역사회에 설치된 개방시설 수용 대상자②</th></tr>
<tr><td colspan="2">1. 개방처우급 혹은 완화경비처우급 수형자
2. 형기가 2년 이상인 사람</td></tr>
<tr><td>3. 범죄 횟수가 3회 이하인 사람</td><td>3. 범죄 횟수가 1회인 사람</td></tr>
<tr><td>4. 중간처우를 받는 날부터 가석방 또는 형기 종료 예정일까지 기간이 3개월 이상 2년 6개월 미만인 사람</td><td>4. 중간처우를 받는 날부터 가석방 또는 형기 종료 예정일까지의 기간이 1년 6개월 미만인 사람</td></tr>
<tr><td colspan="2">제1항 및 제2항에 따른 중간처우 대상자의 선발절차, 교정시설 또는 지역사회에 설치하는 개방시설의 종류 및 기준, 그 밖에 필요한 사항은 법무부장관이 정한다(제3항)</td></tr>
</table>

2 중간처우 사례

교정시설내 중간처우소는 안양교도소 소망의 집이 있고, 지역사회내 밀양교도소 밀양희망센터, 천안교도소 아산희망센터, 화성직업훈련교도소 평택희망센터 등은 수형자가 외부업체에서 일하고 지역사회내의 기숙사에서 생활하는 형태로 운영되고 있다. [2024. 7급]

제4장 중간처벌제도

제1절 개요

1 의의

구금형과 보호관찰 사이에 존재하는 일련의 처벌형태로 중간처우가 사회복귀에 중점을 두었다면 중간처벌은 제재에 중점을 둔 제도이다.

2 유형

재판단계 중간처벌	벌금형, 전환(diversion)
보호관찰단계 중간처벌	집중감시보호관찰, 배상제도, 사회봉사명령, 수강명령, 전자감시 가택구금
교정관련 중간처벌	충격구금, 병영식 캠프 등

3 중간처벌제도의 장 · 단점

장점	단점
① 형사제재의 연속성은 교정제도의 수용능력을 보다 융통성 있게 해 준다(구금인구 감소) – 과밀수용 해소 ② 교정제도의 수용능력에 융통성을 주어 수용자 개별처우 및 수용관리상 기여한다. ③ 교정의 민영화 확산 및 지역사회교정의 활성화에도 기여한다. ④ 재판관으로 하여금 범죄의 심각성 정도에 따라 더 적정한 형을 선택할 수 있게 한다. ⑤ 강제와 통제의 연속성에 기여함으로써 형사제재의 연속성에 기여한다.	① 시설내 구금인구 중 강력범의 비율이 높아진다. ② 중간처벌의 선별과 결정, 집행기관을 어디로 할 것인가, 적합한 대상자를 어떻게 선정할 것인가 등은 결과적으로 형사사법망의 강화와 확대를 초래한다. ③ 국민의 응보적 법감정과 배치된다.

제2절 중간처벌의 종류

1 배상명령

1. 의의

범죄인으로 하여금 피해자에 대하여 금전적으로 배상을 명령하는 제도이다. [2017. 9급]

2. 장·단점

장점	단점
① 범죄인 개인의 전적인 책임으로 이행되므로 국민이나 교정당국에 아무런 비용을 부담시키지 않는다. [2019. 7급] ② 사법업무의 과중을 완화시킬 수 있으며 형벌의 응징적 역할을 감소시킨다. ③ 사회로부터 격리수용하지 않으므로 가족과의 유대관계 및 종전 직업을 유지할 수 있다. [2019. 7급] ④ 사회복귀에 유리하며 수용으로 인한 낙인과 범죄학습 등의 폐해를 제거할 수 있다. ⑤ 배상과정에서 가해자와 피해자의 상호 화해가 조성되어 사회적 갈등 소지를 제거할 수 있다. ⑥ 형벌의 처벌적 측면과 교화적 측면을 모두 만족시킬 수 있다. ⑦ 처벌을 피해의 정도와 연관시킬 수 있으며 사회에 대하여 범죄에 대한 속죄를 표시할 기회를 제공한다. ⑧ 피해자를 형사사법과정에 참여하게 함으로써 형사사법에 대한 인식의 개선과 피해자 지원을 용이하게 한다.	① 경제적 능력이 없는 가해자에게는 가혹한 처벌이 될 수 있다. ② 경제적 능력이 있는 사람에게는 형벌적 효과를 거둘 수 없게 되어 차별적 형사정책이라는 비판이 있다.

2 집중감시보호관찰

1. 의의

(1) 구금과 보호관찰에 대한 대체방안으로, 감독의 강도가 일반보호관찰보다는 엄격하고 교도소의 구금에 비해서는 관대한 중간처벌을 말한다. [2020. 5급 승진] 총 3회 기출

(2) 집중적인 접촉관찰을 실시함으로써 대상자의 욕구와 문제점을 보다 정확히 파악하고, 이에 알맞은 지도·감독 및 원호를 실시하여 재범방지의 효과를 높일 수 있다. [2017. 9급]

(3) 집중감시보호관찰은 보호관찰부 가석방(parole)이나 보호관찰부 선고유예(probation) 두 가지 경우 모두 활용가능한 제도이다.

(4) 과밀수용의 해소방안으로서 중요한 의미를 가진다. [2020. 5급 승진]

(5) 집중보호관찰의 대상자는 재범의 위험성이 높은 보호관찰대상자가 보편적이다. [2020. 5급 승진]

2. 특징

집중보호관찰은 보호관찰관과 대상자의 대인적 접촉의 강화, 범죄자의 범죄행위에 관련된 개인적 또는 사회적 필요성을 충족시키기 위한 유관기관이나 프로그램에의 강제적 회부, 보호관찰조건의 강화와 엄격한 집행 등을 특징으로 한다.

3. 구별

일반보호관찰은 주로 경미범죄인이나 초범자 등을 대상으로 과중한 업무량 등을 이유로 간헐적인 직접접촉과 전화접촉에 그치지만, 집중보호관찰은 어느 정도의 강력범죄자까지도 대상으로 하며 10명 내외의 대상자를 상대로 매주 수회에 걸쳐 대면접촉을 한다. [2019. 7급] 총 2회 기출

4. 대상 및 방법

대상	방법
범죄인의 위험성을 기준으로 약물남용경험, 소년비행경력, 가해자와 피해자의 관계, 피해자에 대한 피해, 과거 보호관찰 파기 여부, 초범 당시의 나이 등을 고려하여 위험성이 높은 보호관찰대상자를 대상자로 정한다. [2020. 5급 승진] 총 2회 기출	주중 수차례의 대상자 및 친지와의 접촉, 야간이나 주말동안의 무작위 방문, 약물복용에 대한 불시검사, 규칙의 엄격한 적용 등을 포함하며 사회봉사명령이나 전자감시, 즉 대상자의 신체에 전자추적 장치를 부착하여 제한 구역을 이탈하면 즉시 감응장치가 작동하도록 하는 추적관찰방법을 병행한다. [2020. 5급 승진]

3 충격구금(Shock Incarceration)

1. 의의

(1) 보호관찰에 앞서 일시적인 구금의 고통이 미래 범죄행위에 대한 억지력을 발휘할 것이라고 가정하는 처벌형태로, 이는 장기구금에 따른 폐해와 부정적 요소를 해소하거나 줄이는 대신 구금이 가질 수 있는 긍정적 측면을 강조하기 위한 것이다. [2019. 7급] 총 2회 기출

(2) 형의 유예 및 구금의 일부 장점들을 결합한 것으로 구금 이후 형의 집행을 유예하면서 보호관찰과 결합되는 형태로 운영되고 있다. [2015. 7급]

(3) 짧은 기간 구금되지만 범죄자가 악풍에 감염될 우려가 있다. [2015. 7급]

2. 취지

충격구금은 범죄인의 구금기간이 장기화됨에 따라 부정적 낙인의 골이 깊어지고 범죄적 악풍감염정도는 심화되지만 구금에 따른 박탈과 그로 인한 고통은 점차 줄어들게 된다는 점과 구금의 고통은 입소 후 6~7개월에 최고조에 달하다가 그 이후 급격히 떨어진다는 점을 근거로 구금의 고통이 가장 큰 기간만 구금하여 범죄제지효과를 극대화하자는 데 제도적 의의가 있다. [2015. 7급]

3. 유형

충격가석방 (shock parole)	보호관찰에 회부하기 전에 단기간의 구금을 통해 교정시설의 실상을 인식하게 하여 다시는 범죄를 하지 않도록 제지하자는 제도이다.
분할구금(split sentence)	보호관찰과 충격구금과 같은 단속적인 구금에 처하는 두 가지의 처벌형태를 말한다.
충격보호관찰 (Shock probation)	병영식 캠프의 전신으로 1965년 오하이오에서 시작되었는데, 주로 구금경력이 없는 청소년을 대상으로 보통 1~4개월 정도의 단기간 동안 교도소에 구금한 후 보호관찰조건부로 석방한다.
병영식 캠프(boot camp)	3~4개월간 군대식 훈련을 중심으로 엄격한 규율과 규칙적인 생활습관 및 책임의식을 강조하며 청소년을 대상으로 단기훈련기간을 갖는 것을 특징으로 하는 시설이다.

4 가택구금제도

1. 의의

범죄인을 교정시설에 수용하는 대신 가택에 둔 상태에서 자유형의 전부 또는 일부를 집행하는 제도를 말하며, 통상적으로 대상자가 가택에 거주하고 있는지를 확인하기 위하여 전자감시제도와 결합하여 시행된다.

2. 대상 및 방법

대상	방법
폭력범죄자나 알코올·약물중독자가 아닌 자로서 재범위험성이 높지 않은 범죄자를 그 대상으로 하며, 타인에게 위해의 가능성이 비교적 적은 재산범이나 음주운전자 등이 여기에 해당된다.	① 가택구금은 원상회복명령, 사회봉사명령 등과 결합하여 시행되기도 하고, 감시비용을 부담할 것을 조건으로 하기도 한다. ② 대상자는 원칙적으로 가택을 벗어나지 못하며, 정해진 시간에만 가택을 벗어날 수 있는 준수사항이 부과된다.

3. 장·단점

장점	단점
① 구금비용의 절감과 교정시설의 과밀수용 해소에 유리하다. ② 교도관이나 보호관찰관의 업무부담을 경감시킨다. ③ 시설 내 수용에 비해 인도적이고 사회복귀를 용이하게 한다. ④ 형사사법의 각 단계에서 또는 재판과 병행하여 탄력적으로 운용할 수 있다. ⑤ 병과된 피해보상이나 사회봉사명령을 통해서 피해자가 지역사회와 화해할 수 있다.	① 대상자의 행동을 세세히 감시하게 되므로 프라이버시를 지나치게 침해할 수 있다. ② 전자감시장비의 설치와 유지에 많은 비용이 소요된다. ③ 적용할 수 있는 대상자에 제한이 있어 보편적인 제도로 활용함에 한계가 있다. ④ 범죄문제의 해결을 국가가 가정으로 전가시키는 결과가 될 수 있다. ⑤ 가택구금의 확대는 보호관찰대상을 축소하게 되어 형사사법망이 확대될 염려가 있다.

5 전자감시제도

1. 의의

(1) 보호관찰대상자가 지정된 장소에 있는지의 여부를 확인하기 위한 원격감시시스템으로, 보통 손목이나 발목에 휴대용 전자발신장치를 부착시키고 재택수감방식이다.

(2) 처벌프로그램의 종류라기보다는 대상자의 위치를 파악할 수 있는 감시기술로서, 구금으로 인한 폐해를 줄일 수 있고 대상자가 교화·개선에 도움이 되는 각종 교육훈련과 상담을 받을 수 있다. [2017. 9급]

2. 대상 및 방법

대상	방법
① 전자감시의 대상은 소년이나 성인을 포함하지만, 주거가 불분명하거나 전화가 없는 경우는 예외이다. ② 일반적으로 폭력범죄자가 아닐 것, 중대한 전과가 없을 것, 약물남용경력이 없을 것 등이 요구된다.	① 대상자는 1주일에 한번 보호관찰소에 출두하여 송신기의 작동여부와 장착여부를 확인받는다. ② 대상자의 소재가 확인되지 않으면 명령위반의 가능성이 있는 것으로 컴퓨터에 기록된다. ③ 보호관찰관이 전화를 걸어 외출금지기간 중에 소재불명에 대하여 이유를 묻는다. ④ 보호관찰관은 대상자에게 중대한 명령위반이 있다고 판단되면 전자감시의 취소를 법원에 신청한다. ⑤ 법원은 신청이 타당하다고 인정되면 전자감시명령을 취소하고 새로이 구금형을 선고한다.

3. 장·단점

장점	단점
① 보호관찰관의 감시업무부담을 경감시켜 대상자의 원조활동에 전념할 수 있게 한다. ② 구금에 필요한 경비를 절감할 수 있고, 과밀수용을 방지할 수 있다. ③ 특별한 시설을 필요로 하지 않으며, 미결·기결에 관계없이 형사사법의 각 단계에 있어서 폭넓게 이용이 가능하다. [2016. 9급] ④ 가족관계 및 종전 직장을 유지할 수 있어 생계유지와 피해자 배상이 유리하다. ⑤ 직장과 집 이외에는 외출이 통제되므로 자유형의 집행효과를 거둘 수 있다. ⑥ 시설수용에 따른 사회적 낙인과 단기자유형에 따르는 폐해를 제거할 수 있다. [2016. 9급] ⑦ 임산부 등 특별한 처우가 필요한 범죄자에게도 실시할 수 있다. [2016. 9급]	① 대상자 선정에 있어 재량권 남용 등의 문제로 공정성을 기하기가 용이하지 않다. [2014. 7급] ② 감시장치를 통해 얻은 정보는 소재만을 파악할 수 있을 뿐 감시구역 내에서 대상자가 어떤 행동(마약복용 등)을 하고 있는지 파악할 수 없다. ③ 범죄인을 시설구금이 아닌 사회 내에서 처우하는 것이므로 공공의 안전이 위협받으며, 국민의 법감정에 부합하지 않는다. ④ 전체수형자에 비해 전자감시 대상자의 비율이 극히 적어 과밀수용문제의 해결을 위한 근본적인 대책이 되기 어렵다. ⑤ 대상자의 신체에 송신기를 부착하고 행동의 세세한 부분까지 감시하게 되므로 인간의 존엄성에 배치되며 지나치게 사생활을 침해한다는 비판이 있다. ⑥ 전자감시가 종전의 감시방법과 비교하여 재범방지에 효과적인가 여부도 불명확하다.

6 전자감시 가택구금제도

1. 의의

(1) 전자감시 가택구금제도는 미국에서 강력범죄자의 교도소 수용인구가 폭증함에 따라 교도소의 과밀수용이 초래되어 강력범죄자라 하더라도 보호관찰로 돌릴 수밖에 없게 됨으로써 생기는 사회적 위험을 경감시키기 위하여 나온 보완책이다.

가택구금은 보호관찰의 종류라기보다는 보호관찰을 위한 하나의 조건이며, 전자감시는 보호관찰제도의 조건을 충족시키기 위한 하나의 수단이다.

(2) 과밀수용을 완화하고 과중한 보호관찰업무를 경감하면서 낙인의 폐해 해소와 가족 및 사회생활 유지가 가능하다.

2. 대상자 및 기간

(1) 원칙적으로 성인과 소년을 불문하지만, 본인의 동의를 요한다.
① 주로 비폭력 중범죄자(음주운전) 등이 대상이 된다.
② 주거와 전화를 소유하지 않는 자는 제외된다.
③ 죄명별로 보면 폭력범죄자는 제외된다.
④ 대상자는 지역과 감시의 기간에 따라 수수료를 지불한다.
⑤ 대상자는 일정한 범위 내에서 직업활동이나 학교활동, 종교활동을 방해받지 않는다.

(2) 감시기간은 보통 1년이다.

3. 장점

(1) 교정시설의 과밀수용을 해소하고 동시에 과중업무에 시달리는 보호관찰관에게 편리하다.
(2) 적절한 감시·감독을 통한 사회안전을 확보할 수 있다.
(3) 구금과 억제기능을 동시에 거둘 수 있다.

7 벌금형

1. 의의

가장 오래된 처벌형태이지만 현재에도 보호관찰과 구금형 간에 하나의 대안으로서 많은 지지를 받고 있다.

2. 장·단점

장점	단점
① 범죄의 심각도에 따라 효과적인 처벌과 억제기능이 가능하며, 특히 불법적인 재물획득의 경우 이를 반환시킬 수 있다. ② 다른 처벌수단과 연계하여 부가적 형식으로 사용할 수 있다. ③ 범죄자 개인의 여건에 맞게 처벌을 조절할 수 있다. ④ 기존의 조직과 절차를 이용할 수 있기 때문에 행정비용의 부담이 약화된다. ⑤ 구금형이나 보호관찰과는 달리 벌금의 수거를 통해 국가재원이 마련될 수 있다.	① 범죄자 격리목적을 달성할 수 없고 공공의 안전에 위협이 될 수 있다. ② 벌금이 일반적으로 낮은 경향이 있어 무거운 처벌을 내리는 데에는 한계가 있다. ③ 벌금을 높이 책정하면 수거하는 데 어렵고 행정업무의 과다를 초래할 수 있다. ④ 경제적 능력에 따라 부유한 자에게 유리하고 빈곤한 범법자는 벌금을 낼 수 없어 결국 구금형을 받게 되는 형평성 문제가 존재한다.

8 사회봉사명령과 수강명령제도

1. 의의

사회봉사명령	유죄가 인정된 범죄인이나 보호소년을 교도소나 소년원에 구금하는 대신에 정상적인 사회생활을 영위하게 하면서 일정한 기간 내에 지정된 시간 동안 무보수로 근로에 종사하도록 명하는 것을 말한다.
수강명령	① 유죄가 인정된 범죄인이나 보호소년을 교화·개선하기 위하여 일정한 강의나 교육을 받도록 명하는 것을 말한다. ② 일정한 여가를 박탈함으로써 처벌의 효과도 얻을 수 있고, 동시에 교육훈련을 통하여 자기 개선적 효과를 기대할 수 있다. [2017. 9급]

2. 기능

처벌적 성격 (Punishment)	육체적인 고된 작업과 훈련 그리고 가시적인 성과라는 요소를 가지면서 무보수의 의무적인 작업을 실시함으로써 처벌의 성격을 지니고 있다.
배상의 성격 (Reparation)	피해자나 지역사회에 대해 사회봉사작업을 함으로써 범죄인은 사회자원을 저해한 자라는 낙인에서 벗어나 사회일반의 복지에 유익한 기여자로서 사회에 대한 보상이 이루어진다.
범죄자와 사회의 화해 (Reconciliation)	사회복귀적 성격으로 범죄자를 사회에 재통합 내지 재사회화하는 데 기여하여 범죄자와 사회와의 화해를 가능하게 한다. 일부에서는 '보호관찰 이래 최대의 형벌개혁'이라고 주장될 만큼 범죄자와 사회의 화해를 통한 지역사회 내 재통합이 가능하다는 평가를 받고 있다.

3. 성격

구금회피수단설	사회봉사명령제도를 단순히 과잉구금에 대처하기 위한 구금회피의 수단으로 보는 견해이다.
사회책임설	사회봉사를 통하여 사회봉사명령 대상자에게 사회적 책임을 환기시키거나 사회에 대한 보상의 기회를 제공하는 것으로 보는 견해이다.
봉사정신자각설	사회봉사명령 대상자에게 자원봉사의 정신을 배우게 하고 봉사작업의 중요성을 일깨우는 데에 기여하는 제도라는 견해이다.
구금형 대체수단설	주로 단기나 중기의 구금형에 대한 대체수단으로 보는 견해이다. 최근에는 사회봉사명령을 사회복귀를 위한 케이스웍(Case Work)을 주축으로 한 처우방법이라는 입장은 후퇴하고 단기나 중기의 구금형에 대한 대체수단으로 보는 견해가 유력해지고 있다.

제5장 사회내 처우

제1절 개요

1 형사정책적 의의

1. 의의

사회내 처우란 시설내 처우에 대응하는 개념으로 교정시설의 폐쇄성을 지양하고, 범죄인의 자유를 박탈하지 않으며, 사회내에서 자율적으로 생활하게 하면서 보호관찰관 등의 지도, 감독, 원조를 통해 재범을 방지하고 개선을 도모하는 제도를 말한다.

2. 유형

가석방, 보호관찰, 사회봉사·수강명령, 갱생보호, 전자감시, 가택구금, 외출제한명령 등이 있다. [2015. 7급] 총 3회 기출

3. 주대상자

원칙적으로 비행청소년이나 경미범죄자 또는 과실범 [2013. 7급]

4. 구별

교정시설 수용을 전제로 사회적응을 용이하게 하려는 사회적 처우와 구별

2 연혁

1. 최초

1841년 미국의 매사추세츠주 보스턴시에서 민간독지가 존 어거스터스(J. Augustus)가 알코올중독자의 재판에서 법관에게 청원하여 형의 선고유예를 얻어 낸데서 출발, 최초로 보호관찰(probation) 용어를 사용하고 1:1 Case Work 방법으로 보호관찰제도의 원형 완성

2. 입법

1878년 매사추세츠주에서 국가 보호관찰관에 의한 공식적 보호관찰제 최초 입법

3. 우리나라

1988년의 소년법, 보호관찰법의 제정을 통한 소년에 대한 유권적 보호관찰 실시

3 장 · 단점

장점	단점
① 구금에 따른 범죄배양효과 내지 낙인효과 방지, 형사사법기관의 부담을 경감 ② 지역사회 자원의 참여로 교정에 대한 시민의 관심이 높아지고, 참여의식 강화 [2014. 7급] ③ 범죄인의 경제활동 등 지역사회에서 일상생활이 가능하므로, 사회적 관계성 유지 가능 [2014. 7급] ④ 알코올중독자, 마약사용자, 경범죄인 등 통상의 형사재판절차에서 전환방안으로 활용 가능 [2019. 9급]	① 사회내 처우시설은 지역사회의 이기주의로 반대 직면 가능 ② 신종의 사회통제전략(형사사법망의 확대)으로 과잉구금 문제의 회피전략임.

형사사법망의 확대(Net-widening effect) : 국가에 의해 통제되고 규제되는 시민의 비율이 증가한다는 것을 의미한다.

제2절 가석방

1 개요

1. 의의

재판에 의하여 선고된 자유형의 집행을 받고 있는 자가 그 행상이 양호하여 개전의 정이 현저한 경우에 아직 형기만료 전이라도 일정한 시기에 이를 임시로 석방하고, 그 후의 행상에 따라 임시석방이 취소 또는 실효되지 않는 한, 형의 집행을 종료한 것과 같은 효과가 있게 하는 제도이다.

가석방의 형사정책적 의의

1. 교육형주의 및 목적형주의의 요청에 적합하다.
2. 소내 질서유지 및 교정·교화의 효과 증진에 기여한다.
3. 사회 재적응능력을 함양할 수 있다.
4. 불필요한 구금을 피하는 작용이다.
5. 정기형제도의 결함을 보충할 수 있으나, 상대적으로 부정기형화 될 가능성이 크다.

2. 목적

구분	내용
자기 개선노력의 촉구	가석방은 수형자로 하여금 자신의 노력에 따라 석방기일을 앞당길 수 있다는 동기와 희망을 부여함으로써 스스로의 교화개선을 촉구하게 한다.
수용질서의 유지	① 가석방의 대상이 되기 위해서는 뉘우침이 뚜렷하고, 교정성적이 우수하다는 것이 전제되어야 한다. ② 대다수의 수용자가 가석방의 혜택을 받기 위해 모범적인 수용생활을 하게 되므로 수용질서가 확립되는 바람직한 효과를 거둘 수 있다.

사회적응과 재범방지	형기만료 전 임시 석방으로 그 잔여형기 동안 사회적응력을 길러 재범을 범하지 않도록 예방할 수 있다.
수용경비의 절감	개선되어 재범위험성이 없는 수형자를 형기종료일까지 계속 수용하는 것은 국가재정의 낭비이므로 가석방은 구금에 따르는 소요경비 절감에 기여한다.

2 가석방 요건

<table>
<tr><th>구분</th><th colspan="2">내용</th></tr>
<tr><td rowspan="2">형식적 요건</td><td>성인
수형자</td><td>① 무기형은 20년, 유기형은 형기의 3분의 1이 지난 후여야 한다(형법 제72조 제1항). [2020. 7급] 총 8회 기출
② 형기에 산입된 판결선고 전 구금일수는 가석방을 하는 경우 집행한 기간에 산입한다(형법 제73조 제1항). [2020. 7급] 총 3회 기출
③ 벌금이나 과료가 병과되어 있는 때에는 그 금액을 완납하여야 한다(형법 제72조 제2항). [2011. 9급] 총 2회 기출
④ 벌금이나 과료가 병과되어 있는 경우에 벌금이나 과료에 관한 노역장 유치기간에 산입된 판결선고 전 구금일수는 그에 해당하는 금액이 납입된 것으로 본다(형법 제73조 제2항).</td></tr>
<tr><td>소년
수형자</td><td>징역 또는 금고를 선고받은 소년에 대하여는 다음 각 호(1. 무기형의 경우에는 5년, 2. 15년 유기형의 경우에는 3년, 3. 부정기형의 경우에는 단기의 3분의 1)의 기간이 지나면 가석방을 허가할 수 있다.</td></tr>
<tr><td>실질적 요건</td><td colspan="2">① 징역이나 금고의 집행 중에 있는 사람이 행상(行狀)이 양호하여 뉘우침이 뚜렷한 때에는 행정처분으로 가석방을 할 수 있다(형법 제72조 제1항). [2020. 7급] 총 4회 기출
② 가석방 적격 심사(동법 제121조): 소장은 「형법」 제72조 제1항의 기간이 지난 수형자에 대하여는 법무부령으로 정하는 바에 따라 위원회에 가석방 적격심사를 신청하여야 한다.
③ 심사기준: 위원회는 수형자의 나이, 범죄동기, 죄명, 형기, 교정성적, 건강상태, 가석방 후의 생계능력, 생활환경, 재범의 위험성, 그 밖에 필요한 사정을 고려하여 가석방의 적격 여부를 결정한다.</td></tr>
</table>

3 가석방 기간 및 보호관찰

구분	내용
성인수형자의 가석방 기간 및 보호관찰(형법 제73조의2)	① 가석방의 기간은 무기형에 있어서는 10년으로 하고, 유기형에 있어서는 남은 형기로 하되, 그 기간은 10년을 초과할 수 없다. [2020. 7급] 총 4회 기출 ② 가석방된 자는 가석방 기간 중 보호관찰을 받는다. 다만, 가석방을 허가한 행정관청이 필요가 없다고 인정한 때에는 그러하지 아니하다. [2016. 7급] 총 5회 기출
소년수형자의 가석방 기간 및 효과(소년법 제66조)	① 징역 또는 금고를 선고받은 소년이 가석방된 후 그 처분이 취소되지 아니하고 가석방 전에 집행을 받은 기간과 같은 기간이 지난 경우에는 형의 집행을 종료한 것으로 한다. ② 다만, 죄를 범할 당시 18세 미만인 소년이 사형・무기형 대신 15년의 유기징역을 받았거나 부정기형의 경우에는 장기의 기간이 먼저 경과한 때에는 그 때(15년 또는 장기의 기간 경과)에 형의 집행을 종료한 것으로 한다.

4 가석방의 효과, 실효와 취소

구분	효과
가석방의 효과	가석방의 처분을 받은 후 그 처분이 실효 또는 취소되지 아니하고 가석방기간을 경과한 때에는 형의 집행을 종료한 것으로 본다(형법 제76조 제1항). [2019. 5급 승진] 총 5회 기출
가석방의 실효	가석방 기간 중 고의로 지은 죄로 금고 이상의 형을 선고받아 그 판결이 확정된 경우에 가석방 처분은 효력을 잃는다(형법 제74조). [2019. 5급 승진]
가석방의 취소	가석방의 처분을 받은 자가 감시에 관한 규칙을 위배하거나, 보호관찰의 준수사항을 위반하고 그 정도가 무거운 때에는 가석방처분을 취소할 수 있다(형법 제75조). [2020. 7급] 총 3회 기출

제6장 보호관찰제도와 갱생보호제도

제1절 보호관찰제도

1 개요

1. 의의

범죄인을 교정시설에 수용하는 대신 일정기간 동안 판결의 선고 또는 집행을 유예하고 일정한 조건을 붙인 후에 일상의 사회생활을 하면서 재범에 빠지지 않도록 보호관찰관의 지도 및 감독, 원호를 받게 하는 사회내 처우제도이다.

광의	하나의 법제도로서의 의미, 즉 사회내 처우를 말하고, 이때의 보호관찰이란 보호관찰부 선고유예・집행유예・가석방・임시퇴원・사회봉사명령・수강명령 등 모두를 의미한다.
협의	법관의 보호관찰 결정 이후 보호관찰관의 지도・감독・원호의 과정만을 의미한다.

2. 보호관찰제도의 유형

구분	내용
Probation	영미법계에서 발전된 보호관찰제도의 유형으로 유죄가 인정되는 범죄인에 대하여 그 형의 선고를 유예하거나 형의 집행을 유예하면서 그 유예기간 중 재범방지 및 재사회화를 달성하기 위해서 보호관찰을 행하는 것을 말한다.
Parole	대륙법계에서 발전된 보호관찰제도의 유형으로 교정성적이 양호한 자를 가석방 또는 임시퇴원 시키면서 그 목적을 달성하기 위하여 그 기간 중 필요적으로 보호관찰을 행하는 것을 말한다.

2 보호관찰의 방법

1. 올린(Ohlin)의 보호관찰관 유형 [2018. 7급]

구분	내용
처벌적(Punitive) 보호관찰관	① 위협과 처벌을 수단으로 범죄자를 사회에 동조하도록 강요한다. ② 사회의 보호, 범죄자의 통제, 범죄자에 대한 체계적 의심 등을 중요시한다.
보호적(Protective) 보호관찰관	① 지역사회보호와 범죄자의 보호 양자 사이를 망설이는 유형으로 주로 직접적인 지원이나 강연 또는 칭찬과 꾸중의 방법을 이용한다. [2017. 7급] ② 지역사회와 범죄자의 입장을 번갈아 편들기 때문에 어정쩡한 입장에 처하기 쉽다.
복지적(Welfare) 보호관찰관	① 자신의 목표를 범죄자에 대한 복지의 향상에 두고 범죄자의 능력과 한계를 고려하여 적응할 수 있도록 도와주려고 한다. ② 범죄자의 개인적 적응 없이는 사회의 보호도 있을 수 없다고 믿고 있다.
수동적(Passive) 보호관찰관	통제나 지원 모두에 소극적이며 자신의 임무는 최소한의 개입이라고 믿는 유형이다.

2. 스미크라의 보호관찰 모델

스미크라(Smykla)는 보호관찰관의 기능과 자원의 활용이라는 측면에서 보호관찰을 모형화하고 있다.

구분	내용
전통적 모형 (traditional model)	보호관찰관이 지식인으로서 내부자원을 이용하여 지역적으로 균등배분된 대상자에 대해서 지도·감독에서 보도·원호에 이르기까지 다양한 기능을 수행하나 통제를 보다 중시하는 모형이다.
프로그램모형 (program model)	① 보호관찰관은 전문가를 지향하나 목적수행을 위한 자원은 내부적으로 해결하려는 모형이다. ② 보호관찰관이 전문가로 기능하기 때문에 대상자를 분류하여 보호관찰관의 전문성에 따라 배정하게 된다. ③ 이 모형의 문제는 범죄자의 상당수는 특정한 한 가지 문제만으로 범죄자가 된 것은 아니며, 한 가지의 처우만을 필요로 하는 것도 아니라는 것이다.
옹호모형 (advocacy model)	보호관찰관은 지식인으로서 외부자원을 적극 활용하여 대상자가 다양하고 전문적인 사회적 서비스를 제공받을 수 있도록 무작위로 배정된 대상자들을 사회기관에 위탁하는 것을 주된 임무로 한다. [2017. 7급]
중개모형 (brokerage Model)	보호관찰관은 전문가로서 자신의 전문성에 맞게 배정된 대상자에 대하여 사회자원의 개발과 중개의 방법으로 외부자원을 적극 활용하여 전문적인 보호관찰을 한다.

3 보호관찰제도의 장·단점

장점	단점
① 구금처분에 대한 유용한 대안으로 활용할 수 있고 과밀수용 해소에 기여함으로써 효율적인 시설 내 처우가 가능하며 구금비용 절감에 따른 재정부담을 덜어 준다. ② 사회와 단절·격리시키지 않고 정상적인 사회적 접촉과 유대를 지속시킴으로써 범죄자의 사회복귀를 용이하게 하고 시설내 구금에 따른 부정적인 낙인을 피할 수 있다. ③ 법의 권위를 옹호하고 일반시민들을 또 다른 범죄로부터 보호함과 동시에 개개인의 자유를 극대화시킨다. ④ 재범률 감소와 보호감호와 치료감호의 대체수단으로 이용되고 범죄인의 자기책임의식을 촉진·강화하여 자신의 능력의 적극화를 통한 변화를 추구한다. ⑤ 소년초범 및 부녀자에 대한 실효성 있는 처우수단이고 시민의 직접적 협동이 가능하다. ⑥ 선고유예·집행유예제도와 병행하여 시행함으로써 효과를 상승시킬 수 있다.	① 범죄의 심각성에 비하여 범죄자를 너무 관대히 다루고 범죄자를 사회에 방치함으로써 공공의 안전을 해칠 수가 있다. ② 대상자가 너무 많아 대상자에 대한 충분한 지도, 원호, 감시, 통제가 유명무실하게 되어 실효를 거두기 어렵고 실질적으로 사회복귀라는 목적보다는 처벌적으로 운영된다. ③ 보호관찰에 필요한 충분한 재원과 전문적인 인력을 확보하기 어렵다. ④ 대상자 선별에 있어서 자의와 독선이 개입할 우려가 적지 않고, 보호관찰조건이 가혹하거나 엄격한 경우 또는 자의적이거나 애매한 경우가 적지 않다. ⑤ 보호관찰이 동시에 요구하는 자발성과 강제성 사이에는 모순이 존재하며, 오히려 대상자에게 심리적 구금감을 들게 할 우려가 있다. ⑥ 미국의 랜드(Rand)연구소의 연구결과에 의하면 거의 모든 보호관찰대상자가 다시 체포된 것으로 밝혀져 이 제도가 재범방지에 효과적인가에 대한 의문이 있다. ⑦ 형사사법망의 확대(Net-widening)라는 지적이 있다.

제2절 갱생보호제도

1 개요

1. 의의

(1) 갱생보호란 출소자들의 사회 재적응을 보다 용이하게 함으로써 범죄의 위협으로부터 사회를 보호하고 재범을 방지하며 범죄자 개인의 복리도 증진시키는 사회내에서의 보호활동을 말한다.

(2) 정신적·물질적 원조를 제공하여 건전한 사회인으로 복귀할 수 있는 기반을 조성할 수 있다. [2011. 9급]

2. 협의와 광의의 갱생보호

협의의 갱생보호	교정시설에서 일정기간 처우를 받고 석방되는 자를 대상으로 하는 갱생보호활동을 말하며, 석방자보호라고도 한다.
광의의 갱생보호	범죄자의 사회복귀를 목적으로 이를 원조하기 위해 행하는 각종 활동을 의미하며, 여기에 보호관찰, 가석방, 사면 등이 포함되므로 사회내 처우와 같은 의미로 사용된다.

2 현행법상 갱생보호(보호관찰 등에 관한 법률)

1. 임의적 갱생보호의 원칙

갱생보호 대상자와 관계 기관은 보호관찰소의 장, 갱생보호사업 허가를 받은 자 또는 한국법무보호복지공단에 갱생보호 신청을 할 수 있다(법 제66조 제1항). [2021. 9급] 총 4회 기출

2. 갱생보호 대상자

(1) 갱생보호를 받을 사람은 형사처분 또는 보호처분을 받은 사람으로서 자립갱생을 위한 숙식 제공, 주거 지원, 창업 지원, 직업훈련 및 취업 지원 등 보호의 필요성이 인정되는 사람으로 한다(법 제3조 제3항). [2019. 5급 승진] 총 2회 기출

(2) 갱생보호는 갱생보호를 받을 사람이 친족 또는 연고자 등으로부터 도움을 받을 수 없거나 이들의 도움만으로는 충분하지 아니한 경우에 한하여 행한다(시행령 제40조 제1항). [2019. 5급 승진]

3. 갱생보호의 절차

(1) **사무관장**: 갱생보호의 실시에 관한 사무는 보호관찰소가 담당한다(법 제15조 제2호).

(2) **갱생보호의 절차**(법 제66조)

신청	갱생보호 대상자와 관계 기관은 보호관찰소의 장, 갱생보호사업 허가를 받은 자 또는 한국법무보호복지공단에 갱생보호 신청을 할 수 있다. [2021. 9급] 총 4회 기출
결정	갱생보호의 신청을 받은 자는 지체 없이 보호가 필요한지 결정하고 보호하기로 한 경우에는 그 방법을 결정하여야 한다.
조치	갱생보호의 신청을 받은 자가 보호결정을 한 경우에는 지체 없이 갱생보호에 필요한 조치를 하여야 한다.
종료	갱생보호는 갱생보호의 목적이 달성되거나 갱생보호 대상자가 신청을 철회한 때에 종료한다.

4. 갱생보호의 방법(법 제65조 제1항) [2015. 7급]

(1) 숙식 제공
(2) 주거 지원
(3) 창업 지원
(4) 직업훈련 및 취업 지원
(5) 출소예정자 사전상담
(6) 갱생보호 대상자의 가족에 대한 지원
(7) 심리상담 및 심리치료
(8) 사후관리
(9) 그 밖에 갱생보호 대상자에 대한 자립 지원

제 06 편

민간자원의 교정참여

이준 마법교정학
요약 필독서

합격까지 박문각

PART 06

민간자원의 교정참여

제1장 민영교도소

제1절 개요

1 의의 및 출현배경

1. 의의

교도소 등 교정시설을 민간기업이나 민간단체가 건설, 재정, 행정 등 국가를 대신하여 운영하거나 교정시설의 일부 프로그램을 지원하는 것이다. 이는 사설교도소라고도 하는 것으로 민간분야로부터 각종 재화와 용역을 구매하는 정부지원기업을 지칭한다.

2. 출현배경

(1) 범죄발생의 증가와 과밀수용으로 인한 수용능력의 증대 필요

(2) 교정경비의 증대와 효율성에 대해 비용 – 편익분석에 의한 경영기법 도입의 필요성이 대두

(3) 국가 경영의 공영교도소가 재범률을 낮추는 데 실패하였으므로 국가 독점적 교정의 한계가 드러남.

(4) 정부기관의 민영화 추세

(5) 양질의 교정처우프로그램의 필요성 [2012. 7급]

2 민영화의 장 · 단점

1. 장점

(1) 민간기업가들은 납세자에게 보다 적은 비용으로 정부에서 운영하던 것보다 효과적으로, 안전하게, 인간적으로 교정시설을 운영하고 이익을 남길 수 있다.

(2) 정부운영교도소보다 민간운영교도소가 수용자처우의 비용면에서 경제적인 것으로 분석되었다.

2. 단점

(1) 공공기관에서는 기업이 계약을 준수하는가를 끊임없이 관찰해야 할 의무가 있고 민간소유 및 민간운영의 사설교도소에 대한 정치적 · 재정적 · 윤리적 · 행정적 논점에 대한 검토가 필요하다.

(2) 형벌집행권이라는 국가고유 공권력의 민간이양 문제, 민간기업의 이윤추구를 위한 수형자 노동착취의 가능성, 교도소산업으로 인한 산업의 피해문제 등이 단점으로 지적되고 있다. [2012. 7급]

(3) 수용처우의 증대를 초래하여 결과적으로 형사사법망의 확대로 이어질 수 있다.

3 우리나라의 민영교도소

1. 우리나라 민영교도소의 연혁 및 근거규정

(1) 1999년 12월 28일 제7차 「행형법」 개정에 "법무부장관은 교도소 등의 설립 및 운영의 일부를 법인 또는 개인에게 위탁할 수 있다"는 근거규정 신설 [2010. 9급]

(2) 2000년 1월 28일 「민영교도소 등의 설치·운영에 관한 법률」 제정 [2017. 7급]

교정시설 설치·운영의 민간위탁 【형집행법 제7조】

① 법무부장관은 교정시설의 설치 및 운영에 관한 업무의 일부를 법인 또는 개인에게 위탁할 수 있다. [2018. 9급] 총 5회 기출

② 위탁을 받을 수 있는 법인 또는 개인의 자격요건, 교정시설의 시설기준, 수용대상자의 선정기준, 수용자 처우의 기준, 위탁절차, 국가의 감독, 그 밖에 필요한 사항은 따로 법률로 정한다.

2. 민영교도소 운영상황

(1) 2010년 12월 경기도 여주에 국내 최초의 민영교도소인 소망교도소가 개청되어 운영 중에 있다.

(2) 아가페의 민영교도소 설립목적에 따르면 경제성이나 생산성 증대의 목표보다는 정신적·도덕적 개선작용을 증진시켜 건강한 사회인의 양성에 목적을 두고 있다.

제2장 민영교도소 등의 설치 · 운영에 관한 법률

1 개요

1. 목적

이 법은 「형의 집행 및 수용자의 처우에 관한 법률」 제7조에 따라 교도소 등의 설치 · 운영에 관한 업무의 일부를 민간에 위탁하는 데에 필요한 사항을 정함으로써 교도소 등의 운영의 효율성을 높이고 수용자의 처우 향상과 사회 복귀를 촉진함을 목적으로 한다(법 제1조).

2. 정의(법 제2조)

교정업무	수용자의 수용 · 관리, 교정 · 교화, 직업교육, 교도작업, 분류 · 처우, 그 밖에 형의 집행 및 수용자의 처우에 관한 법률에서 정하는 업무를 말한다.
수탁자	교정업무를 위탁받기로 선정된 자를 말한다.
교정법인	법무부장관으로부터 교정업무를 포괄적으로 위탁받아 교도소 · 소년교도소 또는 구치소 및 그 지소를 설치 · 운영하는 법인을 말한다.
민영교도소 등	교정법인이 운영하는 교도소 등을 말한다.

2 민간위탁

1. 교정업무의 민간위탁

(1) 법무부장관은 필요하다고 인정하면 이 법에서 정하는 바에 따라 교정업무를 공공단체 외의 법인 · 단체 또는 그 기관이나 개인에게 위탁할 수 있다(법 제3조 제1항 본문). [2019. 9급] 총 7회 기출

(2) 다만, 교정업무를 포괄적으로 위탁하여 한 개 또는 여러 개의 교도소 등을 설치 · 운영하도록 하는 경우에는 법인에만 위탁할 수 있다(법 제3조 제1항 단서). [2019. 9급] 총 4회 기출

(3) 법무부장관은 교정업무의 수탁자를 선정하는 경우에는 수탁자의 인력 · 조직 · 시설 · 재정능력 · 공신력 등을 종합적으로 검토한 후 적절한 자를 선정하여야 한다(법 제3조 제2항).

2. 민간위탁계약의 체결(법 제4조)

(1) 법무부장관은 교정업무를 위탁하려면 수탁자와 대통령령으로 정하는 방법으로 계약(위탁계약)을 체결하여야 한다.

(2) 법무부장관은 필요하다고 인정하면 민영교도소 등의 직원이 담당할 업무와 민영교도소 등에 파견된 소속 공무원이 담당할 업무를 구분하여 위탁계약을 체결할 수 있다.

(3) 법무부장관은 위탁계약을 체결하기 전에 계약 내용을 기획재정부장관과 미리 협의하여야 한다.

(4) 위탁계약의 기간은 수탁자가 교도소 등의 설치비용을 부담하는 경우에는 10년 이상 20년 이하로 하고, 그 밖의 경우에는 1년 이상 5년 이하로 하되, 그 기간은 갱신할 수 있다. [2019. 9급]

3. 위탁계약의 내용(법 제5조 제1항)

위탁계약의 내용

1. 위탁업무를 수행할 때 수탁자가 제공하여야 하는 시설과 교정업무의 기준에 관한 사항
2. 수탁자에게 지급하는 위탁의 대가와 그 금액의 조정 및 지급 방법에 관한 사항
3. 계약기간에 관한 사항과 계약기간의 수정·갱신 및 계약의 해지에 관한 사항
4. 교도작업에서의 작업장려금·위로금 및 조위금 지급에 관한 사항
5. 위탁업무를 재위탁할 수 있는 범위에 관한 사항
6. 위탁수용 대상자의 범위에 관한 사항
7. 그 밖에 법무부장관이 필요하다고 인정하는 사항

4. 계약위반 시 조치

(1) **위탁업무의 정지**: 법무부장관은 수탁자가 이 법 또는 이 법에 따른 명령이나 처분을 위반하면 6개월 이내의 기간을 정하여 위탁업무의 전부 또는 일부의 정지를 명할 수 있다(법 제6조 제1항). [2020. 6급 승진] 총 2회 기출

(2) **위탁계약의 해지**: 법무부장관은 수탁자가 다음의 어느 하나에 해당하면 위탁계약을 해지할 수 있다(법 제7조 제1항).

위탁계약 해지사유

1. 보정명령을 받고 상당한 기간이 지난 후에도 이행하지 아니한 경우
2. 이 법 또는 이 법에 따른 명령이나 처분을 크게 위반한 경우로서 위탁업무의 정지명령으로는 감독의 목적을 달성할 수 없는 경우
3. 사업 경영의 현저한 부실 또는 재무구조의 악화, 그 밖의 사유로 이 법에 따른 위탁업무를 계속하는 것이 적합하지 아니하다고 인정되는 경우

(3) **위탁계약 해지 시의 업무 처리**: 위탁계약이 해지된 경우 국가가 부득이한 사정으로 위탁업무를 즉시 처리할 수 없을 때에는 수탁자나 그의 승계인은 국가가 업무를 처리할 수 있을 때까지 종전의 위탁계약에 따라 업무 처리를 계속하여야 한다(법 제8조).

3 법인의 임원과 재산

1. 교정법인과 임원

(1) **교정법인의 정관 변경**(법 제10조)

① 교정업무를 위탁받은 법인은 위탁계약을 이행하기 전에 법인의 목적사업에 민영교도소 등의 설치·운영이 포함되도록 정관을 변경하여야 한다.

② 정관 변경과 교정법인의 정관 변경은 법무부장관의 인가를 받아야 한다. 다만, 대통령령으로 정하는 경미한 사항의 변경은 법무부장관에게 신고하여야 한다.

(2) **임원**(법 제11조)

① 교정법인은 이사 중에서 위탁업무를 전담하는 자를 선임하여야 한다. [2024. 9급]

② 교정법인의 대표자 및 감사와 위탁업무를 전담하는 이사(임원)는 법무부장관의 승인을 받아 취임한다. [2024. 9급]

③ 교정법인 이사의 과반수는 대한민국 국민이어야 하며, 이사의 5분의 1 이상은 교정업무에 종사한 경력이 5년 이상이어야 한다. [2019. 6급 승진] 총 5회 기출

(3) **임원의 겸직 금지**(법 제13조)

① 교정법인의 대표자는 그 교정법인이 운영하는 민영교도소 등의 장을 겸할 수 없다. [2019. 9급] 총 4회 기출

② 이사는 감사나 해당 교정법인이 운영하는 민영교도소 등의 직원(민영교도소 등의 장은 제외)을 겸할 수 없다. [2019. 9급] 총 3회 기출

③ 감사는 교정법인의 대표자・이사 또는 직원(그 교정법인이 운영하는 민영교도소 등의 직원을 포함)을 겸할 수 없다. [2019. 6급 승진]

2. 교정법인의 기본재산(법 제14조)

(1) 교정법인은 대통령령으로 정하는 기준에 따라 민영교도소 등의 운영에 필요한 기본재산을 갖추어야 한다.

(2) 교정법인은 기본재산에 대하여 매도・증여 또는 교환, 용도 변경, 담보 제공, 의무의 부담이나 권리의 포기를 하려면 법무부장관의 허가를 받아야 한다. 다만, 대통령령으로 정하는 경미한 사항은 법무부장관에게 신고하여야 한다. [2020. 9급]

허가 vs. 인가 vs. 승인

허가	교정법인은 기본재산에 대하여 다음의(1. 매도・증여 또는 교환, 2. 용도 변경, 3. 담보 제공, 4. 의무의 부담이나 권리의 포기) 행위를 하려면 법무부장관의 허가를 받아야 한다. 다만, 대통령령으로 정하는 경미한 사항은 법무부장관에게 신고하여야 한다(법 제14조 제2항).
인가	① 정관 변경과 교정법인의 정관 변경은 법무부장관의 인가를 받아야 한다. 다만, 대통령령으로 정하는 경미한 사항의 변경은 법무부장관에게 신고하여야 한다(법 제10조 제2항). ② 교정법인이 다음의(1. 다른 법인과의 합병, 2. 회사인 경우 분할 또는 분할합병, 3. 해산) 어느 하나에 해당하는 행위를 하려면 법무부장관의 인가를 받아야 한다(법 제17조 제1항).
승인	① 교정법인의 대표자 및 감사와 위탁업무를 전담하는 이사(임원)는 법무부장관의 승인을 받아 취임한다(법 제11조 제2항). ② 교정법인의 대표자는 민영교도소 등의 직원을 임면한다. 다만, 민영교도소 등의 장 및 대통령령으로 정하는 직원(교도소 등에 두는 과의 과장이상의 직에 준하는 직위의 직원)을 임면할 때에는 미리 법무부장관의 승인을 받아야 한다(법 제29조 제1항).

3. 회계의 구분(법 제15조)

(1) 교정법인의 회계는 그가 운영하는 민영교도소 등의 설치・운영에 관한 회계와 법인의 일반업무에 관한 회계로 구분한다.

(2) 민영교도소 등의 설치・운영에 관한 회계는 교도작업회계와 일반회계로 구분하며, 각 회계의 세입・세출에 관한 사항은 대통령령으로 정한다. [2020. 9급]

(3) 법인의 일반업무에 관한 회계는 일반업무회계와 수익사업회계로 구분할 수 있다.

일반회계세입	일반회계세출
① 위탁계약에 의하여 지급받은 교도소 등 운영경비 ② 다른 회계로부터 전입되는 전입금 ③ 일반회계의 운용 과정에서 생기는 이자수입 ④ 교도소 등 시설·설비 등의 불용품 매각수입 ⑤ 일반회계의 세출에 충당하기 위한 차입금 ⑥ 그 밖에 교정법인의 수입으로서 다른 회계에 속하지 아니하는 수입	① 교도소 등 운영에 드는 인건비 및 물건비 ② 수용관리, 교정교화 등 교정업무에 직접 필요한 시설·설비비 ③ 차입금의 상환원리금 ④ 그 밖에 수용관리, 교정교화 등 교정업무에 필요한 경비

교도작업회계의 세입	교도작업회계의 세출
① 교도작업회계의 세출에 충당하기 위한 차입금 ② 일반회계로부터 전입되는 전입금 ③ 그 밖에 교도작업에 따른 각종 수입	교도작업을 위하여 필요한 모든 경비

4. 예산 및 결산(법 제16조)

(1) 교정법인의 회계연도는 정부의 회계연도에 따른다.

(2) 교정법인은 대통령령으로 정하는 바에 따라 법무부장관에게 매 회계연도가 시작되기 전에 다음 회계연도에 실시할 사업계획과 예산을 제출하고, 매 회계연도가 끝난 후에 사업 실적과 결산을 보고하여야 한다.

(3) 교정법인의 회계규칙이나 그 밖에 예산 또는 회계에 관하여 필요한 사항은 법무부장관이 정한다.

5. 합병 및 해산의 인가

교정법인이 다른 법인과의 합병, 회사인 경우 분할 또는 분할합병, 해산을 하려면 법무부장관의 인가를 받아야 한다(법 제17조).

4 시설 및 검사

1. 민영교도소 등의 시설 및 검사

(1) 교정법인이 민영교도소 등을 설치·운영할 때에는 대통령령으로 정하는 기준에 따른 시설을 갖추어야 한다(법 제20조). [2015. 7급]

(2) 교정법인은 민영교도소 등의 시설이 「민영교도소 등의 설치·운영에 관한 법률」과 이 법에 따른 명령 및 위탁계약의 내용에 적합한지에 관하여 법무부장관의 검사를 받아야 한다(법 제22조 제1항). [2015. 5급 승진]

2. 운영 경비(법 제23조)

(1) 법무부장관은 사전에 기획재정부장관과 협의하여 민영교도소 등을 운영하는 교정법인에 대하여 매년 그 교도소 등의 운영에 필요한 경비를 지급한다. [2015. 5급 승진] 총 2회 기출 [2024. 9급]

(2) 연간 지급 경비의 기준은 투자한 고정자산의 가액, 민영교도소 등의 운영 경비, 국가에서 직접 운영할 경우 드는 경비 등을 고려하여 예산의 범위에서 법무부장관이 정한다.

5 수용자의 처우

1. 수용 의제

민영교도소 등에 수용된 수용자는 「형의 집행 및 수용자의 처우에 관한 법률」에 따른 교도소 등에 수용된 것으로 본다(법 제24조).

2. 수용자의 처우

(1) 교정법인은 위탁업무를 수행할 때 같은 유형의 수용자를 수용·관리하는 국가운영의 교도소 등과 동등한 수준 이상의 교정서비스를 제공하여야 한다(법 제25조 제1항). [2018. 7급] 총 3회 기출

(2) 교정법인은 민영교도소 등에 수용되는 자에게 특별한 사유가 있다는 이유로 수용을 거절할 수 없다. 다만, 수용·작업·교화, 그 밖의 처우를 위하여 특별히 필요하다고 인정되는 경우에는 법무부장관에게 수용자의 이송을 신청할 수 있다(법 제25조 제2항). [2020. 6급 승진] 총 5회 기출

(3) 교정법인의 임직원과 민영교도소 등의 장 및 직원은 수용자에게 특정 종교나 사상을 강요하여서는 아니 된다(법 제25조 제3항).

(4) 민영교도소 등의 장과 직원은 수용자가 특정 종교를 신봉하지 아니한다는 이유로 불리한 처우를 해서는 아니 된다(시행령 제15조 제2항).

3. 작업 수입

민영교도소 등에 수용된 수용자가 작업하여 생긴 수입은 국고수입으로 한다(법 제26조). [2020. 9급] 총 10회 기출

6 민영교도소 등의 직원

1. 직원의 임면

(1) 교정법인의 대표자는 민영교도소 등의 직원을 임면한다. 다만, 민영교도소 등의 장 및 대통령령으로 정하는 직원(교도소 등에 두는 과의 과장 이상의 직에 준하는 직위의 직원)을 임면할 때에는 미리 법무부장관의 승인을 받아야 한다(법 제29조 제1항). [2016. 7급] 총 2회 기출

(2) 교정법인의 대표자는 민영교도소 등의 장 외의 직원을 임면할 권한을 민영교도소 등의 장에게 위임할 수 있다(법 제29조 제2항). [2024. 9급]

(3) 민영교도소 등의 직원의 임용 자격은 18세 이상인 사람, 법무부령으로 정하는 신체조건에 해당하는 사람이어야 한다(시행령 제17조 제1항).

(4) 교정법인은 민영교도소 등의 직원을 임용하였을 때에는 10일 이내에 그 임용사항을 법무부장관에게 보고하여야 한다. 민영교도소 등의 직원이 퇴직하였을 때에도 또한 같다(시행령 제17조 제2항).

7 직원의 직무 등

1. 직원의 직무

민영교도소 등의 직원은 「형의 집행 및 수용자의 처우에 관한 법률」에 따른 교도관의 직무 중 위탁계약에서 정하는 범위에서 그 직무를 수행한다(시행령 제19조).

2. 제복 착용과 무기 구입

(1) 민영교도소 등의 직원은 근무 중 법무부장관이 정하는 제복을 입어야 한다(법 제31조 제1항). [2020. 9급]

(2) 민영교도소 등의 직원이 착용할 제복의 종류 및 제식과 그 착용 방법은 교정공무원 복제에 관한 규정을 준용하여 해당 민영교도소 등의 장이 정하되, 법무부장관의 승인을 받아야 한다(시행규칙 제20조 제1항).

(3) 민영교도소 등의 장은 복제를 정하는 경우 계급 및 소속 기관의 표시 등을 교정직공무원의 것과 구별되도록 하여야 한다(시행규칙 제20조 제2항).

(4) 민영교도소 등의 운영에 필요한 무기는 해당 교정법인의 부담으로 법무부장관이 구입하여 배정한다(법 제31조 제2항). [2016. 7급]

(5) 민영교도소 등의 무기 구입·배정에 필요한 사항은 법무부장관이 정한다(법 제31조 제3항).

8 지원 및 지도·감독

1. 지원

법무부장관은 필요하다고 인정하면 직권으로 또는 해당 교정법인이나 민영교도소 등의 장의 신청을 받아 민영교도소 등에 소속 공무원을 파견하여 업무를 지원하게 할 수 있다(법 제32조).

2. 지도·감독

(1) 법무부장관은 민영교도소 등의 업무 및 그와 관련된 교정법인의 업무를 지도·감독하며, 필요한 경우 지시나 명령을 할 수 있다(법 제33조 제1항 본문). [2024. 9급] 총 3회 기출

(2) 다만, 수용자에 대한 교육과 교화프로그램에 관하여는 그 교정법인의 의견을 최대한 존중하여야 한다(법 제33조 제1항 단서). [2024. 9급] 총 3회 기출

(3) 법무부장관은 지도·감독상 필요하다고 인정하면 민영교도소 등에 소속 공무원을 파견하여 그 민영교도소 등의 업무를 지도·감독하게 하여야 한다(법 제33조 제2항).

3. 위탁업무의 감사(법 제35조)

(1) 법무부장관은 위탁업무의 처리 결과에 대하여 매년 1회 이상 감사를 하여야 한다.

(2) 법무부장관은 감사 결과 위탁업무의 처리가 위법 또는 부당하다고 인정되면 해당 교정법인이나 민영교도소 등에 대하여 적절한 시정조치를 명할 수 있으며, 관계 임직원에 대한 인사 조치를 요구할 수 있다.

4. 징계처분명령

(1) 법무부장관은 민영교도소 등의 직원이 위탁업무에 관하여 이 법 또는 이 법에 따른 명령이나 처분을 위반하면 그 직원의 임면권자에게 해임이나 정직·감봉 등 징계처분을 하도록 명할 수 있다(법 제36조 제1항). [2020. 9급]

(2) 교정법인 또는 민영교도소 등의 장은 징계처분명령을 받으면 즉시 징계처분을 하고 법무부장관에게 보고하여야 한다(법 제36조 제2항).

9 보칙

1. 권한의 위임

법무부장관은 이 법에 따른 권한의 일부를 관할 지방교정청장에게 위임할 수 있다(법 제39조).

MEMO

이준

박문각 종로고시학원, 박문각 공무원학원, 백석문화대학교 공무원학부를 비롯한 다양한 분야에서 교정학 전문강사로 활동해왔다. 교정학 강의를 매개로 한 교정공무원들과의 소중한 만남을 통해 교정사랑의 깊이를 더하면서 대학원에서 '교정시설에서 수용자 한글 표준어 사용'에 관한 연구과제로 교정이해의 폭을 넓혀가고 있다.
현재 박문각 공무원학원 교정직 · 보호직 대표강사로 활동하고 있다.

저서 마법교정학 · 형사정책 연도별 기출문제집(박문각)
마법교정학 · 형사정책 압축 암기장(박문각)
마법교정학 · 형사정책 교정관계법령집(박문각)
마법교정학 · 형사정책 기출지문 익힘장(박문각)
마법교정학 요약 필독서(박문각)
마법형사정책 요약 필독서(박문각)

이준 마법교정학 요약 필독서

초판 인쇄 | 2025. 1. 2. **초판 발행** | 2025. 1. 6. **편저자** | 이준
발행인 | 박 용 **발행처** | (주)박문각출판 **등록** | 2015년 4월 29일 제2019-000137호
주소 | 06654 서울시 서초구 효령로 283 서경 B/D 4층 **팩스** | (02)584-2927
전화 | 교재 문의 (02)6466-7202

저자와의 협의하에 인지생략

이 책의 무단 전재 또는 복제 행위를 금합니다.

정가 15,000원
ISBN 979-11-7262-459-0